消费税实务全解

刘霞 庞思诚 著

全面梳理
现行有效法规政策文件

COMPREHENSIVE
EXPLANATION
of Consumption Tax Practice

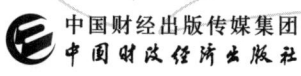

中国财经出版传媒集团
中国财政经济出版社
北京

图书在版编目（CIP）数据

消费税实务全解 / 刘霞，庞思诚著. -- 北京 : 中国财政经济出版社，2024.5

（从初学到精通：税收高手养成系列丛书）

ISBN 978-7-5223-3103-4

Ⅰ.①消… Ⅱ.①刘… ②庞… Ⅲ.①消费税－税收管理－中国 Ⅳ.①F812.424

中国国家版本馆CIP数据核字（2024）第083030号

责任编辑：尉　敏　　　　　　　责任校对：胡永立
封面设计：MXK DESIGN STUDIO Q:1765628429　　　　　　　责任印制：史大鹏

消费税实务全解
XIAOFEISHUI SHIWU QUANJIE

中国财政经济出版社 出版

URL：http://www.cfeph.cn
E-mail：cfeph@cfemg.cn
（版权所有　翻印必究）

社址：北京市海淀区阜成路甲28号　邮政编码：100142
营销中心电话：010-88191522
天猫网店：中国财政经济出版社旗舰店
网址：https://zgczjjcbs.tmall.com
北京中兴印刷有限公司印刷　各地新华书店经销
成品尺寸：170mm×240mm　16开　24印张　324 000字
2024年5月第1版　2024年5月北京第1次印刷
定价：98.00元
ISBN 978-7-5223-3103-4
（图书出现印装问题，本社负责调换，电话：010-88190548）
本社图书质量投诉电话：010-88190744
打击盗版举报热线：010-88191661　QQ：2242791300

前言

消费税是一个比较复杂的税种，它采用单环节课征制度，在应税消费品的生产销售、自产自用、委托加工和进口环节征收。四个不同的征收环节经营性质差异较大，因此，应纳消费税税额的计算差异较大。另外，消费税的计征方法有从价定率、从量定额和复合计征三种方法。不同的计征方法之间应纳消费税税额的计算更有着天壤之别，这都给全面系统掌握消费税政策带来一定的难度。加上自1994年以来，财政部和国家税务总局先后多次对消费税征税范围进行调整，成品油消费税政策变动频繁，卷烟、超豪华小汽车征收环节增加等，最终导致有效与废止的消费税政策掺杂在一起，给读者全面学习消费税政策带来一定的障碍。

为帮助广大税务人员和企业财务人员全面、准确、深度掌握消费税政策，作者全面梳理了1994年以来财政部和国家税务总局下发的有效的消费税实体政策，详细讲解消费税纳税义务人、消费税征税范围、消费税税率、消费税纳税环节、应纳税额、纳税地点、纳税义务发生时间、纳税期限、会计科目及处理等内容，特别是石油制品制造行业基础知识为读者掌握成品油行业消费税管理做好知识准备。本书全面收集现行有效政策，并标注文号，方便政策查询，是您系统学习消费税政策及会计处理的工具书。本书包含26个实务案例解析及58个例题，其中消费税纳税申报表填列案例全面系统列示了从价定率、从量定额和复合计征三种计税方法常见业务的申报方式，本书实操性强，是您精准掌握消费税实务操作的好帮手。

由于作者水平有限，书中难免存在纰漏与不当之处，恳请广大读者批评指正，作者邮箱：sdaha126@126.com。

作者

2024年4月

目录

1 消费税概述 ... 001

2 消费税纳税人、征税范围及税率 ... 005

2.1 征税范围 ... 006

2.1.1 生产销售 ... 007
2.1.1.1 外购小汽车底盘或整车连续生产改装车征税问题 ... 007
2.1.1.2 外购润滑油大包装改小包装、贴商标等简单加工的征税问题 ... 008
2.1.1.3 外购电池、涂料大包装改小包装征税问题 ... 009
2.1.1.4 视同生产应税消费品 ... 009

2.1.2 自产自用的应税消费品用于其他方面 ... 010

2.1.3 委托加工 ... 014

2.1.4 进口 ... 015

2.2 消费税纳税人及扣缴义务人 ... 016

2.2.1 消费税纳税人 ... 016

2.2.2 消费税扣缴义务人 ... 017
2.2.2.1 委托加工应税消费品的扣缴义务人 ... 017
2.2.2.2 跨境电子商务零售进口商品的扣缴义务人 ... 017
2.2.2.3 扣缴义务人未履行扣缴义务的处理 ... 017

2.3 消费税税率表 018
2.4 某些税目具体范围的规定 025

2.4.1 啤酒 025
- 2.4.1.1 关于饮食业、商业、娱乐业生产啤酒的征税问题 025
- 2.4.1.2 啤酒源征税问题 025
- 2.4.1.3 菠萝啤酒征税问题 026
- 2.4.1.4 果啤征税问题 026

2.4.2 其他酒 026
- 2.4.2.1 配制酒适用税目问题 026
- 2.4.2.2 调味料酒征税问题 028
- 2.4.2.3 葡萄酒适用税目问题 029

2.4.3 贵重首饰及珠宝玉石 030
- 2.4.3.1 金刚石征税问题 030
- 2.4.3.2 宝石坯征税问题 030

2.4.4 成品油 030
- 2.4.4.1 润滑脂征税问题 030
- 2.4.4.2 变压器油、导热类油等绝缘油类产品征税问题 030
- 2.4.4.3 稳定轻烃产品征税问题 031
- 2.4.4.4 催化料、焦化料征税问题 031
- 2.4.4.5 视同石脑油、视同燃料油征税问题 031
- 2.4.4.6 2023年6月30日新增的成品油范围 037

2.4.5 小汽车 038
- 2.4.5.1 改装改制车辆的征税问题 038

2.4.5.2　中轻型商用客车的征税问题 ································· 039
　　　2.4.5.3　沙滩车、雪地车、卡丁车、高尔夫车征税问题 ··············· 039
　　　2.4.5.4　商务车、卫星通信车征税问题 ··························· 039
　2.4.6　实木复合地板 ·· 040

2.5　纳税人兼营不同税率的应税消费品的适用税率　　042

3 | 消费税应纳税额的计算　　045

3.1　从价定率计征办法　　046

　3.1.1　生产销售 ·· 046
　　　3.1.1.1　销售额的确定 ··· 046
　　　3.1.1.2　价外费用的范围 ··· 047
　　　3.1.1.3　包装物的销售额以及押金 ································· 048
　　　3.1.1.4　组成套装品销售的计税依据 ······························· 051
　　　3.1.1.5　价格明显偏低的计税依据 ································· 051
　　　3.1.1.6　通过自设非独立核算门市部销售的计税依据 ················· 052
　　　3.1.1.7　按最高销售价格计税的情形 ······························· 052
　　　3.1.1.8　外币销售额 ··· 053
　　　3.1.1.9　销货退回 ··· 054
　3.1.2　自产自用 ·· 056
　　　3.1.2.1　同类消费品的销售价格 ··································· 057
　　　3.1.2.2　成本 ··· 057
　　　3.1.2.3　成本利润率 ··· 057

- 3.1.3 委托加工 ·· 059
  - 3.1.3.1 同类消费品的销售价格 ························· 059
  - 3.1.3.2 材料成本 ··· 060
  - 3.1.3.3 加工费 ··· 060
  - 3.1.3.4 个人委托加工金银首饰及珠宝玉石的计税依据 ···· 062
  - 3.1.3.5 委托加工的应税消费品收回后出售的征税问题 ···· 062
- 3.1.4 进口 ·· 064

3.2 从量定额计征办法　　068

- 3.2.1 啤酒适用税率的确定 ································ 069
  - 3.2.1.1 啤酒消费税单位税额 ······························ 069
  - 3.2.1.2 确定啤酒税率时需要考虑包装物押金 ········· 070
  - 3.2.1.3 关联企业之间销售啤酒税率的确定 ············ 071
- 3.2.2 啤酒、黄酒包装物押金征税问题 ················ 071

3.3 复合计征办法　　073

- 3.3.1 白酒消费税应纳税额的计算 ······················ 074
  - 3.3.1.1 白酒消费税税率 ····································· 074
  - 3.3.1.2 生产销售白酒计税依据 ··························· 075
  - 3.3.1.3 自产自用白酒计税依据 ··························· 076
  - 3.3.1.4 委托加工白酒计税依据 ··························· 077
  - 3.3.1.5 进口白酒计税依据 ································· 078
  - 3.3.1.6 加强白酒消费税征收管理 ······················· 080
- 3.3.2 卷烟（生产环节）消费税应纳税额的计算 ····· 082
  - 3.3.2.1 生产环节卷烟消费税税率 ······················· 082

3.3.2.2　生产销售卷烟的计税依据 …………………………………… 084

   3.3.2.3　自产自用卷烟计税依据 ……………………………………… 085

   3.3.2.4　委托加工卷烟计税依据 ……………………………………… 087

   3.3.2.5　卷烟回购企业购进卷烟直接销售征税问题 …………………… 088

   3.3.2.6　进口卷烟计税依据 ……………………………………………… 089

   3.3.2.7　卷烟消费税计税价格信息采集和核定管理 …………………… 091

3.4　消费税组成计税价格公式对比表　　　　　　　　　097

3.5　消费税三种计税方法计税依据对比表　　　　　　　097

4 ｜消费税抵扣制度　　　　　　　　　　　　　　　099

4.1　抵扣范围　　　　　　　　　　　　　　　　　　100

　4.1.1　连续生产的抵扣范围 ……………………………………………… 100

   4.1.1.1　基本规定 ………………………………………………………… 100

   4.1.1.2　用购进已税烟丝生产的出口卷烟的抵扣问题 ………………… 104

   4.1.1.3　外购葡萄酒抵扣问题 …………………………………………… 104

   4.1.1.4　啤酒生产集团间调拨啤酒液的抵扣问题 ……………………… 105

　4.1.2　委托加工收回加价出售的抵扣范围 ……………………………… 106

   4.1.2.1　委托加工应税消费品收回后加价出售抵扣问题 ……………… 106

   4.1.2.2　电池、涂料的抵扣问题 ………………………………………… 106

　4.1.3　特殊情形下转售应税消费品抵扣范围 …………………………… 108

   4.1.3.1　工业企业从事应税消费品购销的抵扣问题 …………………… 108

   4.1.3.2　工业企业以外的单位和个人变名销售抵扣问题 ……………… 109

4.2 抵扣凭证 109

4.3 抵扣税款的计算方法 111

4.3.1 境内外购应税消费品连续生产应税消费品 111
4.3.1.1 原料应税消费品采用从价定率计征方法 111
4.3.1.2 原料应税消费品采用从量定额计征方法 112
4.3.2 委托加工收回应税消费品连续生产应税消费品 114
4.3.3 进口应税消费品 114
4.3.4 可抵扣的消费税大于当期应纳消费税的处理 114

4.4 抵扣税款的管理 117

4.4.1 备查资料 117
4.4.2 抵扣税款台账 117
4.4.2.1 抵扣税款台账（外购从价定率征收）.................. 118
4.4.2.2 抵扣税款台账（委托加工收回、进口从价定率征收）......... 119
4.4.2.3 抵扣税款台账（从量定额）.............................. 120
4.4.3 取消抵扣审批事项 123

5 | 消费税税收优惠　　　　　　　　　　　　　125

5.1 成品油 126

5.1.1 航空煤油 126
5.1.2 乙醇汽油 126
5.1.3 石脑油、燃料油 127

目录

  5.1.4 利用废弃的动植物油生产纯生物柴油 ················ 128

  5.1.5 废矿物油再生油品 ················ 129

  5.1.6 成品油生产企业生产自用油 ················ 130

  5.1.7 油（气）田企业生产自用成品油 ················ 131

5.2 电池、涂料 133

6 | 消费税其他税制要素 135

6.1 纳税地点 136

  6.1.1 外出经营、委托代销纳税地点的规定 ················ 136

  6.1.2 总分机构的纳税地点及汇总纳税的审批机关 ················ 136

6.2 纳税期限 137

6.3 消费税纳税义务发生时间 138

7 | 特殊应税消费品征税规定 145

7.1 批发卷烟 146

7.2 生产（进口）与批发电子烟 148

7.3 零售超豪华小汽车 151

7.4 零售金银首饰 154

  7.4.1 改为零售环节征收消费税的金银首饰范围 ················ 155

7.4.2 金银首饰零售业务的范围 ... 158
7.4.3 纳税人 ... 159
7.4.4 税率 ... 160
7.4.5 纳税环节 ... 160
7.4.6 纳税义务发生时间 ... 160
7.4.7 计税依据 ... 161
7.4.8 纳税地点 ... 164
7.4.9 其他问题 ... 164
7.4.9.1 外购珠宝玉石生产金银首饰抵扣问题 ... 164
7.4.9.2 申报资料 ... 165
7.4.9.3 取消金银首饰消费税纳税人认定 ... 165
7.4.9.4 停止使用《金银首饰购货（加工）管理证明单》 ... 166

8 | 纳税申报　169

8.1 纳税申报表及填表说明　170
8.1.1 主表 ... 170
8.1.1.1 附注1 ... 173
8.1.1.2 附注2 ... 175
8.1.2 附表1-1准予扣除税额计算表 ... 176
8.1.3 附表1-2成品油准予扣除税额计算表 ... 179
8.1.4 附表2减（免）税细表 ... 182
8.1.5 附表3委托加工收回情况报告表 ... 183
8.1.6 附表4卷烟批发企业月份销售明细清单 ... 186

8.1.7 附表5 卷烟生产企业合作生产卷烟消费税情况报告表 187
8.1.8 附表6 附加税费计算表 188
8.1.9 申报表钩稽关系分析 191

8.2 从价定率计征方式纳税申报案例　　193

8.3 从量定额计征方式纳税申报案例　　199

8.4 复合计征方式纳税申报案例　　206

9 | 成品油消费税政策　　211

9.1 成品油发票管理　　212

9.1.1 成品油发票的开具 212
9.1.2 成品油生产企业以票控税，票表比对机制 214
9.1.3 成品油经销企业以进控销机制 214

9.2 成品油已纳消费税抵扣制度　　215

9.3 成品油税收优惠　　216

9.4 石脑油、燃料油消费税政策　　218

9.4.1 乙烯、芳烃类化工产品的范围及界定 219
9.4.2 生产企业 219
9.4.2.1 生产企业政策 219
9.4.2.2 定点直供计划管理 220
9.4.3 使用企业 220

  9.4.3.1 使用企业退（免）税政策 ·· 220

  9.4.3.2 使用企业享受退（免）税条件 ······································· 222

  9.4.3.3 使用企业资格备案、暂停及注销资格 ·························· 222

 9.4.4 石脑油、燃料油退（免）消费税管理操作规程 ··················· 225

  9.4.4.1 部门职责 ··· 225

  9.4.4.2 受理使用企业退税申请的部门 ······································· 226

  9.4.4.3 退（免）税申报资料 ·· 227

  9.4.4.4 退（免）税的审核 ·· 232

  9.4.4.5 审核未通过的处理 ·· 235

  9.4.4.6 审核通过的处理 ·· 235

  9.4.4.7 使用企业日常管理 ·· 236

  9.4.4.8 生产企业与使用企业台账管理 ······································· 237

9.5 进口成品油范围 **238**

 9.5.1 2014年1月1日起政策调整 ·································· 238

 9.5.2 2021年6月12日起政策调整 ································ 238

9.6 成品油消费税管理办法 **239**

 9.6.1 登记管理 ··· 240

 9.6.2 对成品油生产企业的管理 ·································· 240

 9.6.3 评估指标定义及比对方法 ·································· 242

9.7 原油加工及石油制品制造行业基础知识 **243**

 9.7.1 原油的物理属性及概念 ···································· 244

9.7.1.1　原油的化学组成 · 244
　　　9.7.1.2　原油评价及其产品常用指标 · 246
　　　9.7.1.3　原油的分类 · 251
　　　9.7.1.4　原油加工方案选择 · 252
　9.7.2　生产工艺及装置简介 · 253
　　　9.7.2.1　常减压装置 · 255
　　　9.7.2.2　催化裂化装置 · 256
　　　9.7.2.3　延迟焦化装置 · 257
　　　9.7.2.4　催化重整装置 · 258
　　　9.7.2.5　加氢精制装置 · 259
　　　9.7.2.6　加氢裂化装置 · 260
　　　9.7.2.7　气体分馏装置 · 261
　　　9.7.2.8　MTBE 装置 · 261
　　　9.7.2.9　烷基化装置 · 262
　　　9.7.2.10　减粘裂化装置 · 263
　　　9.7.2.11　其他装置 · 263
　9.7.3　主要产品 · 263
　　　9.7.3.1　主要产品及特性 · 264
　　　9.7.3.2　产品的主要应用领域 · 267
　9.7.4　主要涉税风险点 · 267
　9.7.5　主要评估分析方法 · 269
　　　9.7.5.1　关键指标分析法 · 269
　　　9.7.5.2　比对分析法 · 270

9.7.5.3　产品销售流向分析法 ···································· 271

9.7.5.4　敏感货物分析 ·· 272

10 ｜出口退税　　275

10.1　消费税出口的征免退政策的适用　　276

10.2　增值税出口征免退政策的适用　　276

10.2.1　增值税出口征税政策适用范围 ···························· 276

10.2.2　增值税出口免税政策适用范围 ···························· 278

10.2.3　增值税出口退（免）税政策适用范围 ······················ 279

10.3　应退消费税的计算　　281

10.4　出口货物劳务增值税和消费税政策的其他规定　　282

11 ｜消费税的会计处理　　285

11.1　正常销售应税消费品的账务处理　　286

11.1.1　随同应税消费品销售的包装物应交消费税的会计处理 ········ 287

11.1.2　出租、出借包装物应交消费税的会计处理 ·················· 289

11.2　将自产的应税消费品用于换取货物、抵偿债务或投资入股的会计处理　　290

11.2.1　将自产的应税消费品作为投资的会计处理 ·················· 291

11.2.2　将自产的应税消费品抵偿债务的会计处理 ·················· 292
11.2.3　将自产的应税消费品换取生产资料、消费资料的会计处理 ·········· 293

11.3　应税消费品自产自用（视同销售）的会计处理　　294

11.3.1　将自产应税消费品用于馈赠、赞助的会计处理 ················ 294
11.3.2　将自产应税消费品用于广告、样品的会计处理 ················ 295
11.3.3　将自产应税消费品用于职工福利的会计处理 ················· 296
11.3.4　将自产应税消费品用于在建工程的会计处理 ················· 297

11.4　委托加工应税消费品的会计处理　　298

11.4.1　委托方的会计处理 ·································· 299
11.4.2　受托方的会计处理 ·································· 303

11.5　进口应税消费品的会计处理　　304

11.6　购买应税消费品用于连续生产应税消费品并销售的会计处理　　306

11.7　缴纳消费税及退税的会计处理　　308

附录1　重点难点即时练答案　　312
附录2　中华人民共和国消费税暂行条例　　321
附录3　中华人民共和国消费税暂行条例实施细则　　324
附录4　消费税征收范围注释　　330
附录5　成品油消费税管理附表　　346

附表1　石脑油、燃料油消费税退税资格备案表 …………………………… 346

附表2　生产企业销售含税石脑油、燃料油完税情况明细表 ……………… 348

附表3　使用企业外购石脑油、燃料油凭证明细表 ………………………… 349

附表4　石脑油、燃料油生产、外购、耗用、库存月度统计表 …………… 352

附表5　乙烯、芳烃生产装置投入产出流量计统计表 ……………………… 357

附表6　用于生产乙烯、芳烃类化工产品的石脑油、燃料油进口消费税

　　　　退税申请表 ………………………………………………………… 358

附表7　用于生产乙烯、芳烃类化工产品的石脑油、燃料油消费税应

　　　　退税额计算表 ……………………………………………………… 359

附表8　生产企业基本情况表 …………………………………………………… 361

案例解析目录

[案例解析1] 购进应税车辆改装、改制需要再次缴纳消费税吗？ …… 008

[案例解析2] 购进大包装润滑油分装成小包装销售需要缴纳消费税吗？ ………… 008

[案例解析3] 商业企业购进非应税消费品变名为应税消费品销售，是否缴纳消费税？ ………… 010

[案例解析4] 将自产的应税消费品自己使用，征收消费税吗？ ……… 012

[案例解析5] 如何确定配制酒的税目？ ………… 028

[案例解析6] 白兰地按什么税目征收消费税？ ………… 029

[案例解析7] 重油征消费税吗？ ………… 036

[案例解析8] 两轮驱动的吉普车是否属于乘用车的征税范围？ ……… 039

[案例解析9] 购进汽车底盘或整车改装生产的专用车是否需要缴纳消费税？ ………… 040

[案例解析10] 将白酒与黄酒或药酒组成套装销售，如何缴纳消费税？ ………… 042

[案例解析11] 将白酒与酒杯组成套装销售，酒杯需要缴纳消费税吗？ ………… 051

[案例解析12] 自产自用应税消费品组成计税价格中的成本利润率可以用企业自己核算的成本利润率吗？ ………… 058

[案例解析13] 委托加工组成计税价格中的加工费是否含有增值税？ …… 060

[案例解析14] 啤酒、黄酒的逾期包装物押金需要缴纳消费税和增值税吗？ ………… 072

[案例解析 15] 购进小汽车整车进行改装生产出新型小汽车，原料小汽车
已纳消费税是否可以抵扣？ ………………………… 102

[案例解析 16] 从境内购进原料应税消费品用于连续生产应税消费品，
取得供货方开具的普通发票，可以抵扣原料应税消费品
已纳消费税税额吗？ ……………………………………… 110

[案例解析 17] 将外购的应税消费品用于连续生产应税消费品，如何确定
当期可抵扣的消费税税额，是按照当期取得的外购应税
消费品的扣税凭证吗？ …………………………………… 115

[案例解析 18] 用外购汽油为原料调和成乙醇汽油并销售，销售的乙醇
汽油是否缴纳消费税？ …………………………………… 127

[案例解析 19] 成品油生产企业自用的成品油都免税吗？ ……………… 131

[案例解析 20] 收到预收款时需要缴纳增值税和消费税吗？ …………… 139

[案例解析 21] 采取赊销方式销售应税消费品的货款没有收到，需要缴纳
消费税吗？ ………………………………………………… 140

[案例解析 22] 商场或金融机构销售的金条、金币、金银摆件等属于
金银首饰范围，应征收消费税吗？ ……………………… 156

[案例解析 23] 商场销售的钯金首饰应当缴纳消费税吗？ ……………… 157

[案例解析 24] 商场销售的珍珠项链属于金银首饰范围，应征收
消费税吗？ ………………………………………………… 157

[案例解析 25] 对出国人员免税商店销售的金银首饰是否征收
消费税？ …………………………………………………… 159

[案例解析 26] 成品油生产企业销售成品油开具发票时，"单位"栏可以
填写"桶"吗？ …………………………………………… 213

表目录

1. 消费税自产自用与增值税视同销售、企业所得税视同销售对比表…… 012
2. 消费税税目税率表………………………………………………………… 019
3. 应税消费品征税环节一览表……………………………………………… 024
4. 委托加工应税消费品收回后的处理……………………………………… 063
5. 从价定率计税办法增值税与消费税销售额对比表……………………… 065
6. 消费税组成计税价格公式一览表………………………………………… 097
7. 消费税三种计税办法计税依据一览表…………………………………… 097
8. 消费税扣税凭证一览表…………………………………………………… 110
9. 成品油税收优惠一览表…………………………………………………… 132
10. 石化行业相关产品及主要应用领域统计表……………………………… 267

1

消费税概述

消费税是与增值税叠加调节的一个税种，在对所有货物普遍课征增值税的基础上，选择部分需要进一步调节的货物，作为消费税的征税对象，再课征一道消费税。目前，我国消费税在生产、委托加工和进口环节课征，属于中央税，国内消费税收入占全部税收收入的比重在7%左右，绝大部分消费税税源来源于卷烟、酒、成品油和小汽车。将来，我国消费税改革的方向，一是将征税环节后移至零售环节，二是由中央税变更为地方税。

与其他税种相比，消费税主要有以下特点：

1.征税范围具有选择性

消费税是1994年税制改革时新设置的一个税种，采用列举式征收，正向列举应税消费品作为征税对象，列入征税范围的征收消费税，未列入征税范围的则不征收消费税。当然，消费税的征税范围也不是一成不变的，随着社会经济的发展和供需形势的变化，我国曾经多次调整消费税的征税范围。目前，选择出来征收消费税的应税消费品有15类，主要包括过度消费对身体健康和生态环境有影响的消费品、奢侈品、高能耗产品、不可再生的稀缺资源消费品等非生活必需品。

2.征税环节具有单一性

对绝大部分应税消费品而言，消费税实行单环节课征，在应税消费品的生产、委托加工、进口环节课征一道消费税后，批发以及零售环节不再征税。

3.征税方法具有多样性

为适应不同消费品的情况，消费税的征税方法比较灵活，有从价定率计税方法、从量定额计税方法以及从价定率计税方法与从量定额叠加的复合计税方式。

4.税收调节职能显著

消费税除具有组织财政收入的职能外，调节职能也较为显著，需要特殊调节的货物才列入消费税征税范围，而且消费税的税率档次很多，不同的税目税率不同，甚至有的税目为了设置多档税率又设置多个子目，这样方便国家实施适宜的调整策略,越是国家需要限制的产品或产业,设置的税率越高。因此,消费税不但可以调节产品结构,引导资源配置,还可以弥补增值税在调控上的不足,在调节收入分配上发挥特定的作用。

5.税收负担具有转嫁性

消费税实行价内税,无论在哪个环节征收,消费品中所含的消费税税额都随着价格转嫁到消费者身上,具有明显的转嫁性。

2

消费税纳税人、征税范围及税率

本章主要介绍消费税的纳税人、征税范围和税率三个核心的税制要素。

2.1 征税范围

《消费税暂行条例》(国务院令第539号)第一条规定:"在中华人民共和国境内生产、委托加工和进口本条例规定的消费品的单位和个人,以及国务院确定的销售本条例规定的消费品的其他单位和个人,为消费税的纳税人,应当依照本条例缴纳消费税。"

《消费税暂行条例实施细则》(财政部　国家税务总局令第51号)第二条规定:"在中华人民共和国境内,是指生产、委托加工和进口属于应当缴纳消费税的消费品的起运地或者所在地在境内。"

【政策解析】增值税是多环节课征制的税种,它把所有的流转环节包括生产销售和批发、零售都纳入了征税环节,而消费税是单环节课征制的税种,应税环节设置在应税消费品制成后在我国市场上流转的第一道环节,如图2-1所示。

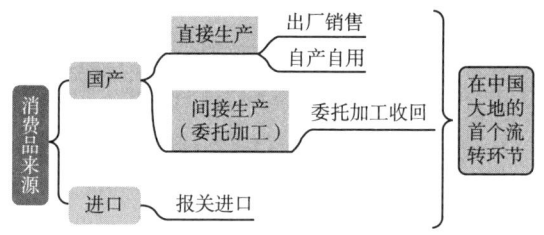

图2-1　消费税征税环节设置原理

因此,消费税的征税环节虽然列举了生产、委托加工、进口三项,但本质上都属于应税消费品在中国大地上首次流转,在首个流转环节征过消费税了(特殊应税消费品除外),以后的批发和零售环节不再课征消费税。正是因为消费税将征税环节设置在首个环节,才给纳税人不合理的避税留下了空间,很多纳税人通过低价将生产的应税消费品销售给关联销售公司,然后再由关联销售公司以正常价格对外销售。为堵塞漏洞,消费税改革的方向是将征税环节后移至零售环节。

目前,在应税消费品中有三个特例:一是金银首饰,它的征税环节不是生产、委托加工和进口环节,而是零售环节;二是卷烟和电子烟,它在整个流转环节需要课征两道消费税,分别为生产环节和最后一道批发环节;三是超豪华小汽车,它在整个流转环节也需要缴纳两道消费税,分别为生产环节和零售环节。

2.1.1 生产销售

《消费税暂行条例》第四条规定:"纳税人生产的应税消费品,于纳税人销售时纳税。"《消费税暂行条例实施细则》第五条规定,"纳税人生产的、于销售时纳税"的应税消费品,是指有偿转让应税消费品的所有权,即以从受让方取得货币、货物、劳务或其他经济利益为条件转让的应税消费品。

【政策解析】1.生产包括从无到有制造应税消费品,也包括购进应税消费品作原料,进一步生产出更高档次的应税消费品,如购进未经喷漆的素板为原料,生产高档实木地板。

2.销售包括从受让方取得货物、劳务或其他经济利益,因此,以自产的应税消费品换取货物、以自产的应税消费品抵偿债务、以自产的应税消费品投资入股均属于销售应税消费品的范畴。

2.1.1.1 外购小汽车底盘或整车连续生产改装车征税问题

《财政部 国家税务总局关于调整和完善消费税政策的通知》(财税〔2006〕33号)中有关用车辆底盘(车架)改装、改制的车辆征收消费税的规定,是为了解决用不同种类车辆的底盘(车架)改装、改制的车辆应按照何种子目(乘用车或中轻型商用客车)征收消费税的问题,并非限定只对这类改装车辆征收消费税。对于购进乘用车和中轻型商用客车整车改装生产的汽车，应按规定征收消费税。

（国家税务总局关于购进整车改装汽车征收消费税问题的批复，国税函〔2006〕772号，2006年8月15日）

[案例解析1] 购进应税车辆改装、改制需要再次缴纳消费税吗？

天马商用客车公司从外地购进一批微型乘用车进行改装加工后，生产出新型的商用轻型客车。请问：天马公司这批新型商用客车是否要缴纳消费税？

解析：根据《国家税务总局关于购进整车改装汽车征收消费税问题的批复》（国税函〔2006〕772号）规定，对于购进乘用车和中轻型商用客车整车改装生产的汽车，应按规定征收消费税。因此，天马公司利用购进的微型乘用车进行改装加工后生产的商用客车，应按照规定申报缴纳消费税。

2.1.1.2 外购润滑油大包装改小包装、贴商标等简单加工的征税问题

单位和个人外购润滑油大包装经简单加工改成小包装或者外购润滑油不经加工只贴商标的行为，视同应税消费品的生产行为。单位和个人发生的以上行为应当申报缴纳消费税。准予扣除外购润滑油已纳的消费税税款。

（财政部 国家税务总局关于消费税若干具体政策的通知，财税〔2006〕125号，2006年8月30日）

[案例解析2] 购进大包装润滑油分装成小包装销售需要缴纳消费税吗？

天马摩托车修理部主营摩托车修理，同时销售摩托车用的润滑油。为了节约成本，增加盈利，天马摩托车修理部从批发商处购买大包装润滑油，然后按各种型号摩托车的用量分装成了小包装。请问：天马摩托车修理部的这种行为需要缴纳消费税吗？

解析：根据《财政部 国家税务总局关于消费税若干具体政策的通知》（财税〔2006〕125号）规定："单位和个人外购润滑油大包装经简单加工改成小包装或者外购润滑油不经加工只贴商标的行为，视同应税消费品的生产行为。单位和个人发生的以上行为应当申报缴纳消费税。准予扣除外购润滑油已纳的消费税税款。"因此，天马摩托车修理部发生的分装行为，应当申报缴纳消费税，同时准予扣除外购润滑油已纳的消费税税款。

2.1.1.3 外购电池、涂料大包装改小包装征税问题

自2016年1月1日起，外购电池、涂料大包装改成小包装或者外购电池、涂料不经加工只贴商标的行为，视同应税消费品的生产行为。发生上述生产行为的单位和个人应按规定申报缴纳消费税。

（国家税务总局关于明确电池、涂料消费税征收管理有关事项的公告，国家税务总局公告2015年第95号，2015年12月29日）

2.1.1.4 视同生产应税消费品

工业企业以外的单位和个人的下列行为视为应税消费品的生产行为，按规定征收消费税：

（一）将外购的消费税非应税产品以消费税应税产品对外销售的。

（二）将外购的消费税低税率应税产品以高税率应税产品对外销售的。

（国家税务总局关于消费税有关政策问题的公告，国家税务总局公告2012年第47号，2012年11月6日）

【政策解析】生产应税消费品的应税行为不是只有应税消费品生产企业才会发生，商业企业购进非应税消费品未经过任何加工，性质、形态、功能等未发生任何变化，但如果变名为应税消费品销售，则视同应税消费品生产行为，商业企业需要缴纳消费税，否则该应税消费品未缴纳过消费税就进入

消费领域；商业企业购进的低税率应税消费品变名为高税率应税消费品对外销售的，也视同高税率应税消费品的生产行为，商业企业需要缴纳消费税，其购进低税率应税消费品的已纳税款准予扣除，这样可以把生产销售环节以低税率少缴的消费税补缴上来。

[案例解析3] 商业企业购进非应税消费品变名为应税消费品销售，是否缴纳消费税？

天马商贸公司从酒厂购进调味料酒100吨后，未经过任何加工即以黄酒的名义对外销售给某酒品经销商并开具增值税发票，天马商贸公司需要缴纳增值税吗？

解析：对于一般的应税消费品而言，消费税是单环节课征制的税种，在生产、委托加工、进口环节课征一道消费税后，在批发、零售环节不再课征。为了堵塞企业生产应税消费品后却以非应税消费品的名义对外销售偷逃消费税的漏洞，《国家税务总局关于消费税有关政策问题的公告》（国家税务总局公告2012年第47号）规定，工业企业以外的单位和个人将外购的消费税非应税产品以消费税应税产品对外销售的视为应税消费品的生产行为，按规定征收消费税。因此，天马商贸公司购进非应税消费品料酒后却以应税消费品黄酒的名义销售，属于视同生产黄酒行为，应当征收消费税。

2.1.2 自产自用的应税消费品用于其他方面

《消费税暂行条例》第四条规定："纳税人自产自用的应税消费品，用于连续生产应税消费品的，不纳税；用于其他方面的，于移送使用时纳税。"

《消费税暂行条例实施细则》第六条明确，用于连续生产应税消费品，是指纳税人将自产自用的应税消费品作为直接材料生产最终应税消费品，自产自用应税消费品构成最终应税消费品的实体。用于其他方面，是指纳税人将自产自用应税消费品用于生产非应税消费品、在建工程、管理部门、非生产机构、提供劳务、馈赠、赞助、集资、广告、样品、职工福利、奖励等方面。

【政策解析】1.《消费税暂行条例实施细则》对"自产自用的应税消费品用于其他方面的"采用了限制性的解释，将其范围限定在规定的十二项行为，不在列举的范围内的行为不属于"自产自用的应税消费品用于其他方面"，如汽车厂将自产的汽车用于做碰撞性实验。

2."自产自用的应税消费品用于其他方面的"，虽然语言简练，但是所界定的范围比增值税的视同销售行为更加全面。它不仅明确了自产应税消费品用于集体福利和个人消费、无偿赠送属于消费税的征税范围；同时还明确了自产应税消费品用于管理部门、非生产机构、广告、样品等增值税中未做出明确规定的项目也属于消费税的征税范围。

3.与增值税不同的是，并不是将自产的应税消费品用于连续生产都不缴纳消费税，将自产的应税消费品用于连续生产是否缴纳消费税，关键是看最终产品是否属于应税消费品。如果最终产品属于应税消费品，不需要缴纳消费税，因为半成品应税消费品的价值转移到了最终产品中，而最终产品出厂销售时需要缴纳消费税，如炼油厂将自产石脑油用于连续生产汽油；如果最终产品不属于应税消费品，则半成品应税消费品用于连续生产时需要缴纳消费税，如炼油厂将自产石脑油用于连续生产变压器油。

4.将自产的应税消费品用于投资和分配股利不属于消费税的"自产自用的应税消费品用于其他方面的"范围，因为这两种模式下应税消费品取得了对价，是有偿的，它属于生产销售应税消费品的范围，消费税政策中还特别规定了这两种模式的计税依据为同类应税消费品的最高售价。例如，汽车厂将自产小汽车用于投资，取得被投资方的股权，投资出去的小汽车应征消费税，并且是按同类产品最高销售价格为计税依据，而不是按照取得股权的公允价值为计税依据。

消费税自产自用与增值税视同销售、企业所得税视同销售对比，如表2-1所示。

表 2-1　　　　　消费税自产自用与增值税视同销售、
　　　　　　　企业所得税视同销售对比表

用途	消费税	增值税	企业所得税
连续生产应税消费品	×	×	×
连续生产非应税消费品	√	×	×
提供劳务	√	×	×
在建工程、管理部门、非生产机构	√	×	×
馈赠、赞助、集资、广告、样品	√	√	√
职工福利及奖励	√	√	√
跨县市移送货物用于销售	×	√	移送境外机构√ 境内机构间移送×

[案例解析4] 将自产的应税消费品自己使用，征收消费税吗？

天马炼油厂附设一个加油站，将自产的成品油直接移送加油站。加油站出库的汽、柴油有四种情形：一是为企业附设的非独立核算的物流公司运输车辆加油；二是为企业管理部门用车辆加油；三是为职工个人车辆加油（炼油厂每月给员工发放20L油的加油卡，员工持卡可以免费加20L的92号汽油，超过20L的部分正常收费）；四是对外销售。请问：炼油企业对加油站出库的上述四部分成品油，是否需要缴纳消费税？

解析：都需要缴纳。《消费税暂行条例》第四条规定："纳税人自产自用的应税消费品，用于连续生产应税消费品的，不纳税；用于其他方面的，于移送使用时纳税。"《消费税暂行条例实施细则》第六条明确，用于连续生产应税消费品，是指纳税人将自产自用的应税消费品作为直接材料生产最终应税消费品，自产自用应税消费品构成最终应税消费品的实体。用于其他方面，是指纳税人将自产自用应税消费品用于生产非应税消费品、在建工程、管理部门、非生产机构、提供劳务、馈赠、赞助、集资、广告、样品、职工福利、奖励等方面。第一，天马炼油厂附设的加油站为企业附设的非独立核算的物流公司运输车辆加油，本质上属于将生产的应税消费品用于提供劳务（运输服务），属于自产自用应税消费品用于其他用途，应当缴纳消费税；第二，为企业管理部门用车辆加油，属于将生产的应税消费品用于管理部门，属于自产自用应税消费品用于其他用途，应当缴纳消费税；第三，为职工个人车辆加油，属于将生产的应税消费品用于职工福利，属于自产自用应税消费品用于其他用途，应当缴纳消费税；第四，对外销售的成品油也需要缴纳消费税，因为加油站是天马炼油厂附设的。

重点难点即时练1

1. ［多选题］下列各项中，应当征收消费税的有（　　）。

    A.化妆品厂将自产的高档化妆品用于提供美容服务

    B.用于产品质量检验耗费的高尔夫球杆

    C.白酒生产企业向百货公司销售的试制药酒

    D.木制品公司将自产实木地板作为样品赠送给房地产公司

2. ［单选题］下列行为中，不需要缴纳消费税的是（　　）。

    A.百货商店销售金银首饰

    B.饮食业销售的外购啤酒

    C.汽车厂抵债的小汽车

    D.将自产的啤酒作为福利发放给本企业职工

3. ［多选题］酒厂以自产的白酒为酒基泡制药酒，则（　　）。

    A.白酒在移送时，应纳消费税

    B.药酒在销售时，应纳消费税

    C.白酒在移送时，不纳消费税

    D.药酒在销售时，不纳消费税

4. ［多选题］下列情形属于消费税征税范围的有（　　）。

A. 卷烟厂将自产的烟丝移送用于生产卷烟

B. 炼油厂将自产的石脑油移送用于生产变压器油

C. 摩托车厂把自己生产的摩托车赠送或赞助给摩托车拉力赛赛手使用

D. 汽车制造厂把自己生产的小汽车提供给上级主管部门使用

5. ［多选题］纳税人自产自用的消费品（　　），应按规定缴纳消费税。

A. 用于连续生产应税消费品

B. 用于集资

C. 用于在建工程

D. 用于管理部门

6. ［多选题］化妆品厂某系列高档化妆品，用于下列（　　）用途时应征收消费税。

A. 促销活动中赠品

B. 职工运动会奖品

C. 加工生产其他系列高档化妆用品

D. 换取原材料

2.1.3 委托加工

《消费税暂行条例实施细则》第七条第一款规定："委托加工的应税消费品，是指由委托方提供原料和主要材料，受托方只收取加工费和代垫部分辅助材料加工的应税消费品。

对于由受托方提供原材料生产的应税消费品，或者受托方先将原材料卖给委托方，然后再接受加工的应税消费品，以及由受托方以委托方名义购进原材料生产的应税消费品，不论在财务上是否作销售处理，都不得作为委托加工应税消费品，而应当按照销售自制应税消费品缴纳消费税。"

【政策解析】消费税政策中涉及的"委托加工应税消费品"与增值税政策中的"提供加工劳务"，本质上是一种业务，只是增值税以受托方为纳税人，消费税以委托方为纳税人。消费税政策中对"委托加工应税消费品"的业务范围做出了更明确的界定，指出受托方直接或间接提供原材料的三种情况不属于委托加工应税消费品，而是受托方销售自制的应税消费品。但是，增值税中未对"加工劳务"的范围有这样的界定。原因在于消费税中必须把委托加工业务与销售自制消费品业务区分开来，这两种业务的纳税人不同，前者是委托方，后者是受托方；增值税中加工业务与销售货物业务的纳税人是相同的，都是受托方。虽然增值税政策中没有特别指出受托方提供原材料等三种情形不属于加工业务，但是《增值税暂行条例实施细则》中"加工"的定义明确要求委托方提供原料及主要材料，所以受托方提供原材料等三种情形在增值税中同样不属于提供加工劳务，而是受托方销售货物。

2.1.4 进口

《消费税暂行条例》第四条规定："进口的应税消费品，于报关进口时纳税。"

《消费税暂行条例》第十二条规定："消费税由税务机关征收，进口的应税消费品的消费税由海关代征。个人携带或者邮寄进境的应税消费品的消费税，连同关税一并计征。具体办法由国务院关税税则委员会会同有关部门制定。"

跨境电子商务零售进口商品按照货物征收进口环节消费税，购买跨境电子商务零售进口商品的个人作为纳税义务人。

重点难点即时练2

1. ［多选题］下列情形中，不属于委托加工应税消费品的有（　　）。

   A.委托方提供原料和主要材料，受托方只收取加工费和代垫部分辅助材料加工的应税消费品

   B.由受托方提供原材料生产的应税消费品

   C.受托方先将原材料卖给委托方，然后再接受加工的应税消费品

D.受托方以委托方名义购进原材料生产的应税消费品

2.［多选题］纳税人收回委托加工的应税消费品后，不需再缴纳消费税的有（　　）。

A.用于无偿赠送他人　　　　B.继续加工成应税消费品并销售

C.用于对外投资　　　　　　D.用于职工福利品发放

3.［单选题］下列项目中，属于消费税征税范围的是（　　）。

A.某单位销售已使用过的摩托车

B.百货商店销售高档化妆品

C.酒厂非独立核算门市部销售本厂生产的白酒

D.进口金银首饰

4.［单选题］下列情形中，应纳消费税的是（　　）。

A.自产高档化妆品赠送给客户

B.用自产白酒移送用于生产配制酒

C.将委托加工收回的烟丝移送用于生产卷烟

D.外购小轿车供领导使用

5.［多选题］葡萄酒消费税的纳税环节有（　　）。

A.生产环节　　B.批发环节　　C.进口环节　　D.零售环节

2.2　消费税纳税人及扣缴义务人

2.2.1　消费税纳税人

《消费税暂行条例》第一条规定："在中华人民共和国境内生产、委托加工和进口本条例规定的消费品的单位和个人，以及国务院确定的销售本条例规定的消费品的其他单位和个人，为消费税的纳税人，应当依照本条例缴纳消费税。"

《消费税暂行条例实施细则》第二条规定："条例第一条所称单位，是指企业、行政单位、事业单位、军事单位、社会团体及其他单位。条例第一条所称个人，是指个体工商户及其他个人。"

【政策解析】只要发生消费税的应税行为，无论其是单位还是个人，也无论其是否以盈利为目的，均会成为消费税的纳税义务人。

2.2.2 消费税扣缴义务人

2.2.2.1 委托加工应税消费品的扣缴义务人

《消费税暂行条例》第四条规定："委托加工的应税消费品，除受托方为个人外，由受托方在向委托方交货时代收代缴税款。"

《消费税暂行条例实施细则》第七条第二款规定："委托个人加工的应税消费品，由委托方收回后缴纳消费税。"

【政策解析】在委托加工应税消费品（金银首饰除外）的业务中，消费税的纳税义务人是委托方。因为委托方通常不具有应税消费品的生产能力，没有办理消费税税种登记，消费税税款流失风险较大，所以，《消费税暂行条例》在委托加工应税消费品环节设置了扣缴义务人，但受托方为个人（包括个体经营者）时，不实行代收代缴，应由委托方自行向其机构所在地的主管税务机关申报纳税。

2.2.2.2 跨境电子商务零售进口商品的扣缴义务人

跨境电子商务零售进口商品按照货物征收进口环节消费税，购买跨境电子商务零售进口商品的个人作为纳税义务人，电子商务企业、电子商务交易平台企业或物流企业可作为代收代缴义务人。

2.2.2.3 扣缴义务人未履行扣缴义务的处理

根据《消费税暂行条例》的规定，委托加工应税消费品，应由受托方在向委托方交货时代收代缴税款。但是，据调查，目前有相当一部分受托加工应税消费品的企业未履行代扣代缴义务，造成了税款的严重流失。为加强委托加工应税消费品的征收管理，总局决定：

自1995年1月1日起，为了有利于堵塞税收流失漏洞，各地除对受托加工应税消费品的企业加强监督检查外，对于委托方也应加强监督检查（不包括改在零售环节征收消费税的金银首饰）。对于受托方未按规定代扣代缴税款，并经委托方所在地国税机关发现的，则应由委托方所在地国税机关对委托方补征税款，受托方所在地国税机关不得重复征税。

（国家税务总局关于加强委托加工应税消费品征收管理的通知，国税发〔1995〕122号，1995年6月26日）

【政策解析】纳税义务和扣缴义务是两种不同的法定义务，不能混淆，负有法定扣缴义务的受托方，如果没有按有关规定履行代收代缴义务，按照《中华人民共和国税收征收管理法》第六十九条规定，会被处以应代收代缴税款50%以上3倍以下的罚款；负有法定纳税义务的委托方应补缴消费税税款。

2.3 消费税税率表

《消费税暂行条例》第三条将应当缴纳消费税的消费品简称为应税消费品。《消费税暂行条例》第二条规定，消费税的税目、税率，依照本条例所附的《消费税税目税率表》执行。消费税税目、税率的调整，由国务院决定。《消费税暂行条例实施细则》第三条规定："条例所附《消费税税目税率表》中所列应税消费品的具体征税范围，由财政部、国家税务总局确定。"由此，选择列入消费税征税对象的应税消费品的权限归属于国务院，而对应税消费品具体范围的界定归属于财政部、国家税务总局。目前，应税消费品的范围如表2-2、表2-3所示。

2 消费税纳税人、征税范围及税率

表2-2 消费税税目税率表

税目	子目		计税单位	税率	备注
一、烟	1.卷烟	生产环节	(1) 甲类卷烟：每标准条（200支）对外调拨价格在70元以上的（含70元，不含增值税）	56%，0.003元/支	自2009年5月1日起，依照"财税〔2009〕84号"调整税率
			(2) 乙类卷烟：每标准条（200支）对外调拨价格在70元以下的	36%，0.003元/支	
		批发环节		11%，0.005元/支	1.自2009年5月1日起，依照"财税〔2009〕84号"卷烟在生产环节征收消费税基础上，在批发环节加征一道消费税 2.自2015年5月10日起，依照"财税〔2015〕60号"调整税率
	2.电子烟	生产环节		36%	自2022年11月1日起，依照"财政部 海关总署 税务总局公告2022年第33号"设置税目
		批发环节		11%	
	3.雪茄烟			36%	自2009年5月1日起，依照"财税〔2009〕84号"调整税率
	4.烟丝			30%	
二、酒	1.白酒		斤或500毫升	20%，0.5元/斤或0.5元/500毫升	1.白酒包括粮食白酒和薯类白酒 2.自2001年5月1日起，依"财税〔2001〕84号"白酒采用复合计税办法 3.自2006年4月1日起，依"财税〔2006〕33号"调整税率
	2.黄酒		吨	240元/吨	黄酒1吨=962升

续表

税目	子目	计税单位	税率	备注
二、酒	3.啤酒	（1）每吨出厂价格（含包装物及包装物押金）在3 000元（含3 000元以上，不含增值税）以上的	250元/吨	1.啤酒包括啤酒液、菠萝啤酒，饮食业、商业、娱乐业生产的啤酒和果啤等 2.啤酒生产企业销售给关联啤酒销售公司啤酒，按照销售公司销售价格确定适用税率 3.自2001年5月1日起，依"财税〔2001〕84号"调整税率 4.啤酒1吨=988升
		（2）每吨在3 000元以下的	220元/吨	
		（3）娱乐业和饮食业自制的	250元/吨	
	4.其他酒		10%	是指除粮食白酒、薯类白酒、黄酒、啤酒以外，酒度在1度以上的各种酒。其征收范围包括糠麸白酒、其他原料酒、土甜酒、复制酒、果木酒、汽酒、药酒等
三、高档化妆品			15%	1.征收范围包括高档美容、修饰类化妆品和成套化妆品和高档护肤类化妆品 2.高档美容、修饰类化妆品，指生产（进口）环节销售（完税）价格在10元/毫升（克）或15元/片（张）及以上的美容、修饰类化妆品和护肤类化妆品 3.2016年10月1日起，依"财税〔2016〕103号"调整应税范围和税率
四、贵重首饰及珠宝玉石	金银首饰		5%	1.金银首饰、铂金首饰和钻石及钻石饰品（以下统称金银首饰），其他贵重首饰及珠宝玉石（以下统称非金银首饰） 2.金银首饰在零售环节征税；非金银首饰在生产、加工、进口环节（以下简称生产环节）征税 3.无法分别核算金银首饰和非金银首饰销售额的，生产环节、零售环节非金银首饰一律按金银首饰征税
	非金银首饰		10%	

续表

税目	子目	计税单位	税率	备注
五、鞭炮、焰火			15%	
六、成品油	1.汽油	吨或升	1.52元/升	1.以汽油、汽油组分调和生产的甲醇汽油、乙醇汽油也属于本税目征收范围 2.汽油1吨=1 388升 3.自2015年1月13日起,依"财税〔2015〕11号"调整成品油税率
	2.柴油	吨或升	1.2元/升	1.以柴油、柴油组分调和生产的生物柴油也属于本税目征收范围 2.柴油1吨=1 176升
	3.石脑油	吨或升	1.52元/升	1.石脑油的征收范围包括除汽油、柴油、航空煤油、溶剂油以外的各种轻质油 2.石脑油1吨=1 385升
	4.溶剂油	吨或升	1.52元/升	1.橡胶填充油、溶剂油原料,属于溶剂油征收范围 2.溶剂油1吨=1 282升
	5.润滑油	吨或升	1.52元/升	1.润滑油分为矿物性润滑油、植物性润滑油和化工原料合成润滑油。矿物性润滑油包括矿物性润滑油基础油、矿物性润滑油和化工原料合成润滑油 2.润滑油1吨=1 126升
	6.燃料油	吨或升	1.2元/升	1.包括用于电厂发电、船舶锅炉燃料、加热炉燃料、冶金和其他工业炉燃料的各类燃料油 2.燃料油1吨=1 015升
	7.航空煤油	吨或升	1.2元/升	1.暂缓征收 2.航空煤油1吨=1 246升

续表

税目	子目		计税单位	税率	备注
七、摩托车	1. 气缸容量为250毫升的			3%	1. 自2006年4月1日起，依"财税〔2006〕33号"调整税率 2. 自2014年12月1日起，"财税〔2014〕93号"取消气缸容量250毫升（不含）以下的小排量摩托车消费税
	2. 气缸容量在250毫升以上的			10%	
八、小汽车	生产环节	1. 乘用车	（1）气缸容量（排气量，下同）在1.0升以下（含1.0升）的	1%	1. 乘用车包括含驾驶员座位在内最多不超过9个座位（含），在设计和技术特性上用于载运乘客和货物 2. 中轻型商用客车含驾驶员座位在内的座位数在10至23座（含23座）的，在设计和技术特性上用于载运乘客和货物 3. 大型客车和载货汽车不征消费税 4. 电动汽车不征消费税 5. 自2008年9月1日起，按照"财税〔2008〕105号"调整乘用车税率
			（2）气缸容量在1.0升以上至1.5升（含）的	3%	
			（3）气缸容量在1.5升以上至2.0升（含）的	5%	
			（4）气缸容量在2.0升以上至2.5升（含）的	9%	
			（5）气缸容量在2.5升以上至3.0升（含）的	12%	
			（6）气缸容量在3.0升以上至4.0升（含）的	25%	
			（7）气缸容量在4.0升以上的	40%	
		2. 中轻型商用客车		5%	
	零售环节	超豪华小汽车		10%	1. 超豪华小汽车是指每辆零售价格130万元（不含增值税）及以上的乘用车和中轻型商用客车 2. 自2016年12月1日起，依据"财税〔2016〕129号"对超豪华小汽车，在生产环节征收消费税基础上，在零售环节加征一道消费税

续表

税目	子目	计税单位	税率	备注
九、高尔夫球及球具			10%	包括高尔夫球、高尔夫球杆及高尔夫球包（袋）、高尔夫球杆的杆头、杆身和握把等
十、高档手表			20%	指销售价格（不含增值税）每只在10 000元（含）以上的各类手表
十一、游艇			10%	艇身长度大于8米（含）小于90米（含），内置发动机
十二、木制一次性筷子			5%	包括各种规格的木制一次性筷子和未经打磨、倒角的木制一次性筷子
十三、实木地板			5%	包括各类规格的实木地板、实木指接地板、实木复合地板及用于装饰墙壁、天棚的侧端面为榫、槽的实木装饰板和未经涂饰的素板
十四、电池			4%	2015年2月1日起，依据"财税〔2015〕16号"设置税目
十五、涂料			4%	2015年2月1日起，依据"财税〔2015〕16号"设置税目

注：自2014年12月1日起，"财税〔2014〕93号"取消汽车车轮轮胎税目，取消酒消精子税目。汽油子税目不再划分二级子目，统一按照无铅汽油税率征收消费税。

表2-3　　　　　　　　应税消费品征税环节一览表

课征制	应税消费品	应税环节	备注
单环节课征	一般应税消费品	生产、委托加工、进口（以下统称生产环节）	
	金银首饰	零售环节	金银首饰、铂金首饰、钻石及其饰品统称金银首饰
双环节课征	卷烟、电子烟	生产环节+批发环节	卷烟双环节均采用复合计税办法，而电子烟双环节均采用从价定率计税办法
	超豪华小汽车	生产环节+零售环节	

重点难点即时练3

1. ［多选题］目前，下列哪些产品不属于消费税的征收范围（　　）。

   A.酒精　　　　　　　　　　B.润滑油

   C.非高档护肤护发品　　　　D.摩托车

2. ［多选题］下列属于高档化妆品的有（　　）。

   A.价格在5元/毫升（克）以上的化妆品

   B.价格在10元/毫升（克）以上的化妆品

   C.价格在10元/片（张）以上的化妆品

   D.价格在15元/片（张）以上的化妆品

3. ［多选题］下列产品征收消费税的有（　　）。

   A.高档木制筷子　　　　　　B.图书

   C.烟丝　　　　　　　　　　D.小汽车

4. ［多选题］下列货物征收消费税的有（　　）。

   A.金银首饰　　B.汽车轮胎　　C.保健食品　　D.啤酒

5. ［单选题］高档手表是指销售价格（不含增值税）每只在（　　）元（含）以上的各类手表。

   A.1 000　　　　B.5 000　　　　C.10 000　　　　D.50 000

6. ［单选题］用甜菜配制的白酒按照（　　）征收消费税。

A.粮食白酒　　B.薯类白酒　　C.其他酒　　D.黄酒

7.［单选题］从2006年4月1日起，调整白酒税率，粮食白酒、薯类白酒的比例税率统一为（　　）。

A.20%　　B.25%　　C.15%　　D.10%

8.［单选题］超豪华小汽车是指每辆不含增值税零售价格在（　　）万元及以上的乘用车和中轻型商用客车。

A.100　　B.120　　C.130　　D.180

9.［多选题］下列消费品中，属于消费税征税范围的有（　　）。

A.汽车和农用拖拉机通用的轮胎　　B.高尔夫球及球具

C.洗发水　　D.涂料

10.［多选题］下列属于"成品油"应税项目的有（　　）。

A.石脑油　　B.溶剂油　　C.食用油　　D.航空煤油

2.4　某些税目具体范围的规定

2.4.1　啤酒

2.4.1.1　关于饮食业、商业、娱乐业生产啤酒的征税问题

对饮食业、商业、娱乐业举办的啤酒屋（啤酒坊）利用啤酒生产设备生产的啤酒，应当征收消费税。

（国家税务总局关于消费税若干征税问题的通知，国税发〔1997〕84号，1997年5月21日）

2.4.1.2　啤酒源征税问题

啤酒源是以大麦或其他粮食为原料，加入啤酒花，经糖化、发酵酿制而

成的含二氧化碳的酒。在产品特性、使用原料和生产工艺流程上，啤酒源与啤酒一致，只缺少过滤过程。因此，对啤酒源应按啤酒征收消费税。

（国家税务总局关于印发《消费税问题解答》的通知，国税函〔1997〕306号，1997年5月21日）

2.4.1.3　菠萝啤酒征税问题

经向主管部门了解，菠萝啤酒是以大麦或其他粮食为原料，加入啤酒花，经糖化、发酵，并在过滤时加入菠萝精（汁）、糖酿制的含有二氧化碳的酒。其在产品特性、使用原料和生产工艺流程上与啤酒相同，只是在过滤时加上适量的菠萝精（汁）和糖，因此，对菠萝啤酒应按啤酒征收消费税。

（国家税务总局关于印发《消费税问题解答》的通知，国税函〔1997〕306号，1997年5月21日）

2.4.1.4　果啤征税问题

果啤是一种口味介于啤酒和饮料之间的低度酒精饮料，主要成分为啤酒和果汁。尽管果啤在口味和成分上与普通啤酒有所区别，但无论是从产品名称，还是从产品含啤酒的本质上看，果啤均属于啤酒，应按规定征收消费税。

（国家税务总局关于果啤征收消费税的批复，国税函〔2005〕333号，2005年4月18日）

2.4.2　其他酒

2.4.2.1　配制酒适用税目问题

配制酒（露酒）是指以发酵酒、蒸馏酒或食用酒精为酒基，加入可食用或药食两用的辅料或食品添加剂，进行调配、混合或再加工制成的、并改变了其原酒基风格的饮料酒。自2011年10月1日起，配制酒消费税适用税率如下：

（一）以蒸馏酒或食用酒精为酒基，同时符合以下条件的配制酒，按消费税税目税率表"其他酒"10%适用税率征收消费税。

1.具有国家相关部门批准的国食健字或卫食健字文号；

2.酒精度低于38度（含）。

（二）以发酵酒为酒基，酒精度低于20度（含）的配制酒，按消费税税目税率表"其他酒"10%适用税率征收消费税。

（三）其他配制酒，按消费税税目税率表"白酒"适用税率征收消费税。

上述蒸馏酒或食用酒精为酒基，是指酒基中蒸馏酒或食用酒精的比重超过80%（含）；发酵酒为酒基，是指酒基中发酵酒的比重超过80%（含）。

（国家税务总局关于配制酒消费税适用税率问题的公告，国家税务总局公告2011年第53号，2011年9月28日）

【政策解析】1.配制酒的适用科目与其酒基有很大关系，通常在生产配制酒时以白酒、黄酒和酒精为酒基。白酒是经过糖化、发酵后，采用蒸馏方法酿制的，它必须经过蒸馏工艺，因此，国家税务总局公告2011年第53号中以蒸馏酒为酒基，也就是以白酒为酒基；黄酒是经加温、糖化、发酵、压榨酿制的酒，其加工工艺中没有蒸馏程序，因此，53号公告中以发酵酒为酒基，也就是以黄酒为酒基。蒸馏酒的酒度比酿造酒的酒度高，一般酒度为38至65度。

2.在其他酒中，复制酒（配制酒或泡制酒）和药酒是两个不同的子目。药酒是指按照医药卫生部门的标准，以白酒、黄酒为酒基，加入各种药材泡制或配制的酒；复制酒是指以白酒、黄酒、酒精为酒基，加入果汁、香料、色素、药材、补品、糖、调料等配制或泡制的酒，如各种配制酒、泡制酒、滋补酒等。国家税务总局公告2011年第53号只是明确了复制酒的适用税率问题，不适用于药酒，因此，药酒（取得国药准字）一律按"其他酒"10%适用税率征收消费税。

配制酒泡制酒适用税目如图2-2所示。

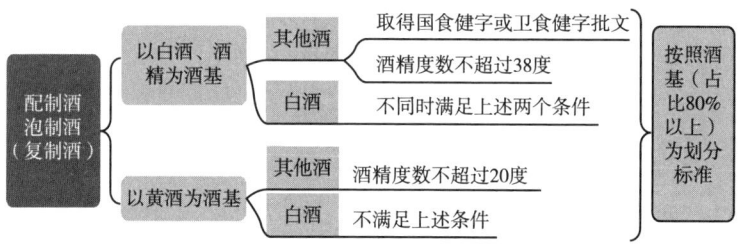

图2-2 配制酒泡制酒适用税目示意图

[案例解析5] 如何确定配制酒的税目？

中国劲酒是劲牌公司旗下的酒类主导品牌之一，取得卫食健〔1997〕第728号，酒精度为35度，是以白酒为酒基，加入当归、枸杞子、黄芪、肉桂、淫羊藿等22味药材生产的保健酒。请问：中国劲酒应当适用哪个消费税科目？

解析：《国家税务总局关于配制酒消费税适用税率问题的公告》（国家税务总局公告2011年第53号）规定，以蒸馏酒或食用酒精为酒基，同时符合以下条件的配制酒，按消费税税目税率表"其他酒"10%适用税率征收消费税。

1.具有国家相关部门批准的国食健字或卫食健字文号；

2.酒精度低于38度（含）。

中国劲酒是以白酒为酒基，即以蒸馏酒为酒基，同时满足取得国家相关部门批准的卫食健字，酒精度低于38度两个条件，因此按"其他酒"税目，适用税率为10%。

2.4.2.2 调味料酒征税问题

鉴于国家已经出台了调味品分类国家标准，按照国家标准调味料酒属于调味品，不属于配制酒和泡制酒，对调味料酒不再征收消费税。调味料酒是指以白酒、黄酒或食用酒精为主要原料，添加食盐、植物香辛料等配制加工而成的产品名称标注（在食品标签上标注）为调味料酒的液体调味品。

（国家税务总局关于调味料酒征收消费税问题的通知，国税函〔2008〕742号，2008年8月21日）

2.4.2.3 葡萄酒适用税目问题

葡萄酒消费税适用《消费税税目税率（税额）表》"酒及酒精"税目下设的"其他酒"子目。葡萄酒是指以葡萄为原料，经破碎（压榨）、发酵而成的酒精度在1度（含）以上的葡萄原酒和成品酒（不含以葡萄为原料的蒸馏酒）。

以果木或谷物为原料的蒸馏酒属于粮食白酒。

（财政部 国家税务总局关于调整酒类产品消费税政策的通知，财税〔2001〕84号，2001年5月11日；国家税务总局关于印发《葡萄酒消费税管理办法（试行）》的通知，国税发〔2006〕66号，2006年5月14日）

[案例解析6] 白兰地按什么税目征收消费税？

天马酒厂用葡萄酿制白兰地酒（酒精度高于38度），按照什么税目征收消费税？适用消费税税率是多少？

解析：依据《中华人民共和国国家标准》GB/T 11856—2008"白兰地国家标准"中的术语和定义，白兰地（brandy）是以葡萄为原料，经发酵、蒸馏、橡木桶陈酿，调配而成的葡萄蒸馏酒。"葡萄蒸馏酒（白兰地）"通常简称为"白兰地"。根据其原料可分为葡萄原汁白兰地、葡萄皮渣白兰地和调配白兰地。根据《财政部 国家税务总局关于调整酒类产品消费税政策的通知》（财税〔2001〕84号）规定，以果木或谷物为原料的蒸馏酒属于粮食白酒。白兰地是以葡萄为原料的蒸馏酒，应当按照白酒税目征收消费税，适用复合计征办法，比例税率为20%，定额税率为0.5元/500ml。

2.4.3 贵重首饰及珠宝玉石

2.4.3.1 金刚石征税问题

金刚石又称钻石,属于贵重首饰及珠宝玉石的征收范围,应按规定征收消费税。

(国家税务总局关于印发《消费税问题解答》的通知,国税函〔1997〕306号,1997年5月21日)

2.4.3.2 宝石坯征税问题

根据《消费税征收范围注释》规定,珠宝玉石的征税范围为经采掘、打磨、加工的各种珠宝玉石。宝石坯是经采掘、打磨、初级加工的珠宝玉石半成品,因此,对宝石坯应按规定征收消费税。

(国家税务总局关于印发《消费税问题解答》的通知,国税函〔1997〕306号,1997年5月21日)

2.4.4 成品油

2.4.4.1 润滑脂征税问题

根据润滑油消费税征收范围注释,用原油或其他原料加工生产的用于内燃机、机械加工过程的润滑产品均属于润滑油征税范围。润滑脂是润滑产品,属润滑油消费税征收范围,生产、加工润滑脂应当征收消费税。

(国家税务总局关于润滑脂产品征收消费税问题的批复,国税函〔2009〕709号,2009年12月15日)

2.4.4.2 变压器油、导热类油等绝缘油类产品征税问题

变压器油、导热类油等绝缘油类产品不属于《财政部 国家税务总局关

于提高成品油消费税税率的通知》（财税〔2008〕167号）规定的应征消费税的"润滑油"，不征收消费税。

（国家税务总局关于绝缘油类产品不征收消费税问题的公告，国家税务总局公告〔2010〕12号，2010年8月30日）

2.4.4.3 稳定轻烃产品征税问题

油气田企业在生产石油、天然气过程中，通过加热、增压、冷却、制冷等方法回收、以戊烷和以上重烃组分组成的稳定轻烃属于原油范畴，不属于成品油消费税征税范围。

（国家税务总局关于稳定轻烃产品征收消费税问题的批复，国税函〔2010〕205号，2010年5月13日）

2.4.4.4 催化料、焦化料征税问题

自2012年11月1日起，催化料、焦化料属于燃料油的征收范围，应当征收消费税。

（国家税务总局关于催化料、焦化料征收消费税的公告，国家税务总局公告2012年第46号，发文日期：2012年9月27日）

2.4.4.5 视同石脑油、视同燃料油征税问题

一、自2013年1月1日起，纳税人以原油或其他原料（指除原油以外可用于生产加工成品油的各种原料）生产加工的在常温常压条件下（25℃／一个标准大气压）呈液态状的产品（沥青除外），按以下原则划分是否征收消费税：

（一）产品符合汽油、柴油、石脑油、溶剂油、航空煤油、润滑油和燃料油征收规定的，按相应的汽油、柴油、石脑油、溶剂油、航空煤油、润滑油和燃料油的规定征收消费税。

纳税人生产加工符合汽油、柴油、石脑油、溶剂油、航空煤油、润滑油

和燃料油规定的产品，无论以何种名称对外销售或用于非连续生产应征消费税产品，均应按规定缴纳消费税。

（二）产品名称虽不属于成品油消费税税目列举的范围，但外观形态与应税成品油相同或相近，且主要原料可用于生产加工应税成品油的产品，符合该产品的国家标准或石油化工行业标准的相应规定（包括产品的名称、质量标准与相应的标准一致），且纳税人将省级（含）以上质量技术监督部门出具的相关产品质量检验证明留存备查的，不征收消费税；否则，视同石脑油征收消费税。

前款所称产品不包括：

1.环境保护部发布《中国现有化学物质名录》中列明分子式的产品和纳税人取得环境保护部颁发的《新化学物质环境管理登记证》中列名的产品。

2.纳税人取得省级（含）以上质量技术监督部门颁发的《全国工业产品生产许可证》中除产品名称注明为"石油产品"外的各明细产品。

本条第（二）项规定的产品，如根据国家标准、行业标准或其他方法可以确认属于应征消费税的产品，无论以何种名称对外销售或用于非连续生产应征消费税产品，均应按规定缴纳消费税。

二、自2013年1月1日起，纳税人以原油或其他原料（指除原油以外可用于生产加工成品油的各种原料）生产加工的产品（是指常温常压状态下呈暗褐色或黑色的液态或半固态产品），如以沥青产品对外销售时，该产品符合沥青产品的国家标准或石油化工行业标准的相应规定（包括名称、型号和质量标准等与相应标准一致），且纳税人将省级（含）以上质量技术监督部门出具的相关产品质量检验证明留存备查的，不征收消费税；否则，视同燃料油征收消费税。

沥青产品的行业标准，包括石油化工以及交通、建筑、电力等行业适用的行业性标准。

其他呈液态状产品以沥青名称对外销售或用于非连续生产应征消费税产品，按照第一条规定处理。

三、"相关产品质量检验证明"是指经国家认证认可监督管理委员会或省级质量技术监督部门依法授予实验室资质认定的检测机构出具的相关产品达到国家或行业标准的检验证明,且该检测机构对相关产品的检测能力在其资质认定证书附表规定的范围之内。

纳税人委托检测机构对相关产品进行检验的项目应为该产品国家或行业标准中列明的全部项目。在留存备查检验证明时,应一并留存受检产品的国家或行业标准以及检测机构具备检测资质和该产品检测能力的证明材料,包括资质认定证书及检测能力附表复印件等。

本省(自治区、直辖市、计划单列市,以下简称省市)范围内的检测机构对相关产品不能检验的,纳税人可委托其他省市符合条件的检测机构对产品进行检验,并按前款规定留存产品检验证明和检测机构资质能力证明等材料。

四、纳税人在取得省级(含)以上质量技术监督部门出具的相关产品质量检验证明的当月起,不征收消费税。经主管税务机关核实纳税人在取得产品质量检验证明之前未申报缴纳消费税的,应按规定补缴消费税。

五、对上述规定可不提供检验证明或已提供检验证明而不缴纳消费税的产品,税务机关可根据需要组织进行抽检,核实纳税人实际生产加工的产品是否符合不征收消费税的规定。

六、纳税人发生下列情形之一且未缴纳消费税的,主管税务机关应依法补征税款并予以相应处理:

(一)应提供而未提供检验证明。

(二)虽提供检验证明,但实际生产加工的产品不符合检验证明所依据的国家或行业标准。

(国家税务总局关于消费税有关政策问题的公告,国家税务总局公告2012年第47号,2012年11月6日;国家税务总局关于消费税有关政策问题补充规定的公告,国家税务总局公告2013年第50号,2013年9月9日;国家税务总局关于取消两项消费税审批事项后有关管理问题的公告,国家税务总局

公告2015年第39号,2015年5月22日)

【政策解析】1.2008年,财政部和国家税务总局按照国务院关于实施成品油税费改革的统一部署,发布了《财政部 国家税务总局关于提高成品油消费税税率的通知》(财税〔2008〕167号,以下简称《通知》),对成品油消费税征收范围进行了调整完善。根据《通知》规定,除汽油、柴油、航空煤油、溶剂油、润滑油外,对以原油或其他原料加工生产的用于化工原料的各种轻质油均按石脑油征收消费税,对各类重油、渣油均按燃料油征收消费税。由此可见,2008年成品油税费改革后,凡属轻质油或重油、渣油的产品,无论取何种名称,无论是用作调制成品油还是化工原料,都应缴纳消费税。但是,实践中,一些纳税人通过变换产品名称逃避成品油消费税。为加强管理、堵塞漏洞、解决应税成品油与一些非应征消费税的石油化工产品(以下简称非应税产品)明确区分的问题,国家税务总局公告2012年第47号和2013年第50号明确了以下四种具体的区分方法:

一是从产品的化学特性进行区分。根据国家环境保护相关规定,除少数情形外,凡在我国境内生产、加工、销售、使用或进口的化学物质,必须已列入环境保护部发布的《中国现有化学物质名录》(现有名录详见环境保护部公告2013年第1号)或取得《新化学物质环境管理登记证》。从化学特性看,可以用一种化学分子式表示的产品纯度均较高,具有固定的熔点、沸点等性质,通过一些常用的检测方法(如气相色谱法等),即能将其与混合物加以区分,而应税成品油都是多种化合物的混合物,其中各物质均保持原有性质(如没有固定沸点等),不能用一种化学分子式来表示且不属于新化学物质。因此,《中国现有化学物质名录》中列明分子式的产品和纳税人取得《新化学物质环境管理登记证》的产品,与应税成品油有着明显区别。

二是从产品的生产许可进行区分。根据《中华人民共和国工业产品生产许可证管理条例》(国务院令第440号)规定,国家对包括石油产品等危险化学品在内的重要工业产品,实行生产许可证制度。该许可证的发放管理由省级(含)以上质量技术监督部门负责。国家质量监督检验检疫总局对需要办理生产许可的各类产品,均公布了生产许可证实施细则及具体产品品种名称(可从国家质量监督检验检疫总局官方网站查询),并将石油产品与其他危险化学品进行了一定的区分。纳税人从事这些产品生产,必须经省级或受省级委托的地方质量技术监督部门实地核查、产品抽检并审核通过后,才能获得列明产品品种明细的《全国工业产品生产许可证》。据此,纳税人取得省级(含)以上质量技术监督部门颁发的《全国工业产品生产许可证》中列明的各种明细产品,其产品名称中注明为"石油产品"以外的产品,其一定不属于成品油消费税征收范围,不需提交检验证明备案。

三是从产品的主要原料和外观形态进行区分。对没有明确分子式且未取得《新化学物质环境管理登记证》和《全国工业产品生产许可证》的产品,如果在流动性、颜色等外观形态上与成品油具有明显差异,或其所需主要原料并非可用于生产加工成品油的原料,则可将此作为判定该产品不属于成品油消费税征税范围的重要依据。

四是从产品的国家标准或行业标准进行区分。除上述三个区分方法之外,对外观形态和生产所需主要原料与应税成品油相同或相近的产品,如符合该产品国家标准或行业标准并按规定向主管税务机关提供检测证明备案的,可视为非应税产品,否则,视同石脑油或燃料油征收消费税。但是,对通过国家标准、行业标准或其他方法可以确认属于应税成品油的,即便产品符合国家标准或行业标准,也应征收消费税。

2.根据国家质量监督检验检疫总局发布的《实验室和检查机构资质认定管理办法》(国家质量监督检验检疫总局令第86号),在我国境内从事向社会出具具有证明作用的数据和结果的机构,须经国家认证认可监督管理委员会或各省、自治区、直辖市人民政府质量技术监督部门依法予以资质认定。因此,总局对纳税人提供产品符合国家标准或行业标准的检验证明所涉及的检测机构资质条件、受理范围、证明材料等事项做了进一步明确规定。对检测机构资质真实性和有效性需要核实的,可根据《实验室和检查机构资质认定管理办法》,向国家认证认可监督管理委员会或省级质量技术监督部门提出书面申请进行确认,部分检测机构及检测能力信息可登录"中国检测资源平台"网查询。

有关成品油征税范围的判定逻辑如图2-3所示。

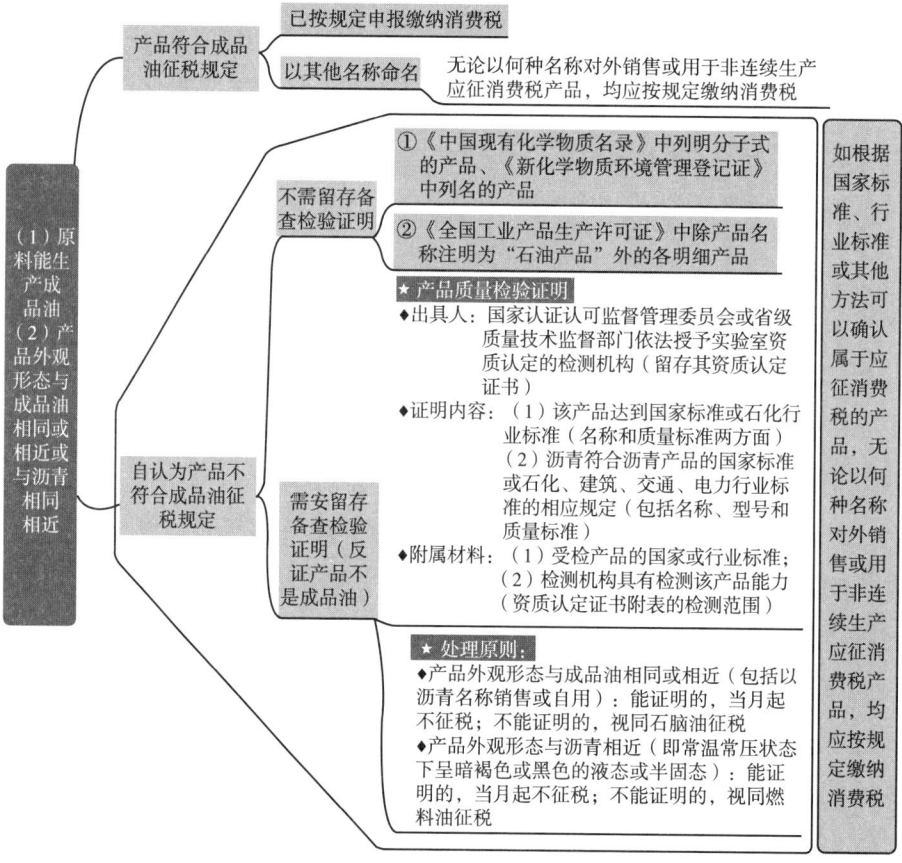

图2-3 判定成品油征税范围的逻辑

[案例解析7] 重油征消费税吗?

天马炼油厂以进口沥青为原料生产的一种产品,发票注明的名称是重油,该产品征收消费税吗?

解析:分析天马炼油厂生产的重油是否应当征收消费税可以分四步走,第一步,查实企业生产的产品重油是否符合汽油、柴油、石脑油、溶剂油、航空煤油、润滑油和燃料油的征收规定，目前成品油税目中已经包含的与重油相近的应税消费品有燃料油子税目下的船用重油、常压重油、减压重油，查实企业生产销售的重油是否是燃料油子目中的船用重油、常压重油、减压重油，如果是，那么按照燃料油的子税目征收消费税；如果不是进入第二步，查实企业生产的产品重油的原料是否可以生产成品油，产品重油的外观是否与成品油或沥青的外观相同或相似，如果不同时都是，则不征消费税；如果都是进入第三步，查实产品重油是否属于免予备案证明的《中国现有化学物质名录》中列明分子式的产品或《新化学物质环境管理登记证》中列名的产品或取得省级（含）以上质量技术监督部门颁发的《全国工业产品生产许可证》中列明的各种明细产品，其产品名称中注明为"石油产品"以外的产品，如果是，则不征收消费税；如果都不是进入第四步，要求企业提供省级（含）以上质量技术监督部门出具的相关产品质量达到国家或行业标准的检验证明，如果不能提供则应当视同石脑油或视同燃料油征收消费税。

2.4.4.6　2023年6月30日新增的成品油范围

自2023年6月30日起，下列油品按规定征收消费税（在2023年6月30日前已经发生的事项，不再进行税收调整）：

一、对烷基化油（异辛烷）按照汽油征收消费税。

二、对石油醚、粗白油、轻质白油、部分工业白油（5号、7号、10号、15号、22号、32号、46号）按照溶剂油征收消费税。

三、对混合芳烃、重芳烃、混合碳八、稳定轻烃、轻油、轻质煤焦油按照石脑油征收消费税。

（财政部　税务总局关于部分成品油消费税政策执行口径的公告，财政部　税务总局公告2023年第11号，2023年6月30日）

2.4.5　小汽车

2.4.5.1　改装改制车辆的征税问题

一、关于改装改制车辆的界定

改装改制车辆是指经省级发展改革委审核批准，并报国家发展改革委备案、列入国家发展改革委《车辆生产企业及产品公告》的公告车辆类别代码（产品型号或车辆型号代码数字字段的第一位数）为5的专用汽车（特种汽车）。

（财政部　国家税务总局关于消费税若干具体政策的通知，财税〔2006〕125号，2006年8月30日）

二、改装改制车辆适用税目

用排气量小于1.5升（含）的乘用车底盘（车架）改装、改制的车辆属于乘用车征收范围。用排气量大于1.5升的乘用车底盘（车架）或用中轻型商用客车底盘（车架）改装、改制的车辆属于中轻型商用客车征收范围。

（财政部　国家税务总局关于调整和完善消费税政策的通知，财税〔2006〕33号，2006年3月20日）

三、改装改制车辆征税范围

《财政部　国家税务总局关于调整和完善消费税政策的通知》（财税〔2006〕33号）中有关用车辆底盘（车架）改装、改制的车辆征收消费税的规定是为了解决用不同种类车辆的底盘（车架）改装、改制的车辆应按照何种子目（乘用车或中轻型商用客车）征收消费税的问题，并非限定只对这类改装车辆征收消费税。对于购进乘用车和中轻型商用客车整车改装生产的汽车，应按规定征收消费税。

（国家税务总局关于购进整车改装汽车征收消费税问题的批复，国税函〔2006〕772号，2006年8月15日）

2.4.5.2　中轻型商用客车的征税问题

车身长度大于7米（含），并且座位在10至23座（含）的商用客车，不属于中轻型商用客车征税范围，不征收消费税。

（财政部　国家税务总局关于消费税若干具体政策的通知，财税〔2006〕125号，2006年8月30日）

2.4.5.3　沙滩车、雪地车、卡丁车、高尔夫车征税问题

沙滩车、雪地车、卡丁车、高尔夫车不属于消费税征收范围，不征收消费税。

（国家税务总局关于沙滩车等车辆征收消费税问题的批复，国税函〔2007〕1071号，2007年11月2日）

2.4.5.4　商务车、卫星通信车征税问题

对于企业购进货车或厢式货车改装生产的商务车、卫星通信车等专用汽车不属于消费税征税范围，不征收消费税。

（国家税务总局关于厢式货车改装生产的汽车征收消费税问题的批复，国税函〔2008〕452号，2008年5月21日）

[案例解析8] 两轮驱动的吉普车是否属于乘用车的征税范围？

天马汽车厂生产一款两轮驱动的吉普车，请问：该车型是否属于乘用车的范围，需要缴纳消费税吗？

解析：根据《财政部　国家税务总局关于调整和完善消费税政策的通知》（财税〔2006〕33号）规定，汽车是指由动力驱动，具有四个或四个以上车轮的非轨道承载的车辆。本税目征收范围包括含驾驶员座位在内最多不超过9个座位（含）的，在设计和技术特性上用于载运乘客和货物的各类乘用车和含驾驶员座位在内的座位数在

10至23座（含23座）的在设计和技术特性上用于载运乘客和货物的各类中轻型商用客车。汽车税目注释并未对驱动轮的个数进行限定，因此，两轮驱动的吉普车属于乘用车的征税范围，应按乘用车的适用税率征收消费税。

[案例解析9] 购进汽车底盘或整车改装生产的专用车是否需要缴纳消费税？

天马专用汽车公司购进各类汽车底盘或厢式货车，生产各类专业用车，如冷藏车、商务车等。请问：天马公司生产的专用车需要缴纳消费税吗？

解析：《国家税务总局关于厢式货车改装生产的汽车征收消费税问题的批复》（国税函〔2008〕452号）规定，根据《财政部　国家税务总局关于调整和完善消费税政策的通知》（财税〔2006〕33号）规定，对于企业购进货车或厢式货车改装生产的商务车、卫星通信车等专用汽车不属于消费税征税范围，不征收消费税。因此，天马公司购进各类汽车底盘或厢式货车，生产各类专业用车不需要缴纳消费税。

2.4.6　实木复合地板

实木复合地板属于消费税征税范围的实本地板，它是以木材为原料，通过一定的工艺将木材刨切加工成单板（刨切薄木）或旋切加工成单板，然后将多层单板经过胶压复合等工艺生产的实木地板。目前，实木复合地板主要为三层实木复合地板和多层实木复合地板。

（财政部　国家税务总局关于消费税若干具体政策的通知，财税〔2006〕125号，2006年8月30日）

重点难点即时练4

1. [多选题] 下列货物征收消费税的有（　　）。

   A. 娱乐业举办的啤酒屋（啤酒坊）利用啤酒生产设备生产的啤酒

   B. 啤酒源

   C. 菠萝啤酒

   D. 果啤

2. [单选题] 企业以52度粮食白酒为酒基加入药材、补品生产的配制酒，按（　　）的税率征收消费税。

   A. 粮食白酒　　B. 黄酒　　　　C. 酒精　　　　D. 其他酒

3. [多选题] 下列货物属于其他酒的有（　　）。

   A. 调味料酒

   B. 以葡萄为原料，经破碎（压榨）、发酵而成的酒精度在1度（含）以上的葡萄原酒

   C. 药酒

   D. 以葡萄为原料的蒸馏酒

4. [多选题] 下列货物征收消费税的有（　　）。

   A. 宝石坯

   B. 金刚石

   C. 实木复合地板

   D. 最大设计车速不超过50km/h，发动机气缸总工作容量不超过50ml的三轮摩托车

5. [多选题] 下列货物不属于小汽车征税范围的有（　　）。

   A. 高尔夫车

   B. 沙滩车

   C. 企业购进货车或厢式货车改装生产的商务车、卫星通信车

   D. 车身长度大于7米（含），并且座位在10至23座（含）的商用客车

6.［多选题］下列改装、改制的车辆应按中轻型汽车征收消费税的有（　　）。

　　A.用排气量小于1.5升（含）的乘用车底盘（车架）改装、改制的车辆

　　B.用排气量大于1.5升的乘用车底盘（车架）改装、改制的车辆

　　C.购进货车或厢式货车改装生产的商务车、卫星通信车

　　D.购进中轻型商用客车整车改装生产的汽车

7.［多选题］下列货物属于成品油的有（　　）。

　　A.润滑脂

　　B.变压器油、导热类油等绝缘油类产品

　　C.油气田企业在生产石油、天然气过程中，通过加热、增压、冷却、制冷等方法回收、以戊烷和以上重烃组分组成的稳定轻烃

　　D.植物性润滑油

2.5　纳税人兼营不同税率的应税消费品的适用税率

《消费税暂行条例》第三条规定："纳税人兼营不同税率的应当缴纳消费税的消费品（以下简称应税消费品），应当分别核算不同税率应税消费品的销售额、销售数量；未分别核算销售额、销售数量，或者将不同税率的应税消费品组成成套消费品销售的，从高适用税率。"

《消费税暂行条例实施细则》第四条规定："纳税人兼营不同税率的应当缴纳消费税的消费品，是指纳税人生产销售两种税率以上的应税消费品。"

［案例解析10］将白酒与黄酒或药酒组成套装销售，如何缴纳消费税？

　　天马酒业公司为加强对生产的新品高档白酒的宣传，将新产品

高档白酒与本公司生产的销售冠军——药酒组成套装促销,应纳消费税怎样计算?

解析:《消费税暂行条例》第三条规定,纳税人兼营不同应税消费品,应当分别核算不同税率应税消费品的销售额、销售数量;未分别核算销售额、销售数量,或者将不同税率的应税消费品组成成套消费品销售的,从高适用税率。也就是说,纳税人将不同税率的应税消费品组成成套消费品销售的,应按套装销售额和销售数量从高适用税率。白酒的比例税率20%高于药酒的比例税率10%,白酒要征定额消费税而药酒不征定额消费税,因此,天马酒业公司将白酒与药酒包装在一起按礼品套酒销售,药酒不仅要按20%的税率从价计税,而且还要按0.5元/斤的定额税率从量计税。

3

消费税应纳税额的计算

《消费税暂行条例》第五条第一款规定:"消费税实行从价定率、从量定额,或者从价定率和从量定额复合计税(以下简称复合计税)的办法计算应纳税额。"

3.1　从价定率计征办法

消费税15类应税消费品中,采用从价定率计税办法的最多,除卷烟、白酒以及啤酒、黄酒、成品油外,其他应税消费品都采用从价定率计税办法。实行从价定率办法应纳税额计算公式:

应纳税额=销售额×比例税率

3.1.1　生产销售

3.1.1.1　销售额的确定

《消费税暂行条例》第六条规定:"销售额为纳税人销售应税消费品向购买方收取的全部价款和价外费用。"

《消费税暂行条例实施细则》明确,销售额不包括应向购货方收取的增值税税款。如果纳税人应税消费品的销售额中未扣除增值税税款或者因不得开具增值税专用发票而发生价款和增值税税款合并收取的,在计算消费税时,应当换算为不含增值税税款的销售额。其换算公式为:

应税消费品的销售额=含增值税的销售额÷(1+增值税税率或者征收率)

【政策解析】消费税的销售额与增值税的销售额都是不含增值税,含消费税的销售额。

[例题3-1] 2024年1月,天马汽车制造公司(增值税一般纳税人)生产销售中轻型商用客车1 500辆,每辆单价19.8万元(含增值税)。已知适用的消费税税率为5%,天马汽车制造公司应纳消费税多少万元?

解析：消费税应纳税额=19.8÷（1+13%）×1 500×5%=1 314.16（万元）

天马汽车制造公司1月应纳消费税税额为1 314.16万元。

3.1.1.2 价外费用的范围

《消费税暂行条例实施细则》第十四条规定："价外费用是指价外向购买方收取的手续费、补贴、基金、集资费、返还利润、奖励费、违约金、滞纳金、延期付款利息、赔偿金、代收款项、代垫款项、包装费、包装物租金、储备费、优质费、运输装卸费以及其他各种性质的价外收费。但下列项目不包括在内：

（一）同时符合以下条件的代垫运输费用：

1.承运部门的运输费用发票开具给购买方的；

2.纳税人将该项发票转交给购买方的。

（二）同时符合以下条件代为收取的政府性基金或者行政事业性收费：

1.由国务院或者财政部批准设立的政府性基金，由国务院或者省级人民政府及其财政、价格主管部门批准设立的行政事业性收费；

2.收取时开具省级以上财政部门印制的财政票据；

3.所收款项全额上缴财政。"

【政策解析】消费税的价外费用的规定与增值税的价外费用的规定本质上是一致的，正向列举了同样的十八个项目，只是排除在价外费用之外的项目少了两项。因为受托加工应征消费税的消费品时，消费税的纳税人是委托方，所以价外费用的例外规定中没有"受托加工应征消费税的消费品所代收代缴的消费税"；2008年《消费税暂行条例》修订时，汽车经销商不属于消费税的纳税人，所以价外费用的例外规定中也没有"销售货物的同时代办保险等而向购买方收取的保险费，以及向购买方收取的代购买方缴纳的车辆购置税、车辆牌照费"。

【例题3-2】2024年1月，一位客户向天马汽车制造厂（增值税一般纳税人）订购特制汽车一辆（消费税税率为5%），天马汽车制造厂以银行存款收取货款（含税）241 200元，另外收取设计、改装费30 000元。该辆汽车应征消费税税额为多少元？天马汽车制造厂应如何进行会计处理？

解析：销售额=（241 200+30 000）÷1.13=240 000（元）

应纳消费税税额=240 000×5%=12 000（元）

该汽车应纳消费税税额为12 000元。

会计处理为：

借：银行存款　　　　　　　　　　　　　　　　271 200.00

　　贷：主营业务收入　　　　　　　　　　　　213 451.33

　　　　其他业务收入　　　　　　　　　　　　 26 548.67

　　　　应交税费——应交增值税（销项税额）　 31 200.00

借：税金及附加　　　　　　　　　　　　　　　 12 000.00

　　贷：应交税费——应交消费税　　　　　　　 12 000.00

3.1.1.3　包装物的销售额以及押金

《消费税暂行条例实施细则》第十三条规定："应税消费品连同包装物销售的，无论包装物是否单独计价以及在会计上如何核算，均应并入应税消费品的销售额中缴纳消费税。如果包装物不作价随同产品销售，而是收取押金，此项押金则不应并入应税消费品的销售额中征税。但对因逾期未收回的包装物不再退还的或者已收取的时间超过12个月的押金，应并入应税消费品的销售额，按照应税消费品的适用税率缴纳消费税。

对既作价随同应税消费品销售，又另外收取押金的包装物的押金，凡纳税人在规定的期限内没有退还的，均应并入应税消费品的销售额，按照应税消费品的适用税率缴纳消费税。"

【政策解析】包装物押金实际上属于"保证金"，是购买方保证按照合同约定的期限返还包装物而支付给销售方的保证金。原则上讲，包装物押金在收取时不应确认收入，也不应缴纳增值税和消费税；包装物逾期未还，销售方没收押金时，企业取得了经济利益流入且导致了所有者权益增加，应确认收入，并计提增值税和消费税。

[例题3-3] 2024年1月1日，天马涂料厂（一般纳税人）销售涂料1 000桶（增值税税率为13%）时，收讫不含税销售额200 000元存入银行，随同产品出租包装物1 000件。包装物单位成本8元，总成本8 000元，采用一次摊销法。出租包装物时，收取一个月租金452元，收取包装物押金11 300元，合同约定的返还期限为30日。2月1日，包装物逾期未还，按规定没收押金。天马涂料厂销售涂料应纳消费税多少元？

解析：（1）1月销售涂料时，包装物租金属于价外费用，应并入销售额计算纳税，包装物押金不纳税。

应交消费税税额=[200 000+452÷（1+13%）]×4%=8 016（元）

（2）2月没收包装物押金时，应纳消费税：

没收押金应纳消费税税额=11 300÷（1+13%）×4%=400（元）

因此，天马涂料厂1月销售涂料时应纳消费税8 016元，2月没收包装物押金时应纳消费税400元。

会计处理为：

1. 1月1日，销售涂料时：

借：银行存款	226 000
贷：主营业务收入	200 000
应交税费——应交增值税（销项税额）	26 000
借：税金及附加	8 016
贷：应交税费——应交消费税	8 016

2. 收押金及租金存入银行：

借：银行存款	11 300
贷：其他应付款——存入保证金	11 300
借：银行存款	452
贷：其他业务收入	400
应交税费——应交增值税（销项税额）	52

借：包装物——出租包装物 8 000
　　贷：包装物——库存未用包装物 8 000

3.没收逾期未退包装物押金并摊销成本：

借：其他应付款——存入保证金 11 300
　　贷：其他业务收入 10 000
　　　　应交税费——应交增值税（销项税额） 1 300

借：税金及附加 400
　　贷：应交税金——应交消费税 400

摊销成本：

借：其他业务成本 8 000
　　贷：包装物——出租包装物 8 000

3.1.1.3.1　酒类产品包装物押金的征税规定

从1995年6月1日起，对酒类产品生产企业销售酒类产品而收取的包装物押金，无论押金是否返还与会计上如何核算，均需并入酒类产品销售额中，依酒类产品的适用税率征收消费税。

（财政部　国家税务总局关于酒类产品包装物押金征税问题的通知，财税字〔1995〕53号，1995年6月9日）

3.1.1.3.2　啤酒、黄酒包装物押金的征税规定

根据《消费税暂行条例》的规定，对啤酒和黄酒实行从量定额的办法征收消费税，即按照应税数量和单位税额计算应纳税额。按照这一办法征税的消费品的计税依据为应税消费品的数量，而非应税消费品的销售额，征税的多少与应税消费品的数量成正比，而与应税消费品的销售金额无直接关系。因此，对酒类包装物押金征税的规定只适用于实行从价定率办法征收消费税的粮食白酒、薯类白酒和其他酒，而不适用于实行从量定额办法征收消费税的啤酒和黄酒产品。

（国家税务总局关于印发《消费税问题解答》的通知，国税函〔1997〕306号，1997年5月21日）

3.1.1.4 组成套装品销售的计税依据

自2006年4月1日起,纳税人将自产的应税消费品与外购或自产的非应税消费品组成套装销售的,以套装产品的销售额(不含增值税)为计税依据。

(财政部 国家税务总局关于调整和完善消费税政策的通知,财税〔2006〕33号,2006年3月20日)

[案例解析11] 将白酒与酒杯组成套装销售,酒杯需要缴纳消费税吗?

天马酒业公司将生产的白酒与外购的玻璃酒杯组成套装销售,如果酒杯与白酒能够分开核算收入,酒杯需要缴纳消费税吗?

解析:根据《财政部 国家税务总局关于调整和完善消费税政策的通知》(财税〔2006〕33号)规定,纳税人将自产的应税消费品与外购或自产的非应税消费品组成套装销售的,以套装产品的销售额(不含增值税)为计税依据。因此,天马酒业公司无论是否将非应税消费品酒杯分别核算,均应按套装产品的销售额(不含增值税)为计税依据,也就是说,酒杯需要缴纳消费税。

3.1.1.5 价格明显偏低的计税依据

《消费税暂行条例》第十条规定:"纳税人应税消费品的计税价格明显偏低并无正当理由的,由主管税务机关核定其计税价格。"

《消费税暂行条例实施细则》第二十一条规定:"应税消费品的计税价格的核定权限规定如下:

(一)卷烟、白酒和小汽车的计税价格由国家税务总局核定,送财政部备案;

(二)其他应税消费品的计税价格由省、自治区和直辖市税务局核定;

（三）进口的应税消费品的计税价格由海关核定。"

3.1.1.6　通过自设非独立核算门市部销售的计税依据

纳税人通过自设非独立核算门市部销售的自产应税消费品，应当按照门市部对外销售额或者销售数量征收消费税。

（国家税务总局关于印发《消费税若干具体问题的规定》的通知，国税发〔1993〕156号，1993年12月28日）

《消费税若干具体问题规定》规定的"非独立核算门市部"的概念是一个大概念，它涵盖所有生产企业自设的非独立核算的应税消费品的销售单位。因此，脱普日用化学品（中国）有限公司生产的应税消费品，消费税的计税依据是该公司自设的非独立核算的上海销售公司的对外销售价格。

（国家税务总局转发《关于消费税有关政策问题的批复》的通知，国税函〔2000〕248号，2000年4月30日）

[例题3-4] 2024年1月，天马化妆品厂（增值税一般纳税人）将自产的高档化妆品1 000套销售给批发商，不含税销售价格为3 000元/套，同时收取运输装卸费500元（含税）。当月还通过自设的非独立核算的门市部销售高档化妆品20套，不含税销售价格为3 500元/套。请问：天马化妆品厂该月应纳消费税税额是多少？

解析：纳税人通过门市部销售的高档化妆品应该按照门市部对外销售额作为计税依据。

应纳消费税税额 = [1 000 × 3 000+500÷（1+13%）+20 × 3 500] × 15%= 460 566.37（元）

因此，天马化妆品厂1月应纳消费税为460 566.37元。

3.1.1.7　按最高销售价格计税的情形

纳税人用于换取生产资料和消费资料，投资入股和抵偿债务等方面的应税消费品，应当以纳税人同类应税消费品的最高销售价格作为计税依据计算消费税。

（国家税务总局关于印发《消费税若干具体问题的规定》的通知，国税发〔1993〕156号，1993年12月28日）

【政策解析】消费税中以物易物、以物抵债、以物投资的应税消费品，不是按照换入非货币性资产或投资的公允价值、抵偿的债务额作为计税依据，而是按照同类应税消费品的最高售价作为计税依据，因为，以物易物、以物投资收到的对价是非货币性资产货物和股权，不易准确确定销售额，而以物抵债时，被抵偿的债务额中可能包括债权人对债务人作出的让步，即被抵偿的债务除了包括抵债应税消费品的售价还包括债务人的债务重组所得，为堵塞漏洞，消费税中直接规定以当期同类应税消费品的最高售价作为计税依据。

〔例题3-5〕2024年1月，天马电池厂（增值税一般纳税人）将自产电池与原料供应商进行交换，用10 000节电池换取生产材料一批，并取得对方开具的增值税专用发票，已知同型号电池当期的最高售价是每节2元（不含税），平均售价是每节1.8元（不含税）。请问：天马电池厂该笔业务应纳增值税和消费税税额分别是多少？

解析：纳税人用于换取生产资料和消费资料的应税消费品，应当以纳税人同类应税消费品的最高销售价格作为计税依据计算消费税。

应纳消费税税额=10 000×2×4%=800（元）

增值税政策中从来没有按照同期同类货物最高价格作为计税依据的规定，因此，用于换取原料的电池应该以平均售价计算销售额。

应纳增值税销项税额=10 000×1.8×13%=2 340（元）

因此，天马电池厂该笔业务应纳消费税为800元，应纳增值税销项税额为2 340元。

3.1.1.8　外币销售额

《消费税暂行条例》第五条第二款规定："纳税人销售的应税消费品，以人民币计算销售额。纳税人以人民币以外的货币结算销售额的，应当折合成人民币计算。"

《消费税暂行条例实施细则》第十一条规定："纳税人销售的应税消费品，以人民币以外的货币结算销售额的，其销售额的人民币折合率可以选择销售额发生的当天或者当月1日的人民币汇率中间价。纳税人应在事先确定采用何种折合率，确定后1年内不得变更。"

3.1.1.9 销货退回

《消费税暂行条例实施细则》第二十三条规定："纳税人销售的应税消费品，如因质量等原因由购买者退回时，经机构所在地或者居住地主管税务机关审核批准后，可退还已缴纳的消费税税款。"该审批事项在《国务院关于取消和调整一批行政审批项目等事项的决定》（国发〔2014〕50号）中被取消。

自2015年12月23日起，纳税人销售的应税消费品，因质量等原因发生退货的，其已缴纳的消费税税款可予以退还。纳税人办理退税手续时，应将开具的红字增值税发票、退税证明等资料报主管税务机关备案。主管税务机关核对无误后办理退税。

（国家税务总局关于取消销货退回消费税退税等两项消费税审批事项后有关管理问题的公告，国家税务总局公告2015年第91号，2015年12月23日）

【政策解析】消费税中销货退回不是将退回的销售额冲减发生销货退回当期的销售额，而是向主管税务机关申请退税。取消退税审批事项后，销货退回退消费税由审批事项变为备案事项。

重点难点即时练5

1.［单选题］纳税人向购买方收取的下列款项，在计算应纳消费税时，可不列作计税依据的是（   ）。

　　A.增值税税款

　　B.返还利润

C.不作价随同除啤酒、黄酒以外的酒类产品销售收取的包装物押金

D.品牌使用费

2.[多选题]应税消费品生产企业向购买方收取的（　　）应并入销售额征收消费税。

　　A.包装费　　　　　　　　B.仓储费

　　C.优质费　　　　　　　　D.延期付款利息

3.[单选题]纳税人销售的应税消费品，如因质量等原因由购买者退回时，（　　）。

　　A.不予退还已征收的消费税税款

　　B.向所在地主管税务机关提交红字发票及退税证明后可以退还已征收的消费税税款

　　C.已征收的消费税税款抵减本期或以后期间应纳消费税税额

　　D.可退可不退已征收的消费税税款

4.[多选题]下列关于销售货物时，包装物的处理正确的有（　　）。

　　A.应税消费品连同包装物销售的，如果包装物单独计价且单独核算，则不计入应税消费品的销售额不缴纳消费税

　　B.应税消费品连同包装物销售的，如果包装物单独计价且单独核算，包装物的销售额应按包装物的适用税率缴纳消费税

　　C.如果包装物不作价随同产品销售，而是收取押金，此项押金已收取的时间超过12个月的，应并入应税消费品的销售额，按照应税消费品的适用税率缴纳消费税

　　D.对既作价随同应税消费品销售，又另外收取押金的包装物的押金，凡纳税人在规定的期限内没有退还的，均应并入应税消费品的销售额

5.[多选题]下列关于应税消费品销售价格明显偏低，计税价格的核定权限的说法正确的有（　　）。

　　A.卷烟、白酒的计税价格由国家税务总局核定

　　B.小汽车的计税价格由省、自治区和直辖市税务局核定

C.高档化妆品的计税价格由省、自治区和直辖市税务局核定

D.成品油的计税价格由县级主管税务机关核定

6.[多选题]下列有关销售额的说法，正确的有（　　）。

A.纳税人将自产的应税消费品与外购或自产的非应税消费品组成套装销售的，以套装产品的不含税销售额作为计税依据

B.纳税人通过自设非独立核算门市部销售的自产应税消费品，应当按照门市部对外销售额或者销售数量征收消费税

C.化妆品厂用于换取化工原料的高档化妆品，应当以纳税人同类应税消费品的最高销售价格作为计税依据计算消费税

D.纳税人销售的应税消费品，以人民币以外的货币结算销售额的，可以选择按当天的人民币汇率中间价折合为人民币

7.[多选题]纳税人用于（　　）的应税消费品，均以纳税人的同类应税消费品的最高销售价格作为计税依据。

A.投资入股　　　　　　　　B.捐赠他人

C.换取生产资料和消费资料　　D.抵偿债务

8.[单选题]天马汽车制造公司（增值税一般纳税人）生产销售中轻型商用客车1 500辆，每辆单价19.21万元（含增值税），已知商用客车适用的消费税税率为5%，该公司应纳消费税（　　）万元。

A. 1 408.57　　B. 1 435.92　　C. 1 479　　D. 1 275

3.1.2　自产自用

《消费税暂行条例》第七条规定："纳税人自产自用的应税消费品，按照纳税人生产的同类消费品的销售价格计算纳税；没有同类消费品销售价格的，按照组成计税价格计算纳税。

实行从价定率办法计算纳税的组成计税价格计算公式：

组成计税价格=（成本+利润）÷（1-比例税率）"

【政策解析】表面上看，组成计税价格的公式，增值税采用的是加法算式，消费税采用的是除法算式，其实两个算式是完全等价的，计算结果是一致的，都包括成本、利润和消费税三个部分，计算利润的成本利润率都采用了《消费税若干具体问题的规定》中的成本利润率。

3.1.2.1 同类消费品的销售价格

《消费税暂行条例实施细则》第十五条规定："同类消费品的销售价格，是指纳税人当月销售的同类消费品的销售价格，如果当月同类消费品各期销售价格高低不同，应按销售数量加权平均计算。但销售的应税消费品有下列情况之一的，不得列入加权平均计算：

（一）销售价格明显偏低并无正当理由的；

（二）无销售价格的。

如果当月无销售或者当月未完结，应按照同类消费品上月或者最近月份的销售价格计算纳税。"

3.1.2.2 成本

《消费税暂行条例实施细则》第十六条规定："成本，是指应税消费品的产品生产成本。"

3.1.2.3 成本利润率

《消费税暂行条例实施细则》第十七条规定："利润是指根据应税消费品的全国平均成本利润率计算的利润。应税消费品全国平均成本利润率由国家税务总局确定。"

应税消费品全国平均成本利润率规定如下：

（1）甲类卷烟10%；（2）乙类卷烟5%；（3）电子烟10%；（4）雪茄烟5%；（5）烟丝5%；（6）粮食白酒10%；（7）薯类白酒5%；（8）其他酒5%；（9）高档化妆品5%；（10）鞭炮、焰火5%；（11）贵重首饰及珠宝玉石6%；

（12）摩托车6%；（13）乘用车8%；（14）中轻型商用客车5%；（15）高尔夫球及球具10%；（16）高档手表20%；（17）游艇10%；（18）木制一次性筷子5%；（19）实木地板5%；（20）电池4%；（21）涂料7%。

（国家税务总局关于印发《消费税若干具体问题的规定》的通知，国税发〔1993〕156号，1993年12月28日；财政部 国家税务总局关于调整和完善消费税政策的通知，财税〔2006〕33号，2006年3月20日；国家税务总局关于明确电池、涂料消费税征收管理有关事项的公告，国家税务总局公告2015年第95号，2015年12月29日；财政部 海关总署 税务总局公告2022年第33号）

[案例解析12] 自产自用应税消费品组成计税价格中的成本利润率可以用企业自己核算的成本利润率吗？

天马化妆品公司按照会计核算资料能够准确计算出本企业的成本利润率为4%。2024年1月，天马化妆品公司在电视台为新研制的高档化妆品做宣传时，将500瓶高档化妆品作为样品发放。天马化妆品公司在计算这500瓶化妆品组成计税价格时，应采用自身的成本利润率4%还是全国平均成本利润率5%？

解析：天马化妆品公司应采用全国平均成本利润率5%。《消费税暂行条例实施细则》第十六条规定，利润是指根据应税消费品的全国平均成本利润率计算的利润。应税消费品全国平均成本利润率由国家税务总局确定。因此，计算组成计税价格时，统一采用全国平均成本利润率，天马公司即便能够提供自身的成本利润率，也不应采用。

[例题3-6] 2024年1月，天马摩托车厂（增值税一般纳税人）将1辆自产摩托车无偿赠送给专业摩托车赛手，其成本为5 000元/辆，成本利润率6%，适用消费税税率10%。已知该厂没有同类摩托车的售价资料，请计算天马摩托车厂该笔业务应缴纳的消费税和增值税的销项税额。

解析：消费税组成计税价格=5 000×（1+6%）÷（1–10%）=5 888.89（元）

应纳消费税=5 888.89×10%=588.89（元）

增值税组成计税价格=5 000×（1+6%）+588.89=5 888.89（元）

增值税销项税额=5 888.89×13%=765.56（元）

因此，天马摩托车厂该笔业务应纳消费税588.89元，应纳增值税销项税额为765.56元。

会计处理为：

借：营业外支出　　　　　　　　　　　　　　6 354.45

　　贷：库存商品　　　　　　　　　　　　　　5 000.00

　　　　应交税费——应交增值税（销项税额）　　765.56

　　　　应交税费——应交消费税　　　　　　　　588.89

3.1.3　委托加工

《消费税暂行条例》第八条规定："委托加工的应税消费品，按照受托方的同类消费品的销售价格计算纳税；没有同类消费品销售价格的，按照组成计税价格计算纳税。

实行从价定率办法计算纳税的组成计税价格计算公式：

组成计税价格=（材料成本+加工费）÷（1–比例税率）"

3.1.3.1　同类消费品的销售价格

《消费税暂行条例实施细则》第十五条规定："同类消费品的销售价格，是指代收代缴义务人当月销售的同类消费品的销售价格，如果当月同类消费品各期销售价格高低不同，应按销售数量加权平均计算。但销售的应税消费品有下列情况之一的，不得列入加权平均计算：

（一）销售价格明显偏低并无正当理由的；

（二）无销售价格的。

如果当月无销售或者当月未完结，应按照同类消费品上月或者最近月份的销售价格计算纳税。"

3.1.3.2 材料成本

《消费税暂行条例实施细则》第十八条规定："材料成本，是指委托方所提供加工材料的实际成本。

委托加工应税消费品的纳税人，必须在委托加工合同上如实注明（或者以其他方式提供）材料成本，凡未提供材料成本的，受托方主管税务机关有权核定其材料成本。"

3.1.3.3 加工费

《消费税暂行条例实施细则》第十九条规定："加工费，是指受托方加工应税消费品向委托方所收取的全部费用（包括代垫辅助材料的实际成本）。"

【政策解析】由于增值税是价外税，加工费是不含增值税的；如果受托方在提供加工劳务的同时代垫了部分辅助材料，则应把受托方代垫的辅助材料而向委托方收取的不含增值税价款并入加工费。

〔案例解析13〕委托加工组成计税价格中的加工费是否含有增值税？

委托加工应税消费品，当受托方按照组成计税价格计算代收代缴消费税时，受托方收取的加工费是否应换算为不含增值税的价款？

解析：增值税是价外税，增值税税额不应包含在价格中。《消费税暂行条例实施细则》也明确，销售额不包括应向购货方收取的增值税税款。所以，受托方取得的加工费应换算为不含增值税的价款计算组成计税价格。

〔例题3-7〕天马烟丝加工厂为增值税一般纳税人，2024年1月接受富华烟厂委托加工烟丝。富华烟厂提供烟叶的成本为32 000元，烟丝收回后将用于生产卷烟。天马烟丝加工厂在交货时开具增值税专用发票，注明代垫辅助材料2 000元（不含税），加工费50 000元（不含税），增值税6 760元；代垫材料费、加工费、代收代缴消费等款项均已收到。委托加工业务中，烟叶及烟丝的运输费用均由富华烟厂负担，富华烟厂取得承运部门开具的增值税专用发票，注明金额1 000元，增值税额90元。

已知天马烟丝加工厂无同类烟丝销售价格资料，烟丝消费税税率为30%，成本利润率为5%。

请问：天马烟丝加工厂应代收代缴富华烟厂多少消费税？富华烟厂应如何进行会计处理？

解析：应代收代缴消费税＝（32 000+2 000+50 000）÷（1−30%）×30%＝36 000（元）

因此，天马烟丝加工厂应代收代缴消费税36 000元。

富华烟厂的会计处理为：

（1）发出材料时：

借：委托加工物资	32 000
贷：原材料——烟叶	32 000

（2）支付加工费时：

借：委托加工物资	52 000
应交税费——应交增值税（进项税额）	6 760
贷：银行存款	58 760

（3）被代收代缴消费税时：

借：应交税费——应交消费税	36 000
贷：银行存款	36 000

（4）向承运部门支付运输费用时：

借：委托加工物资	1 000
应交税费——应交增值税（进项税额）	90

贷：银行存款　　　　　　　　　　　　　　　　1 090

（5）加工完毕收回烟丝入库时：

　　借：原材料——烟丝　　　　　　　　　　　　85 000

　　　贷：委托加工物资　　　　　　　　　　　　　85 000

3.1.3.4　个人委托加工金银首饰及珠宝玉石的计税依据

对消费者个人委托加工的金银首饰及珠宝玉石，可暂按加工费征收消费税。

（国家税务总局关于消费税若干征税问题的通知，国税发〔1994〕130号，1994年5月26日）

3.1.3.5　委托加工的应税消费品收回后出售的征税问题

委托加工的应税消费品直接出售的，不再缴纳消费税。

自2012年9月1日起，委托方将收回的应税消费品，以不高于受托方的计税价格出售的，为直接出售，不再缴纳消费税；委托方以高于受托方的计税价格出售的，不属于直接出售，需按照规定申报缴纳消费税，在计税时准予扣除受托方已代收代缴的消费税。

（财政部　国家税务总局关于《中华人民共和国消费税暂行条例实施细则》有关条款解释的通知，财法〔2012〕8号，2012年7月13日）

【政策解析】委托加工环节征收消费税时，是以受托方同类应税消费品的平均销售价格为计税依据的，而委托方并不是按此价格向受托方付款，委托方支付的是加工费。所以，为了防止委托方不合理的筹划，政策明确委托方加价出售委托加工的应税消费品要征消费税。

因为消费税是单环节课征制的税种，委托加工的应税消费品在收回环节已经缴纳过消费税，所以，委托加工的应税消费品收回后无论用于什么用途（加价出售除外）都不会再缴纳消费税。它只会涉及委托加工环节已经缴纳的消费税能否抵扣的问题，即用于连续生产应税消费品的，消费税可以抵扣；没有用于连续生产应税消费品或者直接出售的，不能抵扣。

委托加工的应税消费品收回后的处理如表3-1所示，委托加工业务征税方式如图3-1所示。

表3-1　　　　　　　委托加工应税消费品收回后的处理

委托加工应税消费品收回后的用途		消费税处理
出售	直接出售（以不高于受托方的计税价格出售的）	不再缴纳消费税
	加价出售（以高于受托方的计税价格出售的）	需按照规定申报缴纳消费税，在计税时准予扣除受托方已代收代缴的消费税 【特例】既有自产卷烟，同时又委托联营企业加工与自产卷烟牌号、规格相同卷烟的工业企业（回购企业），从联营企业购进后再直接销售的卷烟，对外销售时不论是否加价，凡是符合条件的，不再征收消费税
连续生产		属于抵扣范围的，对委托加工收回消费品已纳的消费税，可按当期生产领用数量从当期应纳消费税税额中扣除

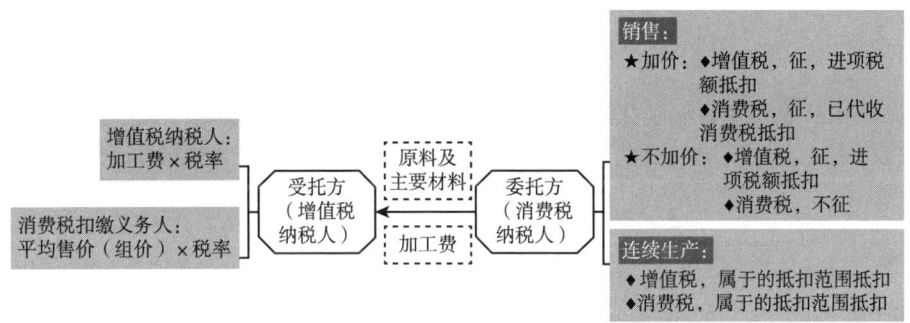

图3-1　委托加工业务征税方式

重点难点即时练6

1. [单选题] 下列应税消费品应纳消费税的是（　　）。

   A. 委托加工的人参酒（受托方已代收代缴消费税），委托方收回后用于直接销售的

   B. 自产自用的应税消费品，用于连续生产应税消费品的

   C. 委托非个体经营者加工的应税消费品（受托方已代收代缴消费税），

委托方收回后用于连续加工生产应税消费品

D.自产自用消费品,用于非生产机构的

2.[多选题]下列各项中,应当征收消费税的有(　　)。

A.商业批发企业委托其他企业加工的特制白酒,但受托方向委托方交货时没有代收代缴税款的

B.商业批发企业收回委托其他企业加工的特制白酒后加价销售的

C.商业批发企业委托加工特制白酒(受托方以商业企业名义购买原材料),收回后直接销售的

D.工业企业委托加工收回后用于连续生产料酒的特制白酒

3.[单选题]下列属于征收消费税的业务是(　　)。

A.炼油企业将自产汽油用于本单位接送员工上下班的客运汽车

B.金银首饰经营单位为经营单位以外的单位和个人修理金银首饰

C.卷烟企业将外购的烟丝移送用于生产卷烟

D.白酒厂将委托加工收回的药酒用于直接销售

4.[单选题]下列关于委托加工业务消费税处理的说法,正确的是(　　)。

A.加工业务消费税的纳税人是受托方

B.纳税人委托个体经营者加工应税消费品,由委托方收回后在委托方所在地缴纳消费税

C.委托加工应税消费品的,若委托方未提供原材料成本,由委托方所在地主管税务机关核定其材料成本

D.委托方委托加工应税消费品,受托方没有代收代缴税款的,一律由受托方补税

3.1.4 进口

《消费税暂行条例》第九条规定:"进口的应税消费品,按照组成计税价格计算纳税。

实行从价定率办法计算纳税的组成计税价格计算公式：

组成计税价格=（关税完税价格+关税）÷（1-消费税比例税率）"

《消费税暂行条例实施细则》第二十条规定："关税完税价格是指海关核定的关税计税价格。"

[例题3-8] 2024年1月，天马外贸进出口公司（增值税一般纳税人）从日本进口140辆小轿车，海关的关税完税价格为每辆8万元，已知小轿车关税税率为110%，消费税税率为5%。天马外贸进出口公司进口这批轿车应缴纳多少进口消费税和进口增值税？如何进行会计处理？（小轿车货款尚未支付给出口商，进口关税、消费税、增值税已经缴纳，并取得海关开具的完税凭证）

解析：组成计税价格=140×80 000×（1+110%）÷（1-5%）=24 757 894.74（元）

应纳消费税税额=24 757 894.74×5%=1 237 894.74（元）

应纳增值税税额=[140×80 000×（1+110%）+1 237 894.74]×13%=24 757 894.74×13%=3 218 526.32（元）

因此，天马外贸进出口公司进口这批轿车应纳进口消费税1 237 894.74元，进口增值税3 218 526.32元。

会计处理为：

借：库存商品　　　　　　　　　　　　　　　　24 757 894.74

　　应交税费——应交增值税（进项税额）　　　3 218 526.32

　贷：应付账款　　　　　　　　　　　　　　　11 200 000.00

　　　银行存款　　　　　　　　　　　　　　　16 776 421.06

从价定率计税办法增值税与消费税的比较如表3-2所示。

表3-2　从价定率计税办法增值税与消费税销售额对比表

应税行为		消费税销售额	增值税销售额
生产销售	一般原则	全部价款及价外费用，含消费税，不含增值税	同消费税
	包装物押金	除啤酒、黄酒以外的酒类产品的包装物押金收取时征税；其他应税消费品收取时不征税	同消费税

续表

应税行为		消费税销售额	增值税销售额
生产销售	成套销售	以成套消费品销售额为计税依据从高适用税率	同消费税
	自设门市部销售	门市部对外销售额	同消费税
	换物、抵债、投资	同类应税消费品当期最高售价	同类应税消费品当期平均售价
	销货退回	退还消费税	冲减退货当期销售额
自产自用/视同销售		（1）纳税人同类应税消费品平均售价 （2）组成计税价格=成本×(1+成本利润率)÷(1−消费税税率)	（1）纳税人同类货物平均售价 （2）其他纳税人同类货物平均售价 （3）组成计税价格=成本×(1+成本利润率)+消费税（与除式等价）
进口		组成计税价格=关税完税价格×(1+关税税率)÷(1−消费税税率)	组成计税价格=关税完税价格+关税+消费税（与除式等价）

备注：同样的应税行为，增值税与消费税的计税依据基本相同，主要区别有三项：
（1）以物易物、以物抵债、以物投资时，消费税按最高售价作为计税依据，而增值税按平均售价为计税依据；
（2）销货退回时，消费税退还已纳消费税额，而增值税冲减销售额或销项税额；
（3）自产自用/视同销售时，税务机关核定销售额的方式有差异，增值税先找纳税人自己同类货物的平均售价；找不到时，用其他纳税人同类货物的平均售价；再找不到时，用组成计税价格。而消费税在找不到纳税人自己的同类货物的平均售价后，直接用组成计税价格。

重点难点即时练7

1.2024年1月，天马手表厂（增值税一般纳税人）发生下列经济业务：

（1）销售A型手表500只给商场，每只不含税售价8 000元。

（2）销售B型手表80只给特约经销商，每只不含税售价15 000元，另外收取单独计价的包装盒（80个）价款，每个20元（含税），运输费2 000元。

（3）通过自设的非独立核算的门市部对外零售B型手表8只（不带包装盒），每只含税售价18 000元。

（4）将B型手表6只（不带包装盒）以明显的低价用于抵偿所欠机芯厂债务98 280元。

计算天马手表厂当月应纳增值税销项税额和消费税税额。

2. 2024年1月，天马进出口公司（增值税一般纳税人）进口小汽车120辆（小汽车消费税税率为5%），每辆关税完税价格为80 000元，关税税率为25%。当月在国内销售了70辆进口小汽车，取得不含税销售收入9 200 000元。请计算：该公司本月进口环节和内销环节应纳的增值税、消费税各多少？

3. 2024年1月，天马化妆品生产企业（增值税一般纳税人）生产加工一批新型高档化妆品500件，每件成本价200元（该企业无同类产品市场销售价格），全部按成本价出售给本企业职工，取得不含税销售额100 000元。（消费税税率15%，成本利润率5%。）

计算天马化妆品生产企业应纳增值税销项税额和消费税税额分别是多少？

4. 2024年1月，天马化妆品厂（增值税一般纳税人）受托加工A类高档化妆品10件，委托方提供的材料成本为80 000元，加工费为25 000元（不含税），受托方代垫辅助材料收取辅助材料费2 000元（不含税），受托方同类产品含增值税售价为11 300元/件；受托加工B类高档化妆品5件，委托方提供的材料成本为40 000元，加工费（不含税）为10 000元，受托方不销售B类高档化妆品。高档化妆品的税率为15%，计算天马化妆品厂应代收代缴消费税税额是多少？

5. 有出口经营权的天马外贸企业（增值税一般纳税人）2024年1月进口摩托车200辆；每辆的关税完税价格为20 000元，已纳关税10 000元。当月在国内销售100辆，获得含税销售收入4 500 000元；将50辆委托某商业企业代销，当月取得商业企业支付的含税代销收入3 000 000元；另外50辆委托给A加工厂加工改造成三轮摩托车，支付加工改造费，已取得增值税专用发票，注明金额150 000元，增值税19 500元。收回后直接销售，获得含税销售收入3 500 000元。已知：A加工厂没有三轮摩托车销售价格。

试计算该外贸企业当月应纳的进口和国内销售环节的消费税税额和增值税税额，以及加工厂应代收代缴的消费税税额。（摩托车消费税税率为10%）

3.2 从量定额计征办法

在15类应税消费品中,啤酒、黄酒、成品油采用从量定额办法计征消费税。消费税实行从量定额办法计算应纳税额的,计算公式为:

实行从量定额办法计算的应纳税额=销售数量×定额税率

《消费税暂行条例实施细则》第九条规定:"销售数量是指应税消费品的数量。具体为:

(一)销售应税消费品的,为应税消费品的销售数量;

(二)自产自用应税消费品的,为应税消费品的移送使用数量;

(三)委托加工应税消费品的,为纳税人收回的应税消费品数量;

(四)进口应税消费品的,为海关核定的应税消费品进口征税数量。"

【政策解析】啤酒、黄酒消费税税率单位为"元/吨",因此,啤酒、黄酒的计税依据应为重量单位,如果纳税人以体积单位计量销售数量的,应将体积单位转换为重量单位;成品油税率单位为"元/升",因此,成品油的计税依据应为体积单位,如果纳税人以重量单位计量销售数量的,应将重量单位转换为体积单位。啤酒、黄酒、成品油的重量与体积之间的转换标准由财政部、国家税务总局统一规定,具体为:

1. 啤酒1吨=988升;

2. 黄酒1吨=962升;

3. 汽油1吨=1 388升;

4. 柴油1吨=1 176升;

5. 石脑油1吨=1 385升;

6. 溶剂油1吨=1 282升;

7. 润滑油1吨=1 126升;

8. 燃料油1吨=1 015升;

9.航空煤油1吨=1 246升。

[例题3-9] 某石油化工厂为增值税一般纳税人，2024年1月生产销售汽油1 000吨，单价2 500元/吨；销售柴油500吨，单价2 000元/吨；该厂用30吨柴油换20吨大米用于发放职工福利；当月该厂购进原料收到增值税专用发票注明增值税税额为500 000元（已入库）。计算当月该厂应纳增值税、消费税税额是多少？（计量单位换算标准：汽油1吨=1 388升；柴油：1吨=1 176升；柴油生产成本为1 500元/吨）

解析：（1）应纳消费税税额=1 000×1 388×1.52+(500+30)×1 176×1.2= 2 857 696（元）

（2）增值税销项税额=[1 000×2 500+（500+30）×2 000]×13%= 462 800（元）

（3）增值税进项税额=500 000（元）

（4）应纳增值税税额=462 800-500 000=-37 200（元）

因此，该石油化工厂1月应纳消费税税额2 857 696元，增值税进项留抵税额37 200元。

3.2.1 啤酒适用税率的确定

3.2.1.1 啤酒消费税单位税额

啤酒消费税单位税额为：

（一）每吨啤酒出厂价格（含包装物及包装物押金）在3 000元（含3 000元，不含增值税）以上的，单位税额250元/吨。

（二）每吨啤酒出厂价格在3 000元（不含3 000元，不含增值税）以下的，单位税额220元/吨。

（三）娱乐业、饮食业自制啤酒，单位税额250元/吨。

（财政部　国家税务总局关于调整酒类产品消费税政策的通知，财税〔2001〕84号，2001年5月11日）

3.2.1.2 确定啤酒税率时需要考虑包装物押金

《财政部 国家税务总局关于调整酒类产品消费税政策的通知》(财税〔2001〕84号)规定,啤酒消费税单位税额按照出厂价格(含包装物及包装物押金)划分档次,自2006年1月1日起,上述包装物押金不包括供重复使用的塑料周转箱的押金。

(财政部 国家税务总局关于明确啤酒包装物押金消费税政策的通知,财税〔2006〕20号,2006年3月8日)

〔例题3-10〕2024年1月,天马啤酒厂(增值税一般纳税人)销售啤酒4 000箱,每箱24瓶,每瓶1斤,不含税售价为141 600元,另外收取包装物押金5 800元,请计算天马啤酒厂当月应纳的增值税销项税额和消费税税额。

解析:(1)增值税销项税额=141 600×13%=18 408(元)

(2)每吨啤酒的售价=(141 600+5 800÷1.13)÷(4 000×24)×2 000=3 056.93(元)

3 056.93>3 000,该啤酒适用的消费税税率为250元/吨。

应纳消费税税额=(4 000×24)÷2 000×250=12 000(元)

因此,天马啤酒厂1月应纳增值税销项税额为18 408元、消费税税额为12 000元。

〔例题3-11〕2024年1月,天马啤酒厂(增值税一般纳税人)销售啤酒4 000箱,每箱24瓶,每瓶600毫升,不含税售价为141 600元,另外收取包装物押金5 800元,请计算天马啤酒厂当月应纳的增值税销项税额和消费税税额。

解析:(1)增值税销项税额=141 600×13%=18 408(元)

(2)每吨啤酒的售价=(141 600+5 800÷1.13)÷(4 000×24×0.6)×988=2 516.87(元)

2 516.87<3 000,该啤酒适用的税率为220元/吨。

应纳消费税税额=(4 000×24×0.6)÷988×220=12 825.91(元)

因此，天马啤酒厂1月应纳增值税销项税额为18 408元，应纳消费税税额为12 825.91元。

3.2.1.3 关联企业之间销售啤酒税率的确定

按照《税收征收管理法》中"企业或者外国企业在中国境内设立的从事生产、经营的机构、场所与其关联企业之间的业务往来，应当按照独立企业之间的业务往来收取或者支付价款、费用；不按照独立企业之间的业务往来收取或者支付价款、费用，而减少其应纳税的收入或者所得额的，税务机关有权进行合理调整"和《财政部　国家税务总局关于调整酒类产品消费税政策的通知》（财税〔2001〕84号）的有关规定，对啤酒生产企业销售的啤酒，不得以向其关联企业的啤酒销售公司销售的价格作为确定消费税税额的标准，而应当以其关联企业的啤酒销售公司对外的销售价格（含包装物及包装物押金）作为确定消费税税额的标准，并依此确定该啤酒消费税单位税额。

（国家税务总局关于啤酒计征消费税有关问题的批复，国税函〔2002〕166号，2002年2月22日）

3.2.2 啤酒、黄酒包装物押金征税问题

根据《消费税暂行条例》的规定，对啤酒和黄酒实行从量定额的办法征收消费税，即按照应税数量和单位税额计算应纳税额。按照这一办法征税的消费品的计税依据为应税消费品的数量，而非应税消费品的销售额，征税的多少与应税消费品的数量成正比，而与应税消费品的销售金额无直接关系。因此，对酒类包装物押金征税的规定只适用于实行复合计税办法和从价定率办法征收消费税的粮食白酒、薯类白酒和其他酒，而不适用于实行从量定额办法征收消费税的啤酒和黄酒产品。

（国家税务总局关于印发《消费税问题解答》的通知，国税函〔1997〕306号，1997年5月21日）

[例题3-12]天马啤酒厂为小规模纳税人,2024年1月发生以下经济业务:

(1)销售自产啤酒100吨,销售单价为2 900元/吨(含税);随同啤酒销售出租塑料周转箱100个,收取押金100元/个,租金20元/个,租期为1个月。

(2)收回啤酒塑料周转箱30个,退回押金3 000元;确认逾期未收回啤酒塑料周转箱15个,没收押金1 500元。

请计算天马啤酒厂1月应缴纳的增值税、消费税是多少?

解析:(1)销售啤酒应纳增值税=[100×(2 900+20)÷1.01]×1%=2 891.09(元)

(2)没收啤酒塑料周转箱押金应补增值税=(15×100÷1.01)×1%=14.85(元)

(3)应交增值税合计=2 891.09+14.85=2 905.94(元)

(4)因为每吨啤酒销售价格为(2 900+20)÷1.01=2 891.90元<3 000元/吨,所以,单位税额为220元/吨。

应交消费税=100×220=22 000(元)

因此,天马啤酒厂1月应缴纳增值税2 905.94元,消费税22 000元。

[案例解析14]啤酒、黄酒的逾期包装物押金需要缴纳消费税和增值税吗?

天马啤酒厂销售啤酒时无偿将塑料周转箱提供给购买方使用,每个周转箱收取押金60元,合同约定返还期为1年,因购买方逾期未返还包装物而没收的押金,需要缴纳消费税和增值税吗?

解析:根据《国家税务总局关于印发〈消费税问题解答〉的通知》(国税函〔1997〕306号)规定,对啤酒和黄酒实行从量定额的办法征收消费税,即按照应税数量和单位税额计算应纳税额。按照这一办法征税的消费品的计税依据为应税消费品的数量,而非应税消费品的销售额,征税的多少与应税消费品的数量成正比,而与应税消费品的销售金额无直接关系。因此，对酒类包装物押金征税的规定只适用于实行从价定率办法征收消费税的粮食白酒、薯类白酒和其他酒，而不适用于实行从量定额办法征收消费税的啤酒和黄酒产品。因此，天马啤酒厂没收逾期塑料周转箱押金不需要缴纳消费税，但包装物押金也不是与应纳消费税额完全没有关系，因为确定啤酒消费税税率时需要用含包装物押金在内的每吨销售价格。增值税采用从价定率计税办法，没收啤酒包装物押金需要计算缴纳增值税。

重点难点即时练8

1. 2024年1月，天马黄酒厂共销售黄酒40吨，实现销售收入176 000元，其中委托外协单位加工收回后直接销售10吨。当月用于本厂职工福利发放的黄酒2吨，用于该厂产品订货会样品酒0.5吨。请问天马黄酒厂1月应纳消费税为多少元？

2. 2024年1月，天马啤酒厂（增值税一般纳税人）销售自产苹果啤酒20吨给某服务公司，开具的专用发票注明金额68 000元，收取包装物押金1 000元；销售苦瓜啤酒10吨给宾馆，开具增值税普通发票收取含税价款30 760元，收取包装物押金2 500元。请问天马啤酒厂1月应缴纳的消费税是多少元？

3. 天马外贸公司为增值税一般纳税人，2024年1月进口某外国品牌黄酒400吨，每吨到岸价格为3 000元，黄酒的关税税率为15%，黄酒的单位税额为240元。请计算天马外贸公司当月应纳进口消费税和进口增值税税额分别是多少元？

3.3 复合计征办法

目前采用复合计税办法计征消费税的应税消费品有白酒和卷烟两种，其中卷烟实行双环节课征制，在生产环节和批发环节均采用复合计税方法。

《消费税暂行条例》第五条规定，消费税实行复合计税办法计算应纳税额的，应纳税额计算公式：

实行复合计税办法计算的应纳税额=销售额×比例税率+销售数量×定额税率

纳税人销售的应税消费品，以人民币计算销售额。纳税人以人民币以外的货币结算销售额的，应当折合成人民币计算。

【政策解析】复合计税办法消费税应纳税额由两部分组成，一部分是比例消费税，一部分是定额消费税。

3.3.1 白酒消费税应纳税额的计算

自2001年5月1日起，粮食白酒、薯类白酒开始实行复合计税办法。凡在中华人民共和国境内生产、委托加工、进口粮食白酒、薯类白酒的单位和个人，都应缴纳从量定额消费税和从价定率消费税。

3.3.1.1 白酒消费税税率

一、白酒的定额税率与比例税率

粮食白酒（含果木或谷物为原料的蒸馏酒）、薯类白酒消费税的定额税率和比例税率为：

（一）定额税率：粮食白酒、薯类白酒每斤（500ml）0.5元。从量定额税的计量单位按实际销售商品重量确定，如果实际销售商品是按体积标注计量单位的，应按500ml为1斤换算，不得按酒度折算。

（二）比例税率：粮食白酒和薯类白酒税率均为20%。

二、白酒税率的适用

（一）外购酒精生产的白酒，应按酒精所用原料确定白酒的适用税率。凡酒精所用原料无法确定的，一律按照粮食白酒的税率征税。

（二）外购两种以上酒精生产的白酒，一律从高确定税率征税。

（三）以外购白酒加浆降度，或外购散酒装瓶出售，以及外购白酒以曲香、香精进行调香、调味生产的白酒，按照外购白酒所用原料确定适用税率。凡白酒所用原料无法确定的，一律按照粮食白酒的税率征税。

（四）以外购的不同品种白酒勾兑的白酒，一律按照粮食白酒的税率征税。

（五）对用粮食和薯类、糠麸等多种原料混合生产的白酒，一律按照粮食白酒的税率征税。

（六）对用薯类和粮食以外的其他原料混合生产的白酒，一律按照薯类白酒的税率征税。

（国家税务总局关于印发《消费税若干具体问题的规定》的通知，国税发〔1993〕156号，1993年12月28日）

3.3.1.2 生产销售白酒计税依据

一、定额消费税部分

生产销售粮食白酒、薯类白酒，从量定额计税办法的计税依据为粮食白酒、薯类白酒的实际销售数量。

二、比例消费税部分

销售额为纳税人销售应税消费品向购买方收取的全部价款和价外费用，但不包括应向购货方收取的增值税税款。销售额的规定与采用从价定率办法（具体内容见本书3.1.1生产销售相关内容）完全相同，如组成套装销售的，以套装产品的销售额为计税依据；用于换取生产资料和消费资料、投资入股和抵偿债务等方面的应税消费品，应当以纳税人同类应税消费品的最高销售价格作为计税依据等；在此不再赘述。

（一）关于"品牌使用费"征税问题

白酒生产企业向商业销售单位收取的"品牌使用费"是随着应税白酒的销售而向购货方收取的，属于应税白酒销售价款的组成部分，因此，不论企业采取何种方式或以何种名义收取价款，均应并入白酒的销售额中缴纳消费税。

（国家税务总局关于酒类产品消费税政策问题的通知，国税发〔2002〕109号，2002年8月26日）

（二）包装物押金

自1995年6月1日起，对酒类产品生产企业销售酒类产品而收取的包装物押金，无论押金是否返还与会计上如何核算，均需并入酒类产品销售额中，依酒类产品的适用税率征收消费税。

（财政部　国家税务总局关于酒类产品包装物押金征税问题的通知，财税字〔1995〕53号，1995年6月9日）

〔例题3-13〕2024年1月，天马酒厂（增值税一般纳税人）生产粮食白酒100吨全部用于销售，当月取得不含税销售额480万元，同时收取品牌使用费15万元，当期收取包装物押金5万元。3个月以前收取的包装物押金已经逾期，购买方未按期返还包装物，当期没收包装物押金3万元。请计算天马酒厂1月应纳消费税税额。

解析：销售白酒时收取的品牌使用费15万元，属于价外费用；销售除啤酒、黄酒以外的酒类产品收取的包装物押金，应在收取当期纳税，逾期没收时不再纳税，当期收取的包装物押金5万元应当缴纳消费税。

应纳税额=100×2 000×0.5÷10 000+[480+(15+5)÷(1+13%)]×20%=10+99.54=109.54（万元）

因此，天马酒厂1月应纳消费税税额为109.54万元。

3.3.1.3　自产自用白酒计税依据

一、定额消费税部分

自产自用粮食白酒、薯类白酒，从量定额计税办法的计税依据为移送使用数量。

二、比例消费税部分

《消费税暂行条例》第七条规定："纳税人自产自用的应税消费品，按照纳税人生产的同类消费品的销售价格计算纳税；没有同类消费品销售价格的，按照组成计税价格计算纳税。

实行复合计税办法计算纳税的组成计税价格计算公式：

组成计税价格=（成本+利润+自产自用数量×定额税率）÷（1−比例税率）"

[例题3−14]2024年1月，天马酒厂研发生产一种新型粮食白酒，第一批1 000千克，成本为17万元，作为礼品赠送给客户品尝，该粮食白酒没有同类产品售价。已知粮食白酒的成本利润率10%，该批粮食白酒应纳消费税多少万元？

解析：该批粮食白酒组成计税价格=［17×（1+10%）+1 000×2×0.5÷10 000］÷（1−20%）=23.5（万元）

应纳消费税=23.5×20%+1 000×2×0.5÷10 000=4.8（万元）

因此，该批粮食白酒应纳消费税4.8万元。

3.3.1.4 委托加工白酒计税依据

一、定额消费税部分

委托加工粮食白酒、薯类白酒，从量定额计税办法的计税依据为委托方收回数量。

二、比例消费税部分

《消费税暂行条例》第八条规定："委托加工的应税消费品，按照受托方的同类消费品的销售价格计算纳税；没有同类消费品销售价格的，按照组成计税价格计算纳税。

实行复合计税办法计算纳税的组成计税价格计算公式：

组成计税价格=（材料成本+加工费+委托加工数量×定额税率）÷（1−比例税率）"

[例题3−15]2024年1月，天马企业委托乙酒厂加工一批粮食白酒和一批黄酒，天马企业提供原材料，实际成本（不含税）分别为7 000元和3 000

元，支付加工费（不含税）分别为2 000元和1 000元，乙酒厂另开具普通发票收取代垫粮食白酒辅助材料款不含税500元。已知乙酒厂无同类粮食白酒和黄酒销售价格，天马企业共收回粮食白酒1 000千克，黄酒2 000千克。请问：乙酒厂应代收代缴多少消费税？

解析：白酒采用复合计税办法，应按照组成计税价格计算从价消费税，按照委托方收回的数量计算从量消费税；黄酒采用从量定额计税办法，应按照委托方收回的数量计算应纳消费税税额。

应代收代缴消费税=（7 000+2 000+500+1 000×2×0.5）÷（1−20%）×20%+1 000×2×0.5+2×240=3 625+480=4 105（元）

因此，乙酒厂应代收代缴的消费税为4 105元。

3.3.1.5 进口白酒计税依据

一、定额消费税部分

进口粮食白酒、薯类白酒，从量定额计税办法的计税依据为海关核定的进口征税数量。

二、比例消费税部分

《消费税暂行条例》第九条规定："进口的应税消费品，按照组成计税价格计算纳税。

实行复合计税办法计算纳税的组成计税价格计算公式：

组成计税价格=（关税完税价格+关税+进口数量×消费税定额税率）÷（1−消费税比例税率）"

〔例题3-16〕2021年2月，天马进出口公司从境外进口粮食白酒8 000瓶，每瓶1斤，支付买价340万元，国际运输费用15万元，保险费用5万元，关税完税价格360万元，假定关税税率为50%，天马进出口公司该笔业务应缴纳的进口环节消费税和增值税分别是多少万元？

解析：组成计税价格=[360×（1+50%）+8 000×0.5÷10 000]÷（1−20%）=675.5（万元）

进口消费税=675.5×20%+8 000×0.5÷10 000=135.5（万元）

进口增值税=675.5×13%=87.82（万元）

因此，天马进出口公司进口白酒应纳进口消费税135.5万元，应纳进口增值税87.82万元。

重点难点即时练9

1. 2024年1月，天马酒厂（增值税一般纳税人）销售自产薯类白酒2吨，每吨含税售价15 000元，收取包装物押金2 000元，期限为1年；外购酒精2吨，取得专用发票注明的销售额为8 000元，增值税税额为1 040元，当月全部领用，勾兑白酒3吨，销售取得含税销货款20 000元（酒精所用原料无法确定）；另外，该酒厂研制生产一种新的粮食白酒，广告样品使用0.2吨，已知该种白酒无同类产品出厂价，生产成本为每吨35 000元，成本利润率为10%。请计算该酒厂1月应纳消费税税额（小数点后保留两位小数）。

2. 天马酒厂（增值税一般纳税人）2024年1月发生以下业务：

（1）将自产的粮食白酒1 000千克销售给甲，不含税销售额为50 000元；销售给乙100千克，不含税销售额为6 000元。共收取包装物押金452元，月末返还400元，其余52元没收。

（2）将上述粮食白酒200千克用于换取旧汽车一部自用。

（3）支付生产用自来水水费，专用发票注明的价款为100 000元，税额3 000元，该发票在当月认证。

（4）外购包装酒瓶10万个，取得增值税专用发票注明税额8 500元，该发票尚未得到认证，货物尚未入库。

请计算天马酒厂1月应纳的增值税和消费税税额。（粮食白酒的消费税税率为20%，0.5元/斤）

3. 天马白酒生产企业为增值税一般纳税人，2024年1月发生以下业务：

（1）向某烟酒专卖店销售粮食白酒20吨，开具普通发票，取得含税收入200万元，另收取品牌使用费50万元、包装物租金10万元、运输装卸费10万元。

（2）提供10万元的原材料委托乙企业加工散装药酒1 000千克，收回时向乙企业支付不含增值税的加工费1万元，乙企业已代收代缴消费税。

（3）委托加工收回后将其中900千克散装药酒继续加工成瓶装药酒1 800瓶，以每瓶不含税售价100元，通过非独立核算门市部销售完毕；将剩余100千克散装药酒作为福利分给职工，同类散装药酒的不含税销售价为每千克150元。

（说明：乙企业无同类药酒的销售价格，药酒的消费税税率为10%，白酒的消费税税率为20%，0.5元/斤）

要求：根据上述资料，请计算回答下列问题：

（1）计算1月天马企业向专卖店销售白酒应缴纳的消费税税额。

（2）计算乙企业应代收代缴的消费税税额。

（3）计算1月天马企业销售瓶装药酒应缴纳的消费税税额。

（4）计算1月天马企业分给职工散装药酒应缴纳的消费税税额。

3.3.1.6 加强白酒消费税征收管理

酒类消费税包括从价消费税和从量消费税，主要在生产环节征收。白酒生产企业为了避税，普遍设立自己的销售公司，先将生产出的白酒低价出售给销售公司，然后再由销售公司高价出售给经销商，以此规避部分从价消费税。为保全税基，防止一些不法白酒生产企业利用低价销售白酒给关联性质销售公司以逃避生产环节征收白酒消费税行为，国家税务总局制定了《白酒消费税最低计税价格核定管理办法（试行）》，对销售价格偏低的白酒核定消费税最低计税价格。

（一）税务机关核定消费税最低计税价格的情形

白酒生产企业销售给销售单位的白酒，生产企业消费税计税价格低于销售单位对外销售价格（不含增值税）70%以下的，税务机关应核定消费税最低计税价格。

自2015年6月1日起，纳税人将委托加工收回的白酒销售给销售单位，消费税计税价格低于销售单位对外销售价格（不含增值税）70%以下，属于计税价格明显偏低并无正当理由的情形，税务机关应核定消费税最低计税价格。

销售单位，是指销售公司、购销公司以及委托境内其他单位或个人包销本企业生产白酒的商业机构。销售公司、购销公司，是指专门购进并销售白酒生产企业生产的白酒，并与该白酒生产企业存在关联性质。包销，是指销售单位依据协定价格从白酒生产企业购进白酒，同时承担大部分包装材料等成本费用，并负责销售白酒。

（二）白酒消费税最低计税价格核定标准

1.白酒生产企业销售给销售单位的白酒，生产企业消费税计税价格高于销售单位对外销售价格70%（含70%）以上的，税务机关暂不核定消费税最低计税价格。

2.白酒生产企业销售给销售单位的白酒，生产企业消费税计税价格低于销售单位对外销售价格70%以下的，消费税最低计税价格由税务机关根据生产规模、白酒品牌、利润水平等情况在销售单位对外销售价格50%至70%范围内自行核定。其中生产规模较大，利润水平较高的企业生产的需要核定消费税最低计税价格的白酒，税务机关核价幅度原则上应选择在销售单位对外销售价格60%至70%范围内。

（三）计税销售额

已核定最低计税价格的白酒，生产企业实际销售价格高于消费税最低计税价格的，按实际销售价格申报纳税；实际销售价格低于消费税最低计税价格的，按最低计税价格申报纳税。

白酒生产企业未按上述规定上报销售单位销售价格的，主管税务局应按照销售单位销售价格征收消费税。

（四）最低计税价格的核定权限

主管税务机关应将白酒生产企业申报的销售给销售单位的消费税计税价格低于销售单位对外销售价格70%以下、年销售额1 000万元以上的各种白酒，在规定的时限内逐级上报至国家税务总局。国家税务总局选择其中部分白酒核定消费税最低计税价格。

除国家税务总局已核定消费税最低计税价格的白酒外，其他消费税计税价格低于销售单位对外销售价格（不含增值税）70%以下的生产企业，消费税最低计税价格由各省、自治区、直辖市和计划单列市税务局核定。

（五）重新核定计税价格的情形

已核定最低计税价格的白酒，销售单位对外销售价格持续上涨或下降时间达到3个月以上、累计上涨或下降幅度在20%（含）以上的白酒，税务机关重新核定最低计税。

（国家税务总局关于加强白酒消费税征收管理的通知，国税函〔2009〕380号，2009年7月17日；国家税务总局关于白酒消费税最低计税价格核定问题的公告，国家税务总局公告2015年第37号，2015年5月19日）

3.3.2 卷烟（生产环节）消费税应纳税额的计算

自2001年6月1日起，卷烟消费税计税办法由《消费税暂行条例》规定的实行从价定率计算应纳税额的办法，调整为实行从量定额和从价定率相结合计算应纳税额的复合计税办法。在中华人民共和国境内生产、委托加工、进口卷烟的单位和个人，都应当缴纳从量消费税和从价消费税。

适用复合计税办法的烟类产品仅限于卷烟，雪茄烟、烟丝仍采用从价定率的计征方式。

3.3.2.1 生产环节卷烟消费税税率

卷烟消费税定额税率和比例税率为：

（一）定额税率：卷烟的从量定额税率为0.003元/支，即每标准大箱（5万支）150元。

（二）比例税率：自2009年5月1日起，调整卷烟生产环节（含进口）消费税的从价税税率。

1.甲类卷烟,即每标准条(200支)调拨价格在70元(不含增值税)以上(含70元)的卷烟,税率调整为56%。

2.乙类卷烟,即每标准条调拨价格在70元(不含增值税)以下的卷烟,税率调整为36%。

"卷烟调拨价格",是指卷烟生产企业向商业企业销售卷烟的价格,不含增值税。

(财政部 国家税务总局关于调整烟产品消费税政策的通知,财税〔2009〕84号,2009年5月26日)

3.下列卷烟一律适用56%的比例税率:

白包卷烟;手工卷烟;自产自用没有同牌号、规格调拨价格的卷烟;委托加工没有同牌号、规格调拨价格的卷烟;未经国务院批准纳入计划的企业和个人生产的卷烟。

(财政部 国家税务总局关于调整烟类产品消费税政策的通知,财税〔2001〕91号,2001年6月4日;财政部 国家税务总局关于调整烟产品消费税政策的通知,财税〔2009〕84号,2009年5月26日)

【政策解析】生产环节卷烟根据调拨价格的高低设置两档税率,自产自用没有同牌号、规格调拨价格的卷烟和委托加工没有同牌号、规格调拨价格的卷烟需要用组成计税价格作为从价消费税的计税依据,在计算组成计税价格时,需要用到消费税比例税率,但消费税比例税率又要根据每标准条价格是否超过70元确定。为打破这种循环,政策直接将自产自用没有同牌号、规格调拨价格的卷烟和委托加工没有同牌号、规格调拨价格的卷烟税率确定为56%,由此,无论按组成计税价格计算的卷烟计税依据折合为每标准条的价格是否超过70元,税率始终为56%。

〔例题3-17〕2024年1月,天马卷烟厂销售卷烟50 000大箱(50 000支/箱),不含税销售额为5 000万元。请确定天马卷烟厂该批卷烟适用的消费税比例税率。

解析:每大箱卷烟为50 000支,每条卷烟为200支,所以每大箱卷烟为

250条。

每条卷烟售价=5 000×10 000÷50 000÷250=4（元）

每条卷烟的出厂价4元<70元，所以卷烟适用税率为36%。

因此，天马卷烟厂2024年1月销售卷烟适用消费税比例税率为36%。

3.3.2.2 生产销售卷烟的计税依据

一、定额消费税部分

生产销售卷烟从量消费税的计税依据为卷烟的实际销售数量。

二、比例消费税部分

（一）卷烟工业环节计税销售额的确定

已经国家税务总局核定计税价格的卷烟，生产企业实际销售价格高于计税价格的，按实际销售价格确定适用税率，计算应纳税款并申报纳税；实际销售价格低于计税价格的，按计税价格确定适用税率，计算应纳税款并申报纳税。未经国家税务总局核定计税价格的新牌号、新规格卷烟，生产企业应按卷烟调拨价格申报纳税。"卷烟调拨价格"是指卷烟生产企业向商业企业销售卷烟的不含增值税价格。

（卷烟消费税计税价格信息采集和核定管理办法，国家税务总局令第26号，2011年10月27日）

（二）非标准卷烟计税销售额的确定

非标准条包装卷烟应当折算成标准条包装卷烟的数量，依其实际销售收入计算确定其折算成标准条包装后的实际销售价格，并确定适用的比例税率。折算的实际销售价格高于计税价格的，应按照折算的实际销售价格确定适用比例税率；折算的实际销售价格低于计税价格的，应按照同牌号规格标准条包装卷烟的计税价格和适用税率征税。

非标准条包装卷烟是指每条包装多于或者少于200支的条包装卷烟。

（财政部　国家税务总局关于调整烟类产品消费税政策的通知，财税〔2001〕91号，2001年6月4日）

[例题3-18] 接〔例题3-17〕，2024年1月，天马卷烟厂销售卷烟50 000大箱（50 000支/箱），不含税销售额为5 000万元。请确定天马卷烟厂该批卷烟适用的消费税比例税率，计算天马卷烟厂1月应纳消费税税额。

解析：每大箱卷烟为50 000支，每条卷烟为200支，所以每大箱卷烟为250条。

每条卷烟售价=5 000×10 000÷50 000÷250=4（元）

每条卷烟的出厂价4元<70元，所以卷烟适用税率为36%。

应纳消费税税额=50 000×150÷10 000+5 000×36%=2 550（万元）

因此，天马卷烟厂2024年1月销售卷烟应缴纳消费税为2 550万元。

[例题3-19] 2024年1月，天马卷烟厂销售卷烟500大箱（50 000支/箱），不含税销售额500万元。已知国家税务总局公布的该牌号卷烟的计税价格为每条45元。计算天马卷烟厂1月销售卷烟应纳消费税税额。

解析：每大箱卷烟为50 000支，每条卷烟为200支，所以每大箱卷烟为250条。

每条卷烟售价=500×10 000÷500÷250=40（元）

每条卷烟的实际销售价40元<计税价格45元，应按卷烟实际销售价格45元计征消费税并确定适用税率，45元<70元，税率为36%。

应纳消费税税额=500×150+500×250×45×36%=2 100 000（元）

因此，天马卷烟厂2024年1月销售卷烟应缴纳消费税为2 100 000元。

3.3.2.3 自产自用卷烟计税依据

一、定额消费税部分

自产自用卷烟从量定额计税的依据为移送使用数量。

二、比例消费税部分

《消费税暂行条例》第七条规定："纳税人自产自用的应税消费品，按照纳税人生产的同类消费品的销售价格计算纳税；没有同类消费品销售价格的，按照组成计税价格计算纳税。

实行复合计税办法计算纳税的组成计税价格计算公式：

组成计税价格=（成本+利润+自产自用数量×定额税率）÷（1-比例税率）"

（财政部 国家税务总局关于调整烟类产品消费税政策的通知，财税〔2001〕91号，2001年6月4日；卷烟消费税计税价格信息采集和核定管理办法，国家税务总局令第26号，2011年10月27日）

【政策解析】财税〔2001〕91号文件规定，自产自用没有同牌号、规格调拨价格的卷烟消费税税率一律为56%。纳税人自产自用的卷烟，如果能取得同牌号、规格卷烟平均销售价格资料的，应按照平均销售价格作为从价消费税的计税依据，只有无法取得同牌号、规格卷烟销售价格时，才会以组成计税价格作为从价消费税的计税依据。

〔例题3-20〕天马卷烟厂为增值税一般纳税人，2024年1月有关生产经营情况如下：

（1）卷烟厂新研制乙牌号卷烟，还未投放市场。当月将8大箱乙牌号卷烟用于发放样品。已知每大箱卷烟的生产成本为4 000元。

（2）生产白包卷烟10大箱用于发放职工福利。每箱的对外售价为1.2万元。

要求：计算天马卷烟厂1月份应缴纳的消费税和增值税销项税额。

解析：天马卷烟厂将自产的乙牌号卷烟发放样品，属于自产自用的应税消费品用于其他方面，应征收消费税，由于乙牌号卷烟没有同类应税消费品的销售价格，比例消费税计税依据为组成计税价格。天马卷烟厂将自产的白包卷烟用于发放职工福利，也属于自产自用的应税消费品用于其他方面，比例消费税计税依据为同类应税消费品的平均销售价格。

乙牌号卷烟组成计税价格=8×〔4 000×（1+10%）+150〕÷（1-56%）=82 727.27（元）

应纳消费税税额=8×150+82 727.27×56%+10×150+12 000×10×56%=116 227.27（元）

增值税销项税额=（82 727.27+12 000×10）×13%=26 354.55（元）

因此，天马卷烟厂2024年1月应纳消费税税额为116 227.27元，增值税销项税额为26 354.55元。

3.3.2.4 委托加工卷烟计税依据

一、定额消费税部分

委托加工卷烟从量定额计税依据为委托方收回数量。

二、比例消费税部分

《消费税暂行条例》第八条规定："委托加工的应税消费品，按照受托方的同类消费品的销售价格计算纳税；没有同类消费品销售价格的，按照组成计税价格计算纳税。

实行复合计税办法计算纳税的组成计税价格计算公式：

组成计税价格=材料成本+加工费+委托加工数量×定额税率÷（1－比例税率）"

（财政部　国家税务总局关于调整烟类产品消费税政策的通知，财税〔2001〕91号，2001年6月4日；卷烟消费税计税价格信息采集和核定管理办法，国家税务总局令第26号，2011年10月27日）

【政策解析】财税〔2001〕91号文件规定，委托加工没有同牌号、规格调拨价格的卷烟消费税税率一律为56%。纳税人委托加工的卷烟，如果能取得受托方同牌号、规格卷烟平均销售价格资料的，应按照受托方平均销售价格作为从价消费税的计税依据，只有无法取得受托方同牌号、规格卷烟销售价格时，才会以组成计税价格作为从价消费税的计税依据。

〔例题3-21〕天马卷烟厂为增值税一般纳税人，2024年1月有关生产经营情况如下：

（1）从某烟丝厂购进已税烟丝200吨，每吨不含税单价2万元，取得烟丝厂开具的增值税专用发票，注明金额400万元、增值税52万元，烟丝已验收入库。

（2）向农业生产者收购烟叶30吨，收购凭证上注明支付收购价款40万元，价外补贴4万元；烟叶验收入库后，又将其运往烟丝厂加工成烟丝，取得烟丝厂开具的增值税专用发票，注明支付加工费8万元、增值税1.04万元。

（3）天马卷烟厂当月销售给卷烟专卖商18 000大箱卷烟，取得不含税销售额36 000万元。

假设：不考虑烟丝连续加工卷烟可以抵扣的消费税。

要求：计算天马卷烟厂1月应缴纳的烟叶税、增值税、消费税税额以及烟丝厂应代收代缴的消费税税额。

解析：1.烟叶税=（价款+价外补贴）×20%=（40+40×10%）×20%=8.8（万元）

2.增值税：（1）进项税额=52+（40+4+8.8）×10%+1.04=58.32（万元）

（2）增值税销项税额=36 000×13%=4 680（万元）

（3）应纳增值税税额=4 680-58.32=4 621.68（万元）

3.消费税：（1）烟丝厂应代收代缴消费税税额=［（40+4+8.8）-（40+4+8.8）×10%+8］÷（1-30%）×30%=23.79（万元）

（2）销售卷烟每标准条售价为：36 000×10 000÷18 000÷250=80（元）

80元>70元，所以卷烟的适用税率为56%。

天马卷烟厂1月销售卷烟应纳消费税=36 000×56%+18 000×150÷10 000=20 430（万元）

因此，天马卷烟厂1月收购烟叶应缴纳烟叶税8.8万元，销售卷烟应缴纳增值税4 621.68万元，应纳消费税为20 430万元；烟丝厂应代收代缴天马卷烟厂消费税为23.79万元。

3.3.2.5 卷烟回购企业购进卷烟直接销售征税问题

对既有自产卷烟，同时又委托联营企业加工与自产卷烟牌号、规格相同卷烟的工业企业（以下简称卷烟回购企业），从联营企业购进后再直接销售的卷烟，对外销售时不论是否加价，凡是符合下述条件的，不再征收消费税；不符合下述条件的，则征收消费税：

一、回购企业在委托联营企业加工卷烟时，除提供给联营企业所需加工卷烟牌号外，还须同时提供税务机关已公示的消费税计税价格。联营企业必须按照已公示的调拨价格申报缴纳消费税。

二、回购企业将联营企业加工卷烟回购后再销售的卷烟，其销售收入应与自产卷烟的销售收入分开核算，以备税务机关检查；如不分开核算，则一并计入自产卷烟销售收入征收消费税。

（国家税务总局关于卷烟生产企业购进卷烟直接销售不再征收消费税的批复，国税函〔2001〕955号，2001年12月20日）

3.3.2.6 进口卷烟计税依据

一、定额消费税部分

进口卷烟从量定额计税依据为海关核定的报关进口数量。

二、比例消费税部分

自2004年3月1日起，进口卷烟消费税适用比例税率按以下办法确定：

1.每标准条进口卷烟（200支）确定消费税适用比例税率的价格=（关税完税价格+关税+消费税定额税率）÷（1-消费税税率）。其中，关税完税价格和关税为每标准条的关税完税价格及关税税额；消费税定额税率为每标准条（200支）0.6元（依据现行消费税定额税率折算而成）；消费税税率固定为36%。

2.每标准条进口卷烟（200支）确定消费税适用比例税率的价格大于等于70元人民币的，适用比例税率为56%；每标准条进口卷烟（200支）确定消费税适用比例税率的价格小于70元人民币的，适用比例税率为36%。

3.进口消费税税额的计算：依据确定的消费税适用比例税率，计算进口卷烟消费税组成计税价格，并进一步计算应纳消费税税额。

（1）进口卷烟消费税组成计税价格=（关税完税价格+关税+消费税定额税）÷（1-进口卷烟消费税适用比例税率）。

（2）应纳消费税税额=进口卷烟消费税组成计税价格×进口卷烟消费税适用比例税率+消费税定额税。

其中，消费税定额税=海关核定的进口卷烟数量×消费税定额税率，消费税定额税率为每标准箱（50 000支）150元。

（财政部 国家税务总局关于调整进口卷烟消费税税率的通知，财税〔2004〕22号，2004年1月29日）

【政策解析】计算卷烟进口消费税时，需要计算两个组成计税价格，第一个组成计税价格的用途是确定卷烟消费税适用税率，特点是分母中消费税比例税率是36%。第二个组成计税价格用途是计算应纳进口消费税比例税的计税依据，特点是分母中消费税比例税率要按照第一个组成计税价格是否超过每标准条70元确定，第一个组成计税价格每标准条超过70元，消费税税率为56%；第一个组成计税价格每标准条不超过70元，消费税税率为36%。

[例题3-22] 天马外贸公司有进出口经营权，2024年1月从国外进口卷烟200箱（每箱250条，每条100支），支付买价1 500 000元，到达我国海关前的运输费为20 000元，保险费为8 000元，假定进口卷烟关税税率为20%。请计算该批卷烟在进口环节应缴纳的消费税税额。

解析：（1）关税完税价格=1 500 000+20 000+8 000=1 528 000（元）

关税=1 528 000×20%=305 600（元）

（2）每标准条进口卷烟适用比例税率的组成计税价格=［(1 528 000+305 600)÷200÷250÷100×200+0.6］÷(1-36%)=73.944÷(1-36%)=115.54（元）>70元

因此，该批卷烟适用消费税税率为56%。

（3）进口卷烟折合成标准大箱=200×250×100÷50 000=100（大箱）

进口卷烟应纳消费税=150×100+(1 528 000+305 600+150×100)÷(1-56%)×56%=15 000+2 352 763.64=2 367 763.64（元）

因此，该批卷烟应纳进口消费税为2 367 763.64元。

3.3.2.7 卷烟消费税计税价格信息采集和核定管理

卷烟消费税计税价格是卷烟消费税最低计税价格的简称，它是由国家税务总局根据各牌号规格卷烟批发价格分别核定的，作为卷烟生产企业销售各牌号规格卷烟申报纳税的托底价格。已经国家税务总局核定计税价格的卷烟，生产企业实际销售价格高于计税价格的，按实际销售价格确定适用税率，计算应纳税款并申报纳税；实际销售价格低于计税价格的，按计税价格确定适用税率，计算应纳税款并申报纳税。

国家税务总局为了可靠地核定各牌号规格卷烟计税价格，必须采集各牌号规格卷烟的批发价格。2011年10月17日，国家税务总局发布新的《卷烟消费税计税价格信息采集和核定管理办法》，自2012年1月1日起施行。

一、价格信息采集和核定范围

卷烟价格信息采集范围为在中华人民共和国境内销售的所有牌号、规格的卷烟。

卷烟消费税最低计税价格核定范围为卷烟生产企业在生产环节销售的所有牌号、规格的卷烟。

二、价格信息采集的内容

卷烟价格信息采集的内容包括：卷烟牌号规格、卷烟类别、卷烟条包装商品条码、销售数量、销售价格和销售额及其他相关信息。

"卷烟牌号规格"，是指经国家烟草专卖局批准生产的卷烟商标牌号规格。

"卷烟条包装商品条码"，是指经国家烟草专卖局批准并下发的，符合国家标准规定的13位条包装卷烟的商品标识代码和非标准包装（如听、扁盒等）卷烟的外包装商品标识代码。

三、价格信息采集环节及采集机关

（一）批发环节

卷烟批发企业所在地主管税务机关负责卷烟价格信息采集和审核工作。

卷烟批发企业每月申报纳税时填写《卷烟批发企业月份销售明细清单》（以下简称《清单》），将其作为申报附报资料，按月向主管税务机关报送。

国家税务总局依据国家烟草专卖局备案信息及《清单》，建立全国统一的卷烟信息库，记录各牌号规格卷烟核价的相关信息。

（二）生产环节

卷烟生产企业于次年的1月填写《卷烟生产企业年度销售明细表》（以下简称《明细表》），于当月消费税纳税申报时一并向主管税务机关报送。

《清单》和《明细表》由主管税务机关审核后，于申报期结束后10个工作日内逐级上报至省（自治区、直辖市和计划单列市）税务局（以下简称省税务局）。省税务局应于次月15日前，上报国家税务总局。

四、计税价格核定公式

计税价格由国家税务总局按照卷烟批发环节销售价格扣除卷烟批发环节批发毛利核定并发布。计税价格的核定公式为：

某牌号、规格卷烟计税价格 = 批发环节销售价格 × （1−适用批发毛利率）

（一）批发环节销售价格

卷烟批发环节销售价格，按照税务机关采集的所有卷烟批发企业在价格采集期内销售的该牌号、规格卷烟的数量、销售额进行加权平均计算。计算公式为：

批发环节销售价格 = $\sum$ 该牌号规格卷烟各采集点的销售额 ÷ $\sum$ 该牌号规格卷烟各采集点的销售数量

（二）批发毛利率

卷烟批发毛利率具体标准为：

1. 调拨价格满146.15元的一类烟34%。

2. 其他一类烟29%。

3. 二类烟25%。

4. 三类烟25%。

5. 四类烟20%。

6. 五类烟15%。

调整后的卷烟批发毛利率,由国家税务总局另行发布。

(三)卷烟类别

"卷烟类别",是指国家烟草专卖局划分的卷烟类别,即一类卷烟、二类卷烟、三类卷烟、四类卷烟和五类卷烟。

一类卷烟是指每标准条(200支,下同)调拨价格满100元的卷烟。

二类卷烟是指每标准条调拨价格满70元不满100元的卷烟。

三类卷烟是指每标准条调拨价格满30元不满70元的卷烟。

四类卷烟是指每标准条调拨价格满16.5元不满30元的卷烟。

五类卷烟是指每标准条调拨价格不满16.5元的卷烟。

五、已核定计税价格卷烟重新核定计税价格的情形及核定时限

(一)已经核定计税价格的卷烟,发生下列情况,国家税务总局将重新核定计税价格:

1. 卷烟价格调整的。

2. 卷烟批发毛利率调整的。

3. 通过《清单》采集的卷烟批发环节销售价格扣除卷烟批发毛利后,卷烟平均销售价格连续6个月高于国家税务总局已核定计税价格10%,且无正当理由的。

(二)重新核定计税价格的时限

1. 全行业卷烟价格或毛利率调整的,由国家烟草专卖局向国家税务总局提请重新调整计税价格。国家税务总局于收到申请调整计税价格文件后1个月内核定并发布。

2. 个别牌号、规格卷烟价格调整的,由卷烟生产企业向主管税务机关提出重新核定计税价格的申请,主管税务机关逐级上报至国家税务总局。国家税务总局于收到申请调整计税价格文件后1个月内核定并发布。

3. 连续6个月高于计税价格的,经相关省税务局核实后,且无正当理由的,国家税务总局于收到省税务局核实文件后1个月内核定并发布。

（三）调整计税价格的原因及程序

对于因卷烟批发企业申报《清单》中销售价格信息错误，造成纳税人对税务总局核定的计税价格有异议的，纳税人可自计税价格执行之日起向主管税务机关提出调整计税价格的申请。主管税务机关收到申请后，应核实纳税人该牌号规格卷烟的生产经营情况，计算该牌号规格卷烟自正式投产以来的加权平均销售价格，对确需调整计税价格的，应于收到申请后25日内，将申请调整计税价格文件逐级上报至税务总局。税务总局收到文件后，重新采集该牌号规格卷烟批发环节销售价格，采集期为已核定计税价格执行之日起连续6个月，采集期满后调整并发布计税价格。

六、新牌号、新规格卷烟的价格信息采集

"新牌号卷烟"，是指在国家工商行政管理总局商标局新注册商标牌号，且未经国家税务总局核定计税价格的卷烟。

"新规格卷烟"，是指2009年5月1日卷烟消费税政策调整后，卷烟名称、产品类型、条与盒包装形式、包装支数等主要信息发生变更时，必须作为新产品重新申请新的卷烟商品条码的卷烟。

（一）新牌号、新规格卷烟的价格报送时限

新牌号、新规格卷烟信息，由国家烟草专卖局于批准生产企业新牌号、新规格卷烟执行销售价格的当月，将卷烟牌号规格、类别、卷烟条包装商品条码、调拨价格、批发价格及建议计税价格等信息报送国家税务总局。

卷烟生产企业应于新牌号、新规格卷烟实际销售的当月将上述信息报送主管税务机关。

（二）新牌号、新规格卷烟计税价格核定时限

新牌号、新规格的卷烟，国家税务总局于收到国家烟草专卖局相关信息满8个月或信息采集期满6个月后的次月核定并发布。

（三）生产企业未按期报送新牌号、新规格卷烟价格的处理

对于在6个月内未按规定向国家税务总局报送信息资料的新牌号、新规格卷烟，国家税务总局将按照《清单》采集的实际销售价格适用最低档批发

毛利率核定计税价格。

纳税人按照税务总局核定的计税价格计算缴纳消费税满1年后，可向主管税务机关提出调整计税价格的申请。主管税务机关应于收到申请后15日内，将申请调整计税价格文件逐级上报至税务总局。税务总局收到文件后30日内，根据当期已采集的该牌号规格卷烟批发环节连续6个月的销售价格，调整并发布计税价格。

（四）新牌号、规格卷烟的计税依据

未经国家税务总局核定计税价格的新牌号、新规格卷烟，生产企业应按卷烟调拨价格申报纳税。

"卷烟调拨价格"，是指卷烟生产企业向商业企业销售卷烟的价格，不含增值税。

（五）生产企业将新牌号、规格卷烟套用其他牌号、规格卷烟的处理

卷烟生产企业套用其他牌号、规格卷烟已核定计税价格，造成企业少缴消费税税款的，由主管税务机关自新牌号、新规格卷烟投放市场之日起调整卷烟生产企业应纳税收入，追缴少缴消费税税款，并按照《税收征收管理法》有关规定处理。

自2017年10月1日起，调整纳税人应纳税收入时，应按照采集的该牌号、规格卷烟市场零售价格适用最低档批发毛利率确定计税价格。

（卷烟消费税计税价格信息采集和核定管理办法，国家税务总局令第26号，2011年10月27日；国家税务总局关于卷烟消费税计税价格核定管理有关问题的公告，国家税务总局公告2017年第32号，2017年8月29日）

重点难点即时练10

1.天马卷烟厂为增值税一般纳税人，2024年1月有关生产经营情况如下：

（1）天马卷烟厂当月生产甲牌号卷烟20 000标准箱（每箱50 000支，每条200支），将其销售给卷烟专卖商1 800箱，取得不含税销售额7 200万元。

（2）天马卷烟厂将当月生产的甲牌号卷烟5大箱以明显低价抵偿债务15万元。

（3）天马卷烟厂新研制乙牌号卷烟，还未投放市场。当月将8大箱乙牌号卷烟用于发放职工福利。已知每大箱卷烟的生产成本为4 000元。

（4）天马卷烟厂将烟叶30吨，加工合同注明的成本为42万元，运往异地卷烟厂加工成丙牌号卷烟（受托方不生产丙牌号卷烟），取得异地卷烟厂开具的增值税专用发票，注明支付加工费8万元、增值税1.04万元，天马卷烟厂收回丙牌号卷烟40大箱时，异地卷烟厂代收代缴消费税。

（5）当月天马卷烟厂购进烟丝12吨，增值税专用发票注明的销售额为20万元，增值税为2.6万元。期初库存烟丝的成本为83万元，期末库存烟丝的成本为65万元。

要求：计算天马卷烟厂1月应缴纳的增值税和消费税税额，异地卷烟厂应代收代缴多少消费税税额？（计算结果保留三位小数）

2.天马白酒厂（增值税一般纳税人）2024年1月销售业务如下：

（1）销售A牌粮食白酒40吨，每吨不含税出厂价10 000元；通过厂属非独立核算门市部零售11.3吨，每吨含税零售价格为12 500元。

（2）用外购薯类酒精10吨，勾兑生产B牌薯类白酒30吨，本月销售15吨，每吨不含税出厂价5 000元；外购酒精发票注明买价为每吨3 000元。

（3）为商场加工生产C牌粮食白酒20吨，商场提供原材料成本70 000元，本月交货共收取加工费5 000元，增值税650元。

（4）用委托加工收回的黄酒5吨，加工生产药酒15吨，每吨不含税出厂价6 000元，销售12吨，剩余3吨赠送他人。

计算：天马白酒厂1月应缴纳的消费税及应代收代缴的消费税税额。（粮食白酒税率为20%，薯类白酒税率为20%，其他酒税率为10%，定额税率为0.5元/斤）

3.4 消费税组成计税价格公式对比表

表3–3　　　　　消费税组成计税价格公式一览表

征税环节	从价定率计税办法	复合计税办法
自产自用	$\dfrac{成本 \times (1+成本利润率)}{1-消费税税率}$	$\dfrac{成本 \times (1+成本利润率) + 移送使用数量 \times 定额税率}{1-消费税税率}$
委托加工	$\dfrac{材料成本 + 加工费}{1-消费税税率}$	$\dfrac{材料成本 + 加工费 + 委托加工收回数量 \times 定额税率}{1-消费税税率}$
进口	$\dfrac{关税完税价格 + 关税}{1-消费税税率}$	$\dfrac{关税完税价格 + 关税 + 报关进口数量 \times 定额税率}{1-消费税税率}$
进口卷烟确定适用税率		$\dfrac{关税完税价格 + 关税 + 报关进口数量 \times 定额税率}{1-36\%}$

备注：（1）消费税的组成计税价格（以下简称组价）公式采用除法，除以小于1的数，商变大，从而把消费税挤到组价中。
（2）自产自用、委托加工、进口环节复合计税办法的三个组价公式分别在从价定率办法的三个组价公式的分子上加上从量消费税，因为消费税是价内税，组价中应包含消费税，比例消费税通过除法挤到组价中，而定额消费税是通过加法加进组价中。

3.5 消费税三种计税方法计税依据对比表

表3–4　　　　　消费税三种计税办法计税依据一览表

办法＼环节	从量定额	从价定率	复合计征	备注
生产销售	销售数量	销售额（含全部价款及价外费用）	1.定额税：销售数量 2.比例税：销售额（实际销售价格低于计税价格的，按计税价格计算纳税；反之按实际售价计算纳税）	换物、抵债、投资按最高售价计税；除啤酒、黄酒以外的酒类产品包装物押金收取时应当征税，没收时不再征税，返还时不退税

续表

环节＼办法	从量定额	从价定率	复合计征	备注
自产自用	移送使用数量	1.按照纳税人生产的同类消费品的销售价格计算纳税 2.没有同类消费品销售价格的，按照组成计税价格计算纳税。组成计税价格=（成本+利润）÷（1-消费税税率）	1.定额税：移送使用数量 2.比例税：（1）按照纳税人生产的同类消费品的销售价格计算纳税（2）没有同类消费品销售价格的，按照组成计税价格计算纳税。组成计税价格=（成本+利润+移送使用数量×定额税率）÷（1-比例税率）	白包卷烟，手工卷烟，自产自用没有同牌号、规格调拨价格的卷烟，委托加工没有同牌号、规格调拨价格的卷烟，未经国务院批准纳入计划的企业和个人生产的卷烟，税率为56%
委托加工	委托方收回的应税消费品数量	1.委托加工的应税消费品，按照受托方的同类消费品的销售价格计算纳税 2.没有同类消费品销售价格的，按照组成计税价格计算纳税。组成计税价格=（材料成本+加工费）÷（1-消费税税率）	1.定额税：委托方收回数量 2.比例税：（1）委托加工的应税消费品，按照受托方的同类消费品的销售价格计算纳税（2）没有同类消费品销售价格的，按照组成计税价格计算纳税。组成计税价格=（材料成本+加工费+委托方收回数量×定额税率）÷（1-比例税率）	
进口	海关核定的报关进口数量	组成计税价格=（关税完税价格+关税）÷（1-消费税税率）	1.定额税：海关核定的进口征税数量 2.比例税：组成计税价格=（关税完税价格+关税+海关核定进口数量×定额税率）÷（1-比例税率）	进口卷烟需要先组成一条卷烟的计税价格，判定适用税率

备注：（1）复合计税办法比例消费税销售额的计算与从价定率计税办法的销售额计算基本相同，但有两点区别：一是国家税务总局为全部卷烟和部分白酒核定了最低计税价格，它实际上是一个托底的计税依据，纳税人实际销售价格高于最低计税价格的，按实际销售价格计税，实际销售价格低于最低计税价格的，按最低计税价格计税，采用从价定率计税办法的应税消费品，国家税务总局没有为其核定最低计税价格；二是复合计税办法的三个组成计税价格公式与从价定率办法的不同。
（2）复合计税办法定额消费税，不同征税环节的销售数量分别与从量定额计税办法对应环节的销售数量完全一致。

4

消费税抵扣制度

消费税是单环节课征制的税种，在应税消费品（除金银首饰、超豪华小汽车和卷烟、电子烟外）的生产、委托加工和进口环节征税。纳税人将外购已税或委托加工已税的应税消费品作为原料，连续生产应税消费品时，原料应税消费品的价值转移到产成品应税消费品中，在产成品应税消费品销售或自用时应该按销售额或销售数量全额征收消费税，这将导致消费税重复征税的现象。为了避免重复征税，消费税制定了原料应税消费品已纳消费税税款的抵扣制度。

但不是所有用已纳过消费税的原料连续生产应税消费品的，都可以抵扣消费税，已纳消费税税款的抵扣必须同时满足两个条件：一是要属于消费税扣税范围，二是取得消费税扣税凭证。

4.1 抵扣范围

消费税抵扣范围采用正向列举的办法，只有用规定范围内的原料应税消费品生产规定范围内的产成品应税消费品，才能抵扣已纳消费税税款。抵扣消费税的规定可以归纳为三种类型：一是将外购、进口、委托加工收回的半成品应税消费品用于连续生产应税消费品（以下简称连续生产）；二是将委托加工收回的应税消费品加价出售；三是特殊情形下转售应税消费品。

4.1.1 连续生产的抵扣范围

4.1.1.1 基本规定

纳税人以下列外购或委托加工收回的已税应税消费品为原料生产的应税消费品，准予从消费税应纳税额中扣除原料已纳的消费税税款。

1.以外购、进口或委托加工收回的已税烟丝为原料生产的卷烟。

2.以外购、进口或委托加工收回的已税高档化妆品为原料生产的高档化妆品。

3.以外购、进口或委托加工收回的已税珠宝玉石为原料生产的贵重首饰及珠宝玉石（不包括用已税珠宝玉石生产的金银首饰范围内的镶嵌首饰）。

4.以外购、进口或委托加工收回的已税鞭炮、焰火为原料生产的鞭炮、焰火。

5.以外购、进口或委托加工收回的已税汽油、柴油、石脑油、燃料油、润滑油为原料生产的应税消费品。

6.以外购或委托加工收回视同石脑油、视同燃料油缴纳消费税的产品为原料生产的应税消费品（但可享受原料所含消费税退税政策的产品除外）。

7.以外购、进口或委托加工收回的已税杆头、杆身和握把为原料生产的高尔夫球杆。

8.以外购、进口或委托加工收回的已税木制一次性筷子为原料生产的木制一次性筷子。

9.以外购、进口或委托加工收回的已税实木地板为原料生产的实木地板。

（国家税务总局关于印发《消费税若干具体问题的规定》的通知，国税发〔1993〕156号，1993年12月29日；国家税务总局关于消费税若干征税问题的通知，国税发〔1994〕130号，1994年5月26日；财政部　国家税务总局关于调整金银首饰消费税纳税环节有关问题的通知，（1994）财税字95号，1994年12月24日；财政部　国家税务总局关于调整酒类产品消费税政策的通知，财税〔2001〕84号，2001年5月11日；财政部　国家税务总局关于调整和完善消费税政策的通知，财税〔2006〕33号，2006年3月20日；国家税务总局关于发布已失效或废止的税收规范性文件目录的通知，国税发〔2006〕62号，2006年4月30日；国家税务总局关于高档化妆品消费税征收管理事项的公告，国家税务总局公告2016年第66号，2016年10月19日；国家税务总局关于成品油消费税征收管理有关问题的公告，国家税务总局公告2018年第1号，2018年1月2日；国家税务总局关于消费税有关政策问题补充规定的公告，国家税务总局公告2013年第50号，2013年9月9日）

【政策解析】消费税抵扣范围是正向列举的，原料应税消费品和产成品应税消费品都必须符合文件规定，凡是不在抵扣范围内的原料应税消费品生产成品应税消费品的，均不得抵扣原料应税消费品已纳消费税税款，如以外购的卷烟为原料连续生产卷烟、以外购小汽车为原料连续生产改装改制车辆。

以外购或委托加工收回的已税酒精和白酒为原料生产的白酒抵扣消费税的政策，在财税〔2001〕84号文件中被取消。

[案例解析15] 购进小汽车整车进行改装生产出新型小汽车，原料小汽车已纳消费税是否可以抵扣？

天马商用客车公司从外地购进一批微型乘用车进行改装加工后，生产出新型的商用轻型客车。请问：购进微型乘用车已纳消费税是否可以抵扣？

解析：消费税的抵扣范围采用正向列举的办法，财政部和国家税务总局先后下发了十几个文件明确消费税的抵扣范围，在这些文件中没有"以外购、进口或委托加工收回的已税小汽车为原料生产的小汽车"的规定，因此，天马商用客车公司利用购进的微型乘用车进行改装加工后生产的商用客车，不得抵扣已纳消费税。

4.1.1.1.1　外购润滑油大包装改小包装、贴商标等简单加工的抵扣问题

单位和个人外购润滑油大包装经简单加工改成小包装或者外购润滑油不经加工只贴商标的行为，视同应税消费品的生产行为。单位和个人发生的以上行为应当申报缴纳消费税。准予扣除外购润滑油已纳的消费税税款。

（财政部　国家税务总局关于消费税若干具体政策的通知，财税〔2006〕125号，2006年8月30日）

4.1.1.1.2　从商业企业购进的应税消费品的抵扣问题

自2006年8月15日起，从商业企业购进应税消费品连续生产应税消费

品，符合抵扣条件的，准予扣除外购应税消费品已纳消费税税款。

经主管税务机关核实上述外购应税消费品未缴纳消费税的，纳税人应将已抵扣的消费税税款，从核实当月允许抵扣的消费税中冲减。

（国家税务总局关于进一步加强消费税纳税申报及税款抵扣管理的通知，国税函〔2006〕769号，2006年8月14日；国家税务总局关于取消两项消费税审批事项后有关管理问题的公告，国家税务总局公告2015年第39号，2015年5月22日）

【政策解析】属于消费税抵扣范围的原料应税消费品的购买渠道，国税发〔1997〕84号曾限定于从工业企业购进的应税消费品，对从商业企业购进应税消费品的已纳税款一律不得扣除。《国家税务总局关于印发〈调整和完善消费税政策征收管理规定〉的通知》（国税发〔2006〕49号）也明确，纳税人从增值税一般纳税人（仅限生产企业）购进应税消费品，外购应税消费品的抵扣凭证为增值税专用发票（含销货清单）。但是，《国家税务总局关于进一步加强消费税纳税申报及税款抵扣管理的通知》（国税函〔2006〕769号）明确，从商业企业购进应税消费品连续生产应税消费品，也纳入抵扣范围，笔者认为：从商业企业购进应税消费品连续生产应税消费品可以抵扣已纳消费税款的规定不科学，对于从价消费税而言，纳税人从商业企业购进应税消费品的买价中含有商业企业的利润，该部分利润没有作为消费税的计税依据缴纳过消费税，必然导致纳税人抵扣的外购原料应税消费品已纳消费税大于该原料应税消费品实际已纳消费税。

国税函〔2006〕769号曾经规定，主管税务机关对纳税人提供的消费税申报抵扣凭证上注明的货物，无法辨别销货方是否申报缴纳消费税的，可向销货方主管税务机关发函调查该笔销售业务缴纳消费税情况，销货方主管税务机关应认真核实并回函。经销货方主管税务机关回函确认已缴纳消费税的，可以受理纳税人的消费税抵扣申请，按规定抵扣外购项目的已纳消费税。该规定被《国家税务总局关于取消两项消费税审批事项后有关管理问题的公告》（国家税务总局公告2015年第39号）废止，主管税务机关应借助税收信息系统自行分析。

4.1.1.2 用购进已税烟丝生产的出口卷烟的抵扣问题

按照现行税收法规规定,国家对卷烟出口一律实行在生产环节免税的办法,即免征卷烟加工环节的增值税和消费税,而对出口卷烟所耗用的原辅材料已缴纳的增值税和消费税则不予退、免税。据此,为生产出口卷烟而购进的已税烟丝的已纳税款不能给予扣除。

(国家税务总局关于印发《消费税问题解答》的通知,国税函〔1997〕306号,1997年5月21日)

4.1.1.3 外购葡萄酒抵扣问题

葡萄酒是指以葡萄为原料,经破碎(压榨)、发酵而成的酒精度在1度(含)以上的葡萄原酒和成品酒(不含以葡萄为原料的蒸馏酒)。葡萄酒消费税适用"酒"税目下设的"其他酒"子目。

一、葡萄酒连续生产抵扣政策

(一)抵扣范围

自2015年5月1日起,纳税人从葡萄酒生产企业购进(以下简称外购)、进口葡萄酒连续生产应税葡萄酒的,准予从葡萄酒消费税应纳税额中扣除所耗用应税葡萄酒已纳消费税税款。如本期消费税应纳税额不足抵扣的,余额留待下期抵扣。

(二)抵扣凭证

纳税人以进口、外购葡萄酒连续生产应税葡萄酒,分别依据《海关进口消费税专用缴款书》《增值税专用发票》,按照现行政策规定计算扣除应税葡萄酒已纳消费税税款。

(三)征收管理

纳税人应建立《葡萄酒消费税抵扣税款台账》,作为申报扣除外购、进口应税葡萄酒已纳消费税税款的备查资料。纳税人依照国家税务总局2015年第15号公告规定的式样设置台账，也可根据需要增设台账内容，但对参考式样的内容不得删减。

二、葡萄酒生产的单位或个人之间销售葡萄酒发票开具问题

葡萄酒生产企业之间销售葡萄酒，开具增值税专用发票时，须将应税葡萄酒销售行为单独开具增值税专用发票。

（国家税务总局关于修订《葡萄酒消费税管理办法（试行）》的公告，国家税务总局公告2015年第15号，2015年2月28日）

【政策解析】葡萄酒消费税的抵扣范围比本书4.1.1所列应税消费品的抵扣范围窄，表现在两个方面，一是外购葡萄酒的来源仅限生产企业，从商业企业购进的葡萄酒用于连续生产不能抵扣；二是委托加工的葡萄酒连续生产葡萄酒不能抵扣委托加工环节已纳消费税税额。

4.1.1.4　啤酒生产集团间调拨啤酒液的抵扣问题

啤酒生产集团为解决下属企业之间糖化能力和包装能力不匹配，优化各企业间资源配置，将有糖化能力而无包装能力的企业生产的啤酒液销售（调拨）给异地企业进行灌装。

一、啤酒生产集团内部企业间调拨销售的啤酒液，应由啤酒液生产企业按现行规定申报缴纳消费税。

二、购入方企业应依据取得的销售方销售啤酒液所开具的增值税专用发票上记载的销售数量、销售额、销售单价确认销售方啤酒液适用的消费税单位税额，单独建立外购啤酒液购入使用台账，计算外购啤酒液已纳消费税税额。

三、购入方使用啤酒液连续灌装生产并对外销售的啤酒，应依据其销售价格确定适用单位税额计算缴纳消费税，但其外购啤酒液已纳的消费税税额，可以从其当期应纳消费税税额中抵减。

（国家税务总局关于啤酒集团内部企业间销售（调拨）啤酒液征收消费税问题的批复，国税函〔2003〕382号，2003年4月9日）

4.1.2 委托加工收回加价出售的抵扣范围

4.1.2.1 委托加工应税消费品收回后加价出售抵扣问题

自2012年9月1日起，委托方将收回的应税消费品，以不高于受托方的计税价格出售的，为直接出售，不再缴纳消费税；委托方以高于受托方的计税价格出售的，不属于直接出售，需按照规定申报缴纳消费税，在计税时准予扣除受托方已代收代缴的消费税。

（财政部　国家税务总局关于《中华人民共和国消费税暂行条例实施细则》有关条款解释的通知，财法〔2012〕8号，2012年7月13日）

4.1.2.2 电池、涂料的抵扣问题

纳税人委托加工收回电池、涂料，以高于受托方的计税价格出售的，应当按规定申报缴纳消费税，在计税时准予扣除受托方已代收代缴的消费税。

（一）税款扣除凭证为《税收缴款书（代扣代收专用）》，纳税人应当将税款扣除凭证复印件按月装订备查。

（二）纳税人应当建立《电池、涂料税款抵扣台账》，作为申报扣除委托加工收回应税消费品已纳消费税税款的备查资料。

（国家税务总局关于电池、涂料消费税征收管理有关问题的公告，国家税务总局公告2015年第5号，2015年1月30日）

【政策解析】将委托加工收回的应税消费品加价出售的抵扣范围最广，涵盖所有的应税消费品。大家不要将其与连续生产的抵扣范围混淆。

重点难点即时练11

1. ［多选题］下列连续生产的应税消费品，在计税时准予按当期生产领用数量计算扣除外购的应税消费品已纳的消费税税款的有（　　）。

　　A. 外购已税高档化妆品生产的高档化妆品

B.外购已税小汽车生产的小汽车

C.外购已税涂料生产的涂料

D.以外购已税杆头、杆身和握把为原料生产的高尔夫球杆

2.［单选题］下列应税行为中，准予扣除外购或委托加工收回的应税消费品已纳消费税税款计税的是（　　）。

A.用外购已税薯类白酒生产销售的白酒

B.用外购已税烟丝生产销售的卷烟

C.用委托加工收回的已税二轮摩托车生产销售的三轮摩托车

D.用外购已税珠宝玉石生产改在零售环节计税的金银镶嵌首饰

3.［多选题］下列连续生产的应税消费品，在计税时准予按当期生产领用数量计算扣除外购的应税消费品已纳的消费税税款的有（　　）。

A.外购已税鞭炮、焰火生产的鞭炮、焰火

B.以委托加工收回的已税木制一次性筷子为原料生产的木制一次性筷子

C.外购已税燃料油为原料生产的塑料

D.以外购已税实木地板为原料生产的实木地板

4.［多选题］下列连续生产的应税消费品，在计税时准予按当期生产领用数量计算扣除外购的应税消费品已纳的消费税税款的有（　　）。

A.外购已税游艇生产的游艇

B.外购已税高档手表生产的高档手表

C.以委托加工收回的已税石脑油为原料生产的应税消费品

D.以委托加工收回的已税润滑油为原料生产的应税消费品

5.［多选题］下列连续生产的应税消费品，在计税时准予按当期生产领用数量计算扣除外购的应税消费品已纳的消费税税款的有（　　）。

A.以外购已税燃料油为原料生产的应税消费品

B.以外购已税溶剂油为原料生产的应税消费品

C. 以外购已税汽油为原料生产的甲醇汽油

D. 以外购已税柴油为原料生产的生物柴油

4.1.3 特殊情形下转售应税消费品抵扣范围

正常情形下，转售应税消费品是商业企业从事的业务，其不属于消费税征税范围，但是有两种特殊情形下，转售应税消费品却要征收消费税，并且涉及消费税抵扣问题。

4.1.3.1 工业企业从事应税消费品购销的抵扣问题

消费税是单环节课征制的税种，正常情况下，购进已税的应税消费品再销售的，不再征收消费税，但是，工业企业自身有应税消费品生产销售业务，需要征收消费税，其同时再购进已税消费品直接销售，如果直接销售环节不征收消费税，征管难度极大，因为税务机关难以分清哪些应税消费品是外购直接销售的，哪些应税消费品是生产销售的。因此，对于工业企业购进已税消费品直接销售的，国家税务总局作出如下规定：

（一）对既有自产应税消费品，同时又购进与自产应税消费品同样的应税消费品进行销售的工业企业，对其销售的外购应税消费品应当征收消费税，同时可以扣除外购应税消费品的已纳税款。

上述允许扣除已纳税款的外购应税消费品仅限于烟丝、化妆品、珠宝玉石、鞭炮焰火和摩托车。

（二）对自己不生产应税消费品，而只是购进后再销售应税消费品的工业企业，其销售的化妆品、鞭炮焰火和珠宝玉石，凡不能构成最终消费品直接进入消费品市场，而需进一步生产加工的（需进行深加工、包装、贴标、组合的珠宝玉石、化妆品、酒、鞭炮焰火等），应当征收消费税，同时允许扣除上述外购应税消费品的已纳税款。

本规定中允许扣除已纳税款的应税消费品只限于从工业企业购进的应税

消费品,对从商业企业购进应税消费品的已纳税款一律不得扣除。

(国家税务总局关于消费税若干征税问题的通知,国税发〔1997〕84号,1997年5月21日;财政部 国家税务总局关于调整酒类产品消费税政策的通知,财税〔2001〕84号,2001年5月11日)

【政策解析】"工业企业从事应税消费品购销的抵扣问题"是由国税发〔1997〕84号文件规定的。该文件规定,工业企业允许扣除已纳税款的外购应税消费品仅限于烟丝、酒、酒精、化妆品、护肤护发品、珠宝玉石、鞭炮焰火、汽车轮胎和摩托车,这些应税消费品与当时消费税抵扣范围是完全一致的。1997年以后,消费税应税消费品征税范围和抵扣范围发生了很大变化,但是国家税务总局没有对国税发〔1997〕84号规定的工业企业从事应税消费品购销的抵扣范围同步完善。

4.1.3.2 工业企业以外的单位和个人变名销售抵扣问题

工业企业以外的单位和个人将外购的消费税低税率应税产品以高税率应税产品对外销售的,高税率应税消费品应视同生产销售缴纳消费税,低税率应税消费品按规定缴纳的消费税可以抵扣。

(国家税务总局关于消费税有关政策问题的公告,国家税务总局公告2012年第47号,2012年11月6日;国家税务总局关于消费税有关政策问题补充规定的公告,国家税务总局公告2013年第50号,2013年9月9日)

4.2 抵扣凭证

以外购、进口或委托加工收回的已税半成品应税消费品为原料生产的产成品应税消费品,属于扣税范围的,纳税人应以表4-1所示扣税凭证抵扣消费税税额,没有取得合法扣税凭证的,不予抵扣原料应税消费品已缴纳的消费税。

表4-1　　　　　　　　消费税扣税凭证一览表

来源	扣税凭证	备注
外购	增值税专用发票（抵扣联）	1.增值专用发票包括一般纳税人和小规模纳税人自开的增值税专用发票以及小规模纳税人委托税务机关代开的增值税专用发票。 2.如果外购应税消费品的增值税专用发票属于汇总填开的，除提供增值税专用发票（抵扣联）外，还应提供随同增值税专用发票取得的由销售方开具并加盖发票专用章的销货清单。纳税人未提供外购应税消费品增值税专用发票（抵扣联）和销货清单的不予扣除外购应税消费品已纳消费税。 3.自2018年3月1日起，外购汽油、柴油、石脑油、燃料油、润滑油用于连续生产应税成品油的，应凭通过增值税发票选择确认平台确认的成品油专用发票（指通过增值税发票管理新系统中成品油发票开具模块开具增值税专用发票），按规定计算扣除已纳消费税税款，其他凭证不得作为消费税扣除凭证
进口	海关进口消费税专用缴款书	纳税人不提供《海关进口消费税专用缴款书》的，不予抵扣进口应税消费品已缴纳的消费税
委托加工收回	代扣代收税款凭证	纳税人未提供《代扣代收税款凭证》的，不予扣除受托方代收代缴的消费税

> [案例解析16] 从境内购进原料应税消费品用于连续生产应税消费品，取得供货方开具的普通发票，可以抵扣原料应税消费品已纳消费税税额吗？

天马化妆品公司从某小规模企业购进一批高档化妆品用于连续加工高档化妆品，取得供货方开具的普通发票，可否作为消费税抵扣凭证，据以计算抵扣消费税？

解析：《国家税务总局关于印发〈调整和完善消费税政策征收管理规定〉的通知》（国税发〔2006〕49号）明确了准予从消费税应纳税额中扣除原料已纳消费税税款的扣税凭证，对外购应税消费品连续生产应税消费品的，抵扣凭证为增值税专用发票。纳税人从增值税小规模纳税人购进应税消费品，外购应税消费品的抵扣凭证为小规模纳税人自开或销售方主管税务机关代开的增值税专用发票。天马化妆品公司购进高档化妆品取得的普通发票不能作为消费税抵扣凭证，申报抵扣消费税。

4.3 抵扣税款的计算方法

准予抵扣的原料应税消费品已纳消费税，区分不同的来源（境内购进、进口和委托加工），可抵扣税款的计算方式不同，但本质上都是实耗扣税法。

4.3.1 境内外购应税消费品连续生产应税消费品

4.3.1.1 原料应税消费品采用从价定率计征方法

当期准予扣除外购应税消费品已纳税款=当期准予扣除外购应税消费品买价×外购应税消费品适用税率

当期准予扣除外购应税消费品买价=期初库存外购应税消费品买价+当期购进的外购应税消费品买价-期末库存的外购应税消费品买价

外购应税消费品买价为纳税人取得的增值税专用发票（含销货清单）注明的应税消费品的销售额。

（国家税务总局关于印发《调整和完善消费税政策征收管理规定》的通知，国税发〔2006〕49号，2006年3月31日）

【政策解析】期初库存加上当期购进减去期末库存可以倒挤出当期耗用的金额，也就是说，消费税已纳税款的抵扣采用实耗扣税法。

〔例题4-1〕天马卷烟厂2024年1月外购烟丝30吨，取得增值税专用发票上注明价款50万元，增值税税款为6.5万元。期初尚有库存的外购烟丝2万元，期末库存烟丝12万元。计算该企业1月应纳消费税中可扣除的消费税是多少万元？

解析：1月生产领用烟丝买价=2+50-12=40（万元），准予扣除的已纳消费税税款=40×30%=12（万元）。

因此，天马卷烟厂1月可以扣除的烟丝已纳消费税税款为12万元。

重点难点即时练12

2024年1月，天马地板厂发生下列业务：

（1）向某林场购入原木3 000立方米，收购凭证注明支付款项300 000元，请运输公司将上述原木运送回厂，支付运输费1 090元，取得增值税专用发票，注明金额1 000元，增值税税额90元；该批原木未在当月领用。

（2）外购生产用油漆一批，取得增值税专用发票，注明价款25 000元，增值税税款3 250元。

（3）从关系较好的供货方低价购入生产用粘胶一批，取得增值税专用发票，注明价款10 000元，增值税税额1 300元，将其中10%赠送给购买企业木质地板的老客户（地板生产厂和其他纳税人均无同类产品售价资料）。

（4）从其他木地板厂购入未涂漆的木地板50箱，取得增值税专用发票，价款180 000元，增值税税额23 400元，将70%投入生产上漆。

（5）销售自产实木地板取得不含税收入560 000元。

假设该企业取得的增值税专用发票均在当月认证，实木地板消费税税率为5%，请计算该企业1月应纳的增值税税额和消费税税额。

4.3.1.2　原料应税消费品采用从量定额计征方法

以外购或委托加工收回的已税汽油、柴油、石脑油、润滑油、燃料油为原料生产的应税消费品，准予从消费税应纳税额中扣除原料已纳的消费税税款。抵扣税款的计算公式为：

当期准予扣除的外购应税消费品已纳税款=当期准予扣除外购应税消费品数量×外购应税消费品单位税额

当期准予扣除外购应税消费品数量=期初库存外购应税消费品数量+当期购进外购应税消费品数量−期末库存外购应税消费品数量

外购应税消费品数量为增值税专用发票（含销货清单）注明的应税消费品的销售数量。

（财政部　国家税务总局关于调整部分成品油消费税政策的通知，财税〔2008〕19号，2008年2月2日；国家税务总局关于印发《调整和完善消费税政策征收管理规定》的通知，国税发〔2006〕49号，2006年3月31日）

【政策解析】 财税〔2006〕125号文件规定，以外购或委托加工收回石脑油为原料生产乙烯或其他化工产品，在同一生产过程中既可以生产出乙烯或其他化工产品等非应税消费品，同时又生产出裂解汽油等应税消费品的，外购或委托加工收回石脑油允许抵扣的已纳税款计算公式如下：当期准予扣除外购石脑油已纳税款=当期准予扣除外购石脑油数量×收率×单位税额×30%（注：财税〔2006〕33号设置成品油税目之初，曾规定石脑油、溶剂油、润滑油、燃料油暂按应纳税额的30%征收消费税，此处的30%是当时石脑油实际征收比率），收率=当期应税消费品产出量÷生产当期应税消费品所有原料投入数量×100%；当期准予扣除的委托加工成品油已纳税款=当期准予扣除的委托加工石脑油已纳税款×收率，收率=当期应税消费品产出量÷生产当期应税消费品所有原料投入数量×100%。该规定已被《财政部　国家税务总局关于公布废止和失效的消费税规范性文件目录的通知》（财税〔2009〕18号）废止。笔者认为这项政策的废止是不科学的，外购成品油为原料同时生产应税消费品和非应税消费品，无论主产品是应税消费品还是附产品是应税消费品，均可以将原料成品油已纳消费税全额抵扣，用于生产非应税消费品对应的已纳消费税也抵扣了，这是不合理的，实务中也导致了部分企业可抵扣消费税长期留抵。

〔例题4-2〕天马炼油厂用外购石脑油为原料生产汽油。2024年1月，该厂外购石脑油2 000升，增值税专用发票上注明的价款为10 000元。当月该厂销售汽油8 000升，每升不含税售价为7元。已知期初库存的石脑油为400升，账面成本为2 080元；期末库存的石脑油为900升，账面成本为4 500元。

请计算天马炼油厂1月应纳的消费税税额是多少？

解析：销售汽油应纳消费税税额=8 000×1.52=12 160（元）

可抵扣的消费税税额=（400+2 000–900）×1.52=2 280（元）

天马炼油厂1月应纳消费税税额=12 160–2 280=9 880（元）

因此，天马炼油厂1月应纳消费税税额为9 880元。

4.3.2　委托加工收回应税消费品连续生产应税消费品

当期准予扣除的委托加工应税消费品已纳税款=期初库存的委托加工应税消费品已纳税款+当期收回的委托加工应税消费品已纳税款–期末库存的委托加工应税消费品已纳税款

委托加工应税消费品已纳税款为代扣代收税款凭证注明的受托方代收代缴的消费税。

（国家税务总局关于印发《调整和完善消费税政策征收管理规定》的通知，国税发〔2006〕49号，2006年3月31日）

4.3.3　进口应税消费品

当期准予扣除的进口应税消费品已纳税款=期初库存的进口应税消费品已纳税款+当期进口应税消费品已纳税款–期末库存的进口应税消费品已纳税款

进口应税消费品已纳税款为《海关进口消费税专用缴款书》注明的进口环节消费税。

（国家税务总局关于印发《调整和完善消费税政策征收管理规定》的通知，国税发〔2006〕49号，2006年3月31日）

4.3.4　可抵扣的消费税大于当期应纳消费税的处理

在对当期投入生产的原材料可抵扣的已纳消费税大于当期应纳消费税情

形的，采用按当期应纳消费税的数额申报抵扣，不足抵扣部分结转下一期申报抵扣的方式处理。

（财政部 国家税务总局关于消费税若干具体政策的通知，财税〔2006〕125号，2006年8月30日）

[案例解析17] 将外购的应税消费品用于连续生产应税消费品，如何确定当期可抵扣的消费税税额，是按照当期取得的外购应税消费品的扣税凭证吗？

2024年1月，天马卷烟厂从外地甲烟丝厂购进烟丝，取得的增值税专用发票注明金额200万元、增值税额26万元；从当地乙烟丝厂购进烟丝，合同约定不含税金额100万元、增值税额13万元，由于天马卷烟厂未支付货款，乙烟丝厂未给天马卷烟厂开具增值税专用发票。2024年2月，天马卷烟厂从当地乙烟丝厂购进烟丝，取得的增值税专用发票注明金额300万元、增值税额39万元；另外将1月欠付乙烟丝厂的货款支付，取得乙烟丝厂开具的增值税专用发票，注明金额100万元、增值税额13万元。已知，天马卷烟厂购进烟丝用于连续生产卷烟，且年初库存烟丝为0元，假设1月、2月烟丝的生产领用及期末库存情况如下，请问：三种情形下，天马卷烟厂1月和2月应如何确定可抵扣的消费税税额？

（1）1月生产领用270万元，期末库存30万元；2月生产领用280万元，期末库存50万元。

（2）1月生产领用170万元，期末库存130万元；2月生产领用280万元，期末库存150万元。

（3）1月生产领用70万元，期末库存230万元；2月生产领用280万元，期末库存250万元。

解析：因为1月从乙烟丝厂购进的烟丝未取得增值税专用发票，其已纳的消费税税额不得抵扣，所以，在确定1月购进烟丝买价时，不计入此100万元；2月取得100万元增值税专用发票时，计入2月购进烟丝买价中。

（1）1月准予扣除外购烟丝买价=期初库存外购烟丝买价+当期购进的外购烟丝买价−期末库存的外购烟丝买价=0+200−30=170（万元），1月领用的270万元烟丝中，有100万元未取得增值税专用发票，不得在1月抵扣消费税，因此，1月可抵扣170万元。

2月准予扣除外购烟丝买价=期初库存外购烟丝买价+当期购进的外购烟丝买价−期末库存的外购烟丝买价=30+300+100−50=380（万元），2月领用280万元，另有100万元在1月已经领用的烟丝在2月取得增值税专用发票，也在2月抵扣消费税，共可抵扣380万元。

（2）1月准予扣除外购烟丝买价=期初库存外购烟丝买价+当期购进的外购烟丝买价−期末库存的外购烟丝买价=0+200−130=70（万元），1月领用170万元烟丝中，有100万元未取得增值税专用发票，不得在1月抵扣消费税，因此，1月可抵扣70万元。

2月准予扣除外购烟丝买价=期初库存外购烟丝买价+当期购进的外购烟丝买价−期末库存的外购烟丝买价=130+300+100−150=380（万元），2月领用280万元，另有100万元在1月已经领用的烟丝在2月取得增值税专用发票，也在2月抵扣消费税，共可抵扣380万元。

（3）1月准予扣除外购烟丝买价=期初库存外购烟丝买价+当期购进的外购烟丝买价−期末库存的外购烟丝买价=0+200−230=−30（万元），由于导致可以抵扣的买价为负数的原因是期末库存的烟丝中含有未取得合法扣税凭证的，这部分烟丝不得计入次月可抵扣的期初库存烟丝买价中，因此，2月期初库存外购烟丝的买价=230−30=200（万元）。1月领用烟丝70万元，来源于100万元未取得增值税专用发票，1月不得抵扣消费税。

2月准予扣除外购烟丝买价=期初库存外购烟丝买价+当期购进的外购烟丝买价−期末库存的外购烟丝买价=200+300+100−250=350

（万元），2月领用280万元，另有70万元在1月已经领用的烟丝在2月取得增值税专用发票，也在2月抵扣消费税，共可抵扣350万元。

4.4 抵扣税款的管理

自2006年4月1日起，消费税税款的抵扣实施下列管理措施：

4.4.1 备查资料

纳税人在办理纳税申报时，如需办理消费税税款抵扣手续，除应按有关规定提供纳税申报所需资料外，还应留存备查以下资料：

（一）外购应税消费品连续生产应税消费品的，提供外购应税消费品增值税专用发票（抵扣联）原件和复印件。

如果外购应税消费品的增值税专用发票属于汇总填开的，除提供增值税专用发票（抵扣联）原件和复印件外，还应提供随同增值税专用发票取得的由销售方开具并加盖财务专用章或发票专用章的销货清单原件和复印件。

（二）委托加工收回应税消费品连续生产应税消费品的，提供"代扣代收税款凭证"原件和复印件。

（三）进口应税消费品连续生产应税消费品的，提供"海关进口消费税专用缴款书"原件和复印件。

4.4.2 抵扣税款台账

纳税人应建立抵扣税款台账。纳税人既可以根据规定的台账参考式样设置台账，也可以根据实际需要另行设置台账。另行设置的台账只能在规定台账内容基础上增加内容,不得删减内容。主管税务机关应加强对税款抵扣台账核算的管理。

(国家税务总局关于印发《调整和完善消费税政策征收管理规定》的通知,国税发〔2006〕49号,2006年3月31日)

4.4.2.1 抵扣税款台账(外购从价定率征收)

抵扣税款台账(外购从价定率征收的应税消费品)如表4-2所示。

表4-2 抵扣税款台账(外购从价定率征收的应税消费品)

外购应税消费品名称: 所属时间: 年 月 金额单位:元

日期	摘要	增值税专用发票号码	数量			金额			已纳税额		
			购进	领用	余额	购进	领用	余额	购进	领用	余额
1	2	3	4	5	6	7	8	9	10	11	12
——月——日	期初库存										
	本月购进合计										
	本月领用合计										
	期末库存										

填表说明:

1.本台账用于外购从价定率征收的应税消费品准予扣除已纳税款的核算。台账按月登记。启用台账时,期初库存为零。

2."期初库存"填写第6、第9、第12栏,每月月初核算。上月期末库存即为本月期初库存。

3.发生每笔外购应税消费品业务时,填写第1、第2、第3、第4、第7、第10栏。

第1栏填写购货日期。

第2栏填写购进。

第3栏填写增值税专用发票号码。

第4、第7栏分别填写每笔购进的应税消费品增值税专用发票注明的应税消费品数量、金额。

第10栏＝第7栏×消费税适用税率。

4.发生每笔生产领用应税消费品业务时，填写第1、第2、第5、第8、第11栏。

第1栏填写生产领用日期。

第2栏填写生产领用。

第5、第8栏分别填写每笔生产领用应税消费品的数量、金额。

第11栏＝第8栏×消费税适用税率。

5."本月购进合计"只填写第4、第7、第10栏。

6."本月领用合计"只填写第5、第8、第11栏。

7."期末库存"只填写第6、第9、第12栏。

第6栏＝期初库存数量余额＋本月购进合计数量－本月领用合计数量。

第9栏＝期初库存金额余额＋本月购进合计金额－本月领用合计金额。

第12栏＝期初库存税额余额＋本月购进合计税额－本月领用合计税额。

4.4.2.2 抵扣税款台账（委托加工收回、进口从价定率征收）

抵扣税款台账（委托加工收回、进口从价定率征收的应税消费品）如表4-3所示。

表4-3　　　　抵扣税款台账（委托加工收回、
进口从价定率征收的应税消费品）

应税消费品名称：　　　　　所属月份：　年　月　　　　　金额单位：元

日期	摘要	抵扣凭证号码	数量			已纳税额
			购进	领用	余额	
1	2	3	4	5	6	7
——月——日	期初库存					

续表

日期	摘要	抵扣凭证号码	数量			已纳税额
			购进	领用	余额	
	本月购进合计					
	本月领用合计					
	期末库存					

填表说明：

1. 本台账用于委托加工收回、进口的实行从价定率征收的应税消费品准予扣除已纳税款的核算。台账按月登记。

2. "期初库存"只填写第6、第7栏，每月月初核算。上月期末库存数为本月期初库存数。

3. 发生每笔委托加工收回、进口应税消费品业务时，填写第1、第2、第3、第4、第7栏。

第1栏填写以上业务发生日期。

第2栏按照所发生的以上业务分别填写。例如：发生进口业务，填进口。

第3栏填写抵扣凭证的号码。

第4、第7栏分别填写抵扣凭证注明的应税消费品数量、应税消费品已纳税款。

4. 发生生产领用应税消费品业务时，应填写第1、第2、第5栏，不填第7栏。

第1栏填写生产领用应税消费品的日期。

第2栏填写"生产领用"。

第5栏填写生产领用应税消费品的数量。

5. "本月购进合计"，填写第4、第7栏。

第4栏填写本月委托加工收回、进口应税消费品数量合计。

第7栏填写本月委托加工收回、进口应税消费品的已纳税款合计。

6. "本月领用合计"，填写第5、第7栏。

第5栏填写生产领用应税消费品数量合计。

第7栏=第5栏×加权平均单位税额。

加权平均单位税额=（期初库存税额+本月购进合计税额）÷（期初库存数量+本月购进合计数量）。

7. "期末库存"，填写台账第6、第7栏。

第6栏=期初库存数量+本月购进合计数量−本月领用合计数量。

第7栏=期初库存税额+本月购进合计税额−本月领用合计税额。

当月允许抵扣的已纳税款于每月月末核算，生产领用时不核算。

4.4.2.3 抵扣税款台账（从量定额）

抵扣税款台账（从量定额征收的应税消费品）如表4-4所示。

4 消费税抵扣制度

表 4-4

抵扣税款台账（从量定额征收应税消费品）

应税消费品名称：　　　　　　　　　　所属月份：　　年　　月　　　　　　　　金额单位：元
购进方式：　　　　　　　　　　　　　数量单位：升

日期		摘要	抵扣凭证种类	抵扣凭证号码	抵扣凭证开具日期	数量				消费税税率	已纳税额		
						购进	领用		余额		购进	领用	
月	日						连续生产领用	其他领用				连续生产领用	其他领用
1	2		3	4	5	6	7	8	9	10	11=6×10	12=7×10	13=8×10	余额 14
		期初库存	—	—	—	—	—	—		—	—	—	—	
		本月购进合计	—	—	—		—	—	—	—		—	—	—
		本月领用合计	—	—	—	—			—	—	—			—
		期末库存	—	—	—	—	—	—		—	—	—	—	

填表说明：
1. 本台账仅限于成品油消费税纳税人使用。用于记录外购、委托加工收回和进口汽油、柴油、石脑油、润滑油、燃料油（以下简称应税油品）连续生产应税成品油时的生产领用情况，核算发生时准予扣除的已纳税款。
2. 纳税人应依据"应税消费品名称"和"购进方式"分别建立抵扣税款台账，按月登记。
3. 本台账"应税消费品名称"应填写：汽油、柴油、石脑油、润滑油、燃料油。

121

4.本台账"购进方式"应填写:外购、委托加工收回、进口。

5."期初库存"只填写第9、第14栏,每月月初核算。上月期末库存为本月期初库存。

6.发生每笔外购、进口和委托加工收回业务时,填写第1、第2、第3、第4、第5、第6、第10、第11栏数据,购进的应税消费品适用不同税率的应分税率填写。

第1栏填写以上业务发生日期。

第2栏按照实际发生的业务填写。例如:发生外购业务填"外购"。

第3栏填写抵扣凭证种类时,购进方式为"外购"的填写增值税专用发票、"委托加工收回"的填写代扣代收税款凭证、"进口"的填写海关进口消费税专用缴款书。

第4栏填写抵扣凭证号码。

第5栏填写抵扣凭证的开具日期。

第6栏分别填写抵扣凭证注明的应税消费品数量。

第10栏填写应税消费品适用的消费税税率。

7.发生连续生产领用应税消费品业务时,填写第1、第2、第7、第10、第12栏数据。

第1栏填写领用应税消费品的日期。

第2栏填写"连续生产领用"。

第7栏填写生产领用应税消费品的数量。

第10栏填写应税消费品适用的消费税税率,一次领用的应税消费品适用不同税率的应分别填写。

8.发生其他领用应税消费品业务时,填写第1、第2、第8、第10、第13栏数据。

第1栏填写领用应税消费品的日期。

第2栏填写"其他领用"。

第8栏填写其他领用应税消费品的数量。

第10栏填写应税消费品适用的消费税税率。

9."本月购进合计",填写第6、第11栏数据。

第6栏填写本月外购、委托加工收回、进口应税消费品数量的合计。

第11栏填写本月外购、委托加工收回、进口应税消费品的已纳税款合计。

10."本月领用合计",填写第7、第8、第12、第13栏数据。

第7栏填写本月连续生产领用外购、委托加工收回、进口应税消费品数量的合计。

第8栏填写本月其他领用外购、委托加工收回、进口应税消费品数量的合计。

第12栏填写本月连续生产领用外购、委托加工收回、进口应税消费品已纳税款合计。纳税人填报《消费税纳税申报表》附1–2《本期准予扣除税额计算表》时,应依据本栏数据填写对应项目。

第13栏填写本月其他领用外购、委托加工收回、进口应税消费品已纳税款合计。

11."期末库存",填写第9、第14栏。

第9栏=期初库存数量+本月购进合计数量–本月连续生产领用合计数量–本月其他领用合计数量

第14栏=期初库存税额+本月购进合计税额–本月连续生产领用合计税额–本月其他领用合计税额

4.4.3 取消抵扣审批事项

根据《国务院关于取消和调整一批行政审批项目等事项的决定》(国发〔2015〕11号)规定,取消"消费税税款抵扣审核"审批事项。纳税人以外购、进口、委托加工收回的应税消费品(以下简称外购应税消费品)为原料连续生产应税消费品,准予按现行政策规定抵扣外购应税消费品已纳消费税税款。

经主管税务机关核实上述外购应税消费品未缴纳消费税的,纳税人应将已抵扣的消费税税款,从核实当月允许抵扣的消费税中冲减。

(国家税务总局关于取消两项消费税审批事项后有关管理问题的公告,国家税务总局公告2015年第39号,2015年5月22日)

5

消费税税收优惠

消费税正向列举了15类应税消费品作为征税对象，国家需要鼓励和照顾的行业或产业没有被纳入征税对象，所以消费税的税收优惠政策比较少见。

5.1 成品油

5.1.1 航空煤油

（1）航空煤油暂缓征收消费税。

（2）自2023年6月30日起，对航天煤油参照航空煤油暂缓征收消费税。

（财政部 国家税务总局关于调整和完善消费税政策的通知，财税〔2006〕33号，2006年3月20日；财政部 税务总局关于部分成品油消费税政策执行口径的公告，财政部 税务总局公告2023年第11号，2023年6月30日）

5.1.2 乙醇汽油

自2009年1月1日起，对用外购或委托加工收回的已税汽油生产的乙醇汽油免税。用自产汽油生产的乙醇汽油，按照生产乙醇汽油所耗用的汽油数量申报纳税。

（财政部 国家税务总局关于提高成品油消费税税率后相关成品油消费税政策的通知，财税〔2008〕168号，2008年12月19日）

纳税人既生产销售汽油又生产销售乙醇汽油的，应分别核算，未分别核算的，生产销售的乙醇汽油不得按照生产乙醇汽油所耗用的汽油数量申报纳税，一律按照乙醇汽油的销售数量征收消费税。

（国家税务总局关于加强成品油消费税征收管理有关问题的通知，国税函〔2008〕第1072号，2008年12月30日）

【政策解析】乙醇汽油的优惠政策本质是乙醇汽油免税、原料汽油负税，自产的汽油连续生产乙醇汽油,直接对半成品汽油征税;对外购乙醇生产乙醇汽油,乙醇汽油免税,外购汽油已纳消费税额就不能抵扣,最终还是原料汽油负税。

[案例解析18] 用外购汽油为原料调和成乙醇汽油并销售,销售的乙醇汽油是否缴纳消费税?

天马成品油批发企业将购进的各种标号汽油与乙醇混掺,制成乙醇汽油后对外销售,请问该企业销售乙醇汽油是否应该缴纳消费税?

解析:根据《财政部 国家税务总局关于提高成品油消费税税率的通知》(财税〔2008〕167号)规定,汽油是指用原油或其他原料加工生产的辛烷值不小于66的可用作汽油发动机燃料的各种轻质油。以汽油、汽油组分调和生产的甲醇汽油、乙醇汽油也属于本税目征收范围。根据《财政部 国家税务总局关于提高成品油消费税税率后相关成品油消费税政策的通知》(财税〔2008〕168号)规定,对用外购或委托加工收回的已税汽油生产的乙醇汽油免税。用自产汽油生产的乙醇汽油,按照生产乙醇汽油所耗用的汽油数量申报纳税。因此,天马成品油批发企业调和的乙醇汽油属于消费税的征税范围,但是可以享受免税优惠。

5.1.3 石脑油、燃料油

自2011年10月1日起,对使用石脑油、燃料油生产乙烯、芳烃的企业(以下简称使用企业)购进并用于生产乙烯、芳烃类化工产品的石脑油、燃料油,按实际耗用数量暂退还所含消费税;生产企业自产石脑油、燃料油用于生产乙烯、芳烃类化工产品的,按实际耗用数量暂免征消费税。具体优惠政策及征收管理请参见本书"9.4石脑油、燃料油消费税政策"。

5.1.4 利用废弃的动植物油生产纯生物柴油

一、纯生物柴油免税优惠

自2009年1月1日起,对利用废弃的动物油和植物油为原料生产的纯生物柴油免征消费税。

二、废弃的动物油和植物油的范围

1.餐饮、食品加工单位及家庭产生的不允许食用的动植物油脂。主要包括泔水油、煎炸废弃油、地沟油和抽油烟机凝析油等。

2.利用动物屠宰分割和皮革加工修削的废弃物处理提炼的油脂,以及肉类加工过程中产生的非食用油脂。

3.食用油脂精炼加工过程中产生的脂肪酸、甘油脂及含少量杂质的混合物。主要包括酸化油、脂肪酸、棕榈酸化油、棕榈油脂肪酸、白土油及脱臭馏出物等。

4.油料加工或油脂储存过程中产生的不符合食用标准的油脂。

三、对同时符合下列条件的纯生物柴油免征消费税

1.生产原料中废弃的动物油和植物油用量所占比重不低于70%。

2.生产的纯生物柴油符合国家《柴油机燃料调合用生物柴油(BD100)》标准。

对不符合上述两个免税条件的生物柴油,或者以柴油、柴油组分调合生产的生物柴油照章征收消费税。

(财政部 国家税务总局关于对利用废弃的动植物油生产纯生物柴油免征消费税的通知,财税〔2010〕118号,2010年12月17日;财政部 国家税务总局关于对利用废弃的动植物油生产纯生物柴油免征消费税政策执行中有关问题的通知,财税〔2016〕35号,2016年3月18日;财政部 国家税务总局关于明确废弃动植物油生产纯生物柴油免征消费税适用范围的通知,财税〔2011〕46号,2011年6月15日)

5.1.5　废矿物油再生油品

为继续支持促进资源综合利用和环境保护，财政部　税务总局公告2023年第69号规定，自2023年11月1日起至2027年12月31日止，对以回收的废矿物油为原料生产的润滑油基础油、汽油、柴油等工业油料免征消费税。公告内容如下：

一、废矿物油，是指工业生产领域机械设备及汽车、船舶等交通运输设备使用后失去或降低功效更换下来的废润滑油。

二、纳税人利用废矿物油生产的润滑油基础油、汽油、柴油等工业油料免征消费税，应同时符合下列条件：

（一）纳税人必须取得生态环境部门颁发的《危险废物（综合）经营许可证》，且该证件上核准生产经营范围应包括"利用"或"综合经营"字样。生产经营范围为"综合经营"的纳税人，还应同时提供颁发《危险废物（综合）经营许可证》的生态环境部门出具的能证明其生产经营范围包括"利用"的材料。

（二）纳税人回收的废矿物油应具备能显示其名称、特性、数量、接受日期等项目的《危险废物转移联单》。

（三）纳税人在申请办理免征消费税备案时，应同时提交污染物排放地生态环境部门确定的该纳税人应予执行的污染物排放标准，以及污染物排放地生态环境部门在此前6个月以内出具的该纳税人的污染物排放符合上述标准的证明材料。

（四）生产原料中废矿物油重量必须占到90%以上。产成品中必须包括润滑油基础油，且每吨废矿物油生产的润滑油基础油应不少于0.65吨。

（五）利用废矿物油生产的产品与利用其他原料生产的产品应分别核算。

三、符合本公告第二条规定的纳税人销售免税油品时，应在增值税专用发票上注明产品名称，并在产品名称后加注"（废矿物油）"。

四、符合本公告第二条规定的纳税人利用废矿物油生产的润滑油基础油连续加工生产润滑油,或纳税人(包括符合本公告第二条规定的纳税人及其他纳税人)外购利用废矿物油生产的润滑油基础油加工生产润滑油,在申报润滑油消费税税额时按当期销售的润滑油数量扣减其耗用的符合本公告规定的润滑油基础油数量的余额计算缴纳消费税。

五、对未达到相应的污染物排放标准或被取消《危险废物(综合)经营许可证》的纳税人,自发生违规排放行为之日或《危险废物(综合)经营许可证》被取消之日起,取消其享受本公告规定的免征消费税政策的资格,且三年内不得再次申请。纳税人自发生违规排放行为之日起已申请并办理免税的,应予追缴。

六、各级税务机关应采取严密措施,对享受本公告规定的免征消费税政策的纳税人加强动态监管。凡经核实纳税人弄虚作假骗取享受本公告规定的免征消费税政策的,税务机关追缴其此前骗取的免税税款,并自纳税人发生上述违法违规行为年度起,取消其享受本公告规定的免征消费税政策的资格,且纳税人三年内不得再次申请。

发生违规排放行为之日,是指已由污染物排放地生态环境部门查证确认的、纳税人发生未达到应予执行的污染物排放标准行为的当日。

(财政部 税务总局关于继续对废矿物油再生油品免征消费税的公告,财政部 税务总局公告2023年第69号,2023年9月27日)

【政策解析】自2013年11月1日起,利用废矿物油生产的再生油品一直享受免征消费税的优惠,文件依据是《财政部 国家税务总局关于对废矿物油再生油品免征消费税的通知》(财税〔2013〕105号)、《财政部 税务总局关于延长对废矿物油再生油品免征消费税政策实施期限的通知》(财税〔2018〕144号)。

5.1.6 成品油生产企业生产自用油

自2009年1月1日起,对成品油生产企业在生产成品油过程中,作为燃料、动力及原料消耗掉的自产成品油,免征消费税。对用于其他用途或直接对外销售的成品油照章征收消费税。

(财政部 国家税务总局关于对成品油生产企业生产自用油免征消费税的通知,财税〔2010〕98号,2010年11月1日)

[案例解析19]成品油生产企业自用的成品油都免税吗?

生产成品油的炼油厂,将自产的汽油作为燃料用于本单位接送员工上下班的班车,该部分汽油是否可以免缴消费税?

解析:《财政部 国家税务总局关于对成品油生产企业生产自用油免征消费税的通知》(财税〔2010〕98号)规定,自2009年1月1日起,对成品油生产企业在生产成品油过程中,作为燃料、动力及原料消耗掉的自产成品油,免征消费税。对用于其他用途或直接对外销售的成品油照章征收消费税。该炼油厂接送员工上下班的汽车属于集体福利方面,其耗用的汽油不属于在生产成品油过程中作为燃料、动力和原料消耗的成品油,不享受免征消费税的政策,应按规定缴纳消费税。

5.1.7 油(气)田企业生产自用成品油

经国务院批准,油(气)田企业生产自用成品油实行先征后返消费税政策。

一、自2009年1月1日起,对油(气)田企业在开采原油过程中耗用的内购成品油,暂按实际缴纳成品油消费税的税额,全额返还所含消费税。

二、享受税收返还政策的成品油必须同时符合以下三个条件:

(一)由油(气)田企业所隶属的集团公司(总厂)内部的成品油生产企业生产。

(二)从集团公司(总厂)内部购买。

(三)油(气)田企业在地质勘探、钻井作业和开采作业过程中,作为燃料、动力（不含运输）耗用。

三、油（气）田企业所隶属的集团公司（总厂）向财政部驻当地财政监察专员办事处统一申请税收返还。

（财政部　国家税务总局关于对油（气）田企业生产自用成品油先征后返消费税的通知，财税〔2011〕7号，2011年2月25日）

【政策解析】 勘探生产企业享受自用成品油税收返还政策的条件是比较苛刻的，只能采购自集团公司（总厂）内部，只能作为燃料、动力耗用的部分返还，而运输用油不可以退税。

由于消费税先征后返在企业所得税上属于政府财政性资金，是否缴纳企业所得税，应根据《财政部　国家税务总局关于专项用途财政性资金企业所得税处理问题的通知》（财税〔2011〕70号）规定来具体判断，凡同时符合以下条件的，可以作为不征税收入，在计算应纳税所得额时从收入总额中减除：

（1）企业能够提供资金拨付文件，且文件中规定该资金的专项用途。

（2）财政部门或其他拨付资金的政府部门对该资金有专门的资金管理办法或具体管理要求。

（3）企业对该资金以及以该资金发生的支出单独进行核算。

有关成品油税收优惠如表5-1所示。

表5-1　　　　　　　　成品油税收优惠一览表

环节		免税	扣减
生产销售	汽油	乙醇汽油（外购汽油生产的）、废矿物油汽油	乙醇汽油（自产汽油生产的）按汽油征税
	柴油	纯生物柴油、废矿物油柴油	
	石脑油 燃料油	①执行定点直供计划销售（DDZG）②自产的连续生产乙烯芳烃	
	润滑油	废矿物油基础油	润滑油（废矿物油基础油连续生产的）
	溶剂油		
	航空煤油	缓征	
自产自用		生产成品油过程中作为燃料、动力、原料消耗的成品油	

5.2 电池、涂料

一、对无汞原电池、锂原电池、锂离子蓄电池、金属氢化物镍蓄电池（又称"氢镍蓄电池"或"镍氢蓄电池"）、太阳能电池、燃料电池和全钒液流电池免征消费税。

二、对施工状态下挥发性有机物（Volatile Organic Compounds，VOC）含量低于420克/升（含）的涂料免征消费税。

纳税人生产、委托加工符合上述税收优惠政策规定的应税消费品，应当持有省级以上质量技术监督部门认定的检测机构出具的产品检测报告，并按主管税务机关的要求报送相关产品的检测报告。

纳税人可按类别提供检测报告，但纳税人在提供检测报告时应一并报送该类产品明细清单，且明细清单的货物名称、规格、型号应与会计核算、销售发票内容相一致。

"省级以上质量技术监督部门认定的检测机构"是指具有国家认证认可监督管理委员会或省级质量技术监督部门依法颁发、现行有效的《资质认定计量认证证书》（使用CMA徽标），且《资质认定计量认证证书》附表中具备相应电池、涂料检测项目的检测机构。

（财政部 国家税务总局关于对电池 涂料征收消费税的通知，财税〔2015〕16号，2015年1月26日；国家税务总局关于电池、涂料消费税征收管理有关问题的公告，国家税务总局公告2015年第5号，2015年1月30日；国家税务总局关于明确电池、涂料消费税征收管理有关事项的公告，国家税务总局公告2015年第95号，2015年12月29日）

6

消费税其他税制要素

6.1 纳税地点

《消费税暂行条例》及其实施细则规定，纳税人销售的应税消费品，以及自产自用的应税消费品，除国务院财政、税务主管部门另有规定外，应当向纳税人机构所在地或者居住地的主管税务机关申报纳税。

委托加工的应税消费品，除受托方为个人外，由受托方向机构所在地或者居住地的主管税务机关解缴消费税税款。委托个人加工的应税消费品，由委托方向其机构所在地或者居住地主管税务机关申报纳税。

进口的应税消费品，由进口人或者其代理人向报关地海关申报纳税。

6.1.1 外出经营、委托代销纳税地点的规定

《消费税暂行条例实施细则》第二十四条规定，纳税人到外县（市）销售或者委托外县（市）代销自产应税消费品的，于应税消费品销售后，向机构所在地或者居住地主管税务机关申报纳税。

6.1.2 总分机构的纳税地点及汇总纳税的审批机关

一、审批机关

《消费税暂行条例实施细则》第二十四条规定，纳税人的总机构与分支机构不在同一县（市）的，应当分别向各自机构所在地的主管税务机关申报纳税；经财政部、国家税务总局或者其授权的财政、税务机关批准，可以由总机构汇总向总机构所在地的主管税务机关申报纳税。

纳税人的总机构与分支机构不在同一县（市），但在同一省（自治区、直辖市）范围内，经省（自治区、直辖市）财政厅（局）、税务局审批同意，可以由总机构汇总向总机构所在地的主管税务机关申报缴纳消费税。

省（自治区、直辖市）财政厅（局）、税务局应将审批同意的结果，上报财政部、国家税务总局备案。

（财政部　国家税务总局关于消费税纳税人总分支机构汇总缴纳消费税有关政策的通知，财税〔2012〕42号，2012年4月13日）

二、审批程序

自2017年11月1日起，纳税人同时申请汇总缴纳增值税和消费税的，在汇总纳税申请资料中予以说明即可，不需要就增值税、消费税分别报送申请资料。

（国家税务总局关于进一步优化增值税、消费税有关涉税事项办理程序的公告，国家税务总局公告2017年第36号，2017年10月13日）

消费税纳税地点如图6-1所示。

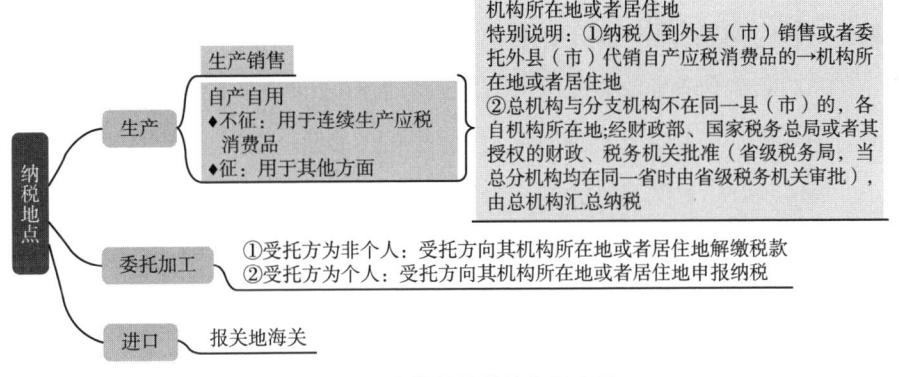

图6-1　消费税纳税地点示意图

6.2　纳税期限

《消费税暂行条例》第十四条规定，消费税的纳税期限分别为1日、3日、5日、10日、15日、1个月或者1个季度。纳税人的具体纳税期限，由主管税务机关根据纳税人应纳税额的大小分别核定；不能按照固定期限纳税的，可以按次纳税。

纳税人以1个月或者1个季度为1个纳税期的，自期满之日起15日内申报纳税；以1日、3日、5日、10日或者15日为1个纳税期的，自期满之日起5日内预缴税款，于次月1日起15日内申报纳税并结清上月应纳税款。

《消费税暂行条例》第十五条规定，纳税人进口应税消费品，应当自海关填发海关进口消费税专用缴款书之日起15日内缴纳税款。

6.3 消费税纳税义务发生时间

一、生产销售应税消费品的纳税义务发生时间

《消费税暂行条例》及其实施细则规定，纳税人生产的应税消费品，于纳税人销售时纳税，按不同的销售结算方式分别为：

1.采取赊销和分期收款结算方式的，为书面合同约定的收款日期的当天，书面合同没有约定收款日期或者无书面合同的，为发出应税消费品的当天。

2.采取预收货款结算方式的，为发出应税消费品的当天。

3.采取托收承付和委托银行收款方式的，为发出应税消费品并办妥托收手续的当天。

4.采取其他结算方式的，为收讫销售款或者取得索取销售款凭据的当天。

二、自产自用应税消费品的纳税义务发生时间

《消费税暂行条例》及其实施细则规定，纳税人自产自用的应税消费品，用于连续生产应税消费品的，不纳税；用于其他方面的，于移送使用时纳税，纳税义务发生时间为移送使用的当天。

三、委托加工应税消费品的纳税义务发生时间

《消费税暂行条例》及其实施细则规定，委托加工的应税消费品，除受托方为个人外，由受托方在向委托方交货时代收代缴税款。纳税人委托加工应税消费品的，纳税义务发生时间为纳税人提货的当天。

委托加工的应税消费品，委托方用于连续生产应税消费品的，所纳税款

准予按规定抵扣。

四、进口应税消费品的纳税义务发生时间

《消费税暂行条例》及其实施细则规定，纳税人进口应税消费品的，于报关进口时纳税，纳税义务发生时间为报关进口的当天。

五、出口应税消费品退关后纳税义务发生时间

自2015年12月23日起，纳税人直接出口的应税消费品办理免税后，发生退关或者国外退货，复进口时已予以免税的，可暂不办理补税，待其转为国内销售的当月申报缴纳消费税。

（国家税务总局关于取消销货退回消费税退税等两项消费税审批事项后有关管理问题的公告，国家税务总局公告2015年第91号，2015年12月23日）

消费税纳税义务发生时间如图6-2所示。

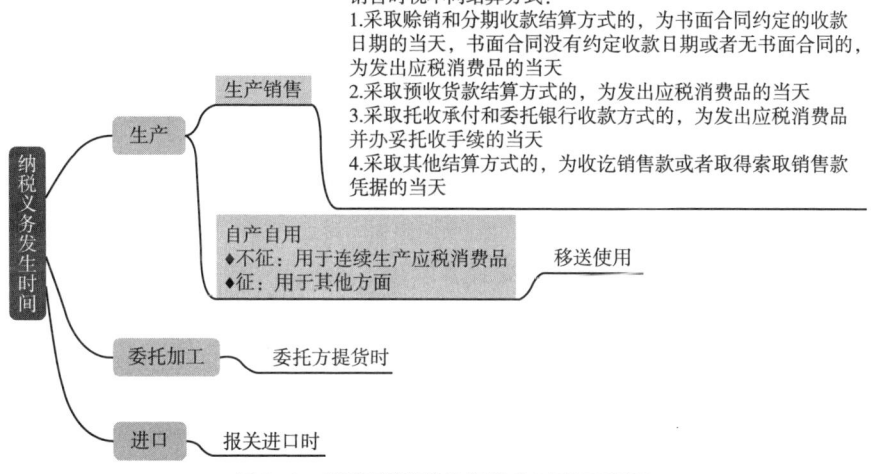

图6-2　消费税纳税义务发生时间示意图

[案例解析20] 收到预收款时需要缴纳增值税和消费税吗？

2024年7月，天马游艇制造公司与客户签订合同，按客户要求制造一艘机动游艇。合同约定：工期18个月，2024年8月1日，买方预付全部货款80万元。2024年8月1日，天马游艇制造公司收到了购货

方的预付账款80万元。该笔业务中天马游艇制造公司应如何缴纳增值税和消费税？

解析：《增值税暂行条例实施细则》第三十八条第四项规定，采取预收货款方式销售货物，为货物发出的当天，但生产销售生产工期超过12个月的大型机械设备、船舶、飞机等货物，为收到预收款或者书面合同约定的收款日期的当天。由于游艇的生产工期超过12个月，2024年8月1日合同约定的收取预付款的当天应确认80万元的增值税销售额，申报缴纳增值税。根据《消费税暂行条例实施细则》第八条第一项规定，采取预收货款结算方式的，消费税纳税义务发生时间为发出应税消费品的当天。因此，天马游艇制造公司采取预收款结算方式销售游艇，应于完成机动游艇的建造、发出游艇时确认消费税销售额，申报缴纳消费税。

[案例解析21] 采取赊销方式销售应税消费品的货款没有收到，需要缴纳消费税吗？

天马酒厂所产白酒销售压力大，回款周期长，合同一般约定采用赊销方式销售白酒，给客户3至5个月信用期，但经常信用期过了还没能收到货款。天马酒厂发出商品确认收入后，货款没能按照合同约定的时间收到，天马酒厂因为资金紧张，在实际收到货款时，才计提消费税和增值税。请问：天马酒厂的做法对吗？

解析：《消费税暂行条例实施细则》第八条第一款规定，纳税人销售应税消费品的，按不同的销售结算方式，消费税纳税义务发生时间分别为：

1.纳税人采取赊销和分期收款结算方式的，为书面合同约定的收款日期的当天，书面合同没有约定收款日期或者无书面合同的，为发出应税消费品的当天。

2.纳税人采取预收货款结算方式的，为发出应税消费品的当天。

3.纳税人采取托收承付和委托银行收款方式的，为发出应税消费品并办妥托收手续的当天。

4.纳税人采取其他结算方式的，为收讫销售款或者取得索取销售款凭据的当天。

"销售"为"有偿转让货物所有权"。

天马酒厂采用赊销方式销售白酒，纳税义务发生时间为合同约定的收款日期，也就是说，在发出酒时暂不缴纳增值税和消费税，合同约定的收款日期到了，无论企业有无实际收到货款，均需缴纳增值税和消费税。天马酒厂在逾过合同期限才收到货款的情形下，在实际收款时计提增值税和消费税是不正确的。赊销方式下，会计处理如下：

（1）发出商品时，销项税额应暂时挂放在"待转销项税额"明细科目，暂时不计提消费税，会计处理为：

借：应收账款
　　贷：主营业务收入
　　　　应交税费——待转销项税额

（2）到合同约定的收款时间时：

借：应交税费——待转销项税额
　　贷：应交税费——应交增值税（销项税额）
借：税金及附加
　　贷：应交税费——应交消费税

（3）收到货款时：

借：银行存款
　　贷：应收账款

重点难点即时练13

1.［多选题］纳税人缴纳消费税的地点包括（　　）。

A.纳税人销售应税消费品，在纳税人机构所在地或居住地主管税务机关申报纳税

B.委托加工应税消费品，在委托方机构所在地或居住地主管税务机关申报纳税

C.委托代销应税消费品，应在委托方机构所在地或居住地缴纳税款

D.进口应税消费品由进口人或者其代理人在报关地海关申报纳税

2.［多选题］消费税纳税人发生下列行为，其具体纳税地点正确的有（　　）。

A.纳税人自产自用应税消费品的，应当向纳税人机构所在地或居住地主管税务机关申报纳税

B.纳税人到外县（市）销售应税消费品的，应向销售地税务机关申报缴纳消费税

C.委托个人加工的应税消费品，由委托方向其机构所在地或者居住地主管税务机关申报纳税

D.纳税人的总机构与分支机构不在同一县（市）的，应由总机构汇总向总机构所在地的主管税务机关申报纳税

3.［多选题］下列有关消费税纳税期限的叙述，正确的有（　　）。

A.纳税人以1个月为1期纳税的，自期满之日起15日内申报纳税

B.纳税人以1日、3日、5日、10日，或15日为1期纳税的，自期满之日起10日内预缴税款，于次月1日起15日内申报纳税

C.纳税人进口应税消费品，应当自海关填发税款缴纳证的次日起10日内缴纳税款

D.不能按照固定期限纳税的，可以按次纳税

4.［多选题］根据《消费税暂行条例实施细则》的规定，消费税纳税义务发生时间根据不同情况分别确定为（　　）。

A.纳税人委托加工的应税消费品，其纳税义务发生时间为纳税人提货的当天

B. 纳税人进口的应税消费品，其纳税义务发生时间为报关进口的当天

C. 纳税人采取预收货款结算方式销售应税消费品的，其纳税义务发生时间为收到预收货款的当天

D. 纳税人自产自用的应税消费品，用于生产非应税消费品的，其纳税义务发生时间为移送使用的当天

5. [多选题] 纳税人销售的应税消费品，其纳税义务的发生时间有（　　）。

A. 采取赊销和分期收款结算方式的，为书面合同规定的收款日期的当天

B. 采取赊销和分期收款结算方式的，无书面合同的，为实际收到销售款项的当天

C. 采取预收货款方式销售生产工期超过12个月的游艇，为收到预收款或者书面合同约定的收款日期的当天

D. 采用托收承付和委托银行收款方式销售的应税消费品，为发出应税消费品并办妥托收手续的当天

7

特殊应税消费品征税规定

消费税一般的征税原则是单环节课征制、在首个流转环节课征，但有个别税目不执行基本的原则，如卷烟、电子烟、超豪华小汽车执行双环节课征制，金银首饰不执行首个征税环节课税，征税环节设定在零售环节。本章主要介绍不按照消费税一般征税原则征收消费税的特殊应税消费品。

7.1　批发卷烟

自2009年5月1日起，在卷烟批发环节加征一道消费税。目前，批发环节卷烟也采用复合计税方法。卷烟消费税在生产和批发两个环节征收消费税后，批发企业在计算纳税时不得扣除已含的生产环节的消费税税款。

一、批发卷烟消费税纳税义务人

在中华人民共和国境内从事卷烟批发业务的单位和个人。

二、批发卷烟消费税征收范围

纳税人批发销售给纳税人以外的单位和个人的所有牌号规格的卷烟于销售时纳税。纳税人之间销售的卷烟不缴纳消费税。

纳税人应将卷烟销售额与其他商品销售额分开核算，未分开核算的，一并征收消费税。纳税人兼营卷烟批发和零售业务的，应当分别核算批发和零售环节的销售额、销售数量；未分别核算批发和零售环节销售额、销售数量的，按照全部销售额、销售数量计征批发环节消费税。

【政策解析】只在最后一道卷烟环节加征了一道消费税，不是每一道卷烟批发环节都加征。

三、批发卷烟消费税计税依据

纳税人批发卷烟的销售额（不含增值税）。

四、批发卷烟消费税适用税率

比例税率为11%，定额税率为0.005元/支。

五、批发卷烟消费税纳税义务发生时间

纳税人收讫销售款或者取得索取销售款凭据的当天。

六、批发卷烟消费税纳税地点

卷烟批发企业的机构所在地，总机构与分支机构不在同一地区的，由总机构申报纳税。

七、批发卷烟消费税征收管理

主管税务机关应向烟类应税消费品生产企业和卷烟批发单位派驻驻厂组（员），深入企业了解生产经营情况，进行纳税辅导，核实消费税计税依据，监控纳税人之间的交易，加强消费税征收管理，确保消费税税款及时入库。

各省、自治区、直辖市和计划单列市税务局应充分利用本地区卷烟批发环节消费税纳税人信息，监管纳税人之间交易业务，准确划分应税与非应税项目。

（国家税务总局关于烟类应税消费品消费税征收管理有关问题的通知，国税函〔2009〕272号，2009年5月25日；财政部　国家税务总局关于调整烟产品消费税政策的通知，财税〔2009〕84号，2009年5月26日；财政部　国家税务总局关于调整卷烟消费税的通知，财税〔2015〕60号，2015年5月7日）

〔例题7-1〕天马烟草公司（增值税一般纳税人），2024年1月向烟酒零售单位批发A牌卷烟5 000条，开具的增值税专用发票上注明销售额250万元；向烟酒零售单位批发B牌卷烟2 000条，开具的增值税普通发票上注明含税销售额88.16万元；同时向天马烟草公司零售部销售B牌卷烟300条，开具增值税普通发票，取得含税收入16.93万元，当月允许抵扣的进项税额为35.58万元。计算天马烟草公司1月应缴纳的增值税、消费税（每标准条200支），并做出相关会计处理。

解析：批发卷烟不含税收入=250+（88.16+16.93）÷（1+13%）=343（万元）

应纳消费税=343×11%+（5 000+2 000+300）×200×0.005÷10 000=38.46（万元）

应纳增值税=343×13%−35.58=44.59−35.58=9.01（万元）

因此，天马烟草公司1月应纳消费税38.46万元，应纳增值税9.01万元。

借：应收账款	3 875 900	
贷：主营业务收入		3 430 000
应交税费——应交增值税（销项税额）		445 900
借：税金及附加	384 600	
贷：应交税费——应交消费税		384 600

结转成本的会计分录略。

7.2　生产（进口）与批发电子烟

自2022年11月1日起，电子烟纳入消费税征收范围，在烟税目下增设电子烟子目。除下列规定外，电子烟消费税其他事项依照《中华人民共和国消费税暂行条例》和《中华人民共和国消费税暂行条例实施细则》等规定执行。

一、征税对象

电子烟消费税征税对象为电子烟产品。电子烟是指用于产生气溶胶供人抽吸等的电子传输系统，包括烟弹、烟具以及烟弹与烟具组合销售的电子烟产品。烟弹是指含有雾化物的电子烟组件。烟具是指将雾化物雾化为可吸入气溶胶的电子装置。电子烟有关定义按照国家市场监督管理总局、国家标准化管理委员会发布的《电子烟》强制性国家标准（GB 41700—2022）确定。

二、纳税人

在中华人民共和国境内生产（进口）、批发电子烟的单位和个人为消费税纳税人。

（一）生产（进口）环节

1.电子烟生产环节纳税人，是指取得烟草专卖生产企业许可证，并取得或经许可使用他人电子烟产品注册商标（以下称持有商标）的企业。

【政策解析】电子烟实行许可经营，生产环节纳税人要求取得生产经营许可证且持有商标（包括自行注册商标和取得他人商标使用权），取得或经许可使用他人电子烟产品注册商标应当依据《中华人民共和国商标法》的有关规定确定。电子烟生产企业采用委托代销方式销售电子烟，纳税人为生产企业。

2.通过代加工方式生产电子烟的，由持有商标的企业缴纳消费税。

【政策解析】委托加工电子烟的，以持有商标的委托方为纳税人，征税环节设在将委托加工收回的电子烟销售给批发商的销售环节。只从事代加工电子烟产品业务的企业不属于电子烟消费税纳税人。

3.电子烟进口环节纳税人，是指进口电子烟的单位和个人。

（二）批发环节

电子烟批发环节纳税人，是指取得烟草专卖批发企业许可证并经营电子烟批发业务的企业。

【政策解析】一般应税消费品实行单环节课征制，征税环节设在首个流转环节，即生产、委托加工和进口环节；电子烟实行双环节课征制，在首个流转环节，即生产（进口）环节课征一道消费税后，在批发环节再课征一道消费税。

三、税率

电子烟实行从价定率的办法计算纳税。

1.生产（进口）环节的税率为36%。

2.批发环节的税率为11%。

四、计税依据

1.纳税人生产、批发电子烟的，按照生产、批发电子烟的销售额计算纳税。

（1）电子烟生产环节纳税人采用代销方式销售电子烟的，按照经销商（代理商）销售给电子烟批发企业的销售额（含收取的全部价款和价外费用）计算纳税。

［例题7-2］天马电子烟生产企业2024年1月生产持有商标的电子烟产

品并销售给电子烟批发企业,取得不含增值税销售额100万元;委托经销商(代理商)销售同一电子烟产品,经销商(代理商)销售给电子烟批发企业不含增值税销售额为110万元,支付给经销商销售佣金10万元。计算天马电子烟生产企业2024年1月应纳消费税多少万元?

解析:天马电子烟生产企业销售电子烟给批发企业应缴纳消费税=100×36%=36(万元)。

天马电子烟生产企业委托代销的电子烟应缴纳消费税=110×36%=39.6(万元)。

共应纳消费税=36+39.6=75.6(万元)

因此,天马电子烟生产企业2024年1月应纳消费税为75.6万元。

(2)纳税人自产自用采用从价定率计征方法缴纳消费税的应税消费品,依照同类应税消费品销售价格确定计税依据,没有同类消费品销售价格的,按组成计税价格确定计税依据,组成计税价格=成本×(1+成本利润率)÷(1-消费税税率),成本利润率为全国平均成本利润,应税消费品全国平均成本利润率由税务总局确定。根据我国电子烟行业生产经营的实际情况,经商有关部门,国家税务总局确定的电子烟全国平均成本利润率为10%。

2.电子烟生产环节纳税人从事电子烟代加工业务的,应当分开核算持有商标电子烟的销售额和代加工电子烟的销售额;未分开核算的,一并缴纳消费税。

[例题7-3] 天马电子烟生产企业生产电子烟产品,持有电子烟商标A。2024年1月,该纳税人生产销售A电子烟给电子烟批发企业,不含增值税销售额为100万元。同时,当月该纳税人(不持有电子烟商标B)从事电子烟代加工业务,生产销售B电子烟给B电子烟生产企业(持有电子烟商标B),不含增值税销售额为50万元。该企业应如何缴纳消费税?

解析:(1)该纳税人分开核算A电子烟和B电子烟销售额,则该纳税人2024年1月应缴纳电子烟消费税=100×36%=36(万元)。需要说明的是,B电子烟生产企业将B电子烟销售给电子烟批发企业时,自行申报缴纳消费税。

（2）如果该纳税人没有分开核算A电子烟和B电子烟销售额，则该纳税人2024年1月应申报缴纳电子烟消费税=（100+50）×36%=54（万元）。

3.纳税人进口电子烟的，按照组成计税价格计算纳税。

五、进、出口政策

纳税人出口电子烟，适用出口退（免）税政策。

将电子烟增列至边民互市进口商品不予免税清单并照章征税。

个人携带或者寄递进境电子烟的消费税征收，按照国务院有关规定执行。

（财政部　海关总署　税务总局关于对电子烟征收消费税的公告，财政部　海关总署　税务总局公告2022年第33号，2022年10月2日；国家税务总局关于电子烟消费税征收管理有关事项的公告，国家税务总局公告2022年第22号，2022年10月25日）

7.3　零售超豪华小汽车

自2016年12月1日起，对超豪华小汽车在零售环节加征一道消费税，在"小汽车"税目下增设"超豪华小汽车"子税目。

一、征收对象

超豪华小汽车为每辆零售价格130万元（不含增值税）及以上的乘用车和中轻型商用客车，即乘用车和中轻型商用客车子税目中的超豪华小汽车。

二、纳税人

对超豪华小汽车，在生产（进口）环节按现行税率征收消费税的基础上，在零售环节加征消费税，将超豪华小汽车销售给消费者的单位和个人为超豪华小汽车零售环节纳税人。

三、税率

零售超豪华小汽车税率为10%。

四、应纳税额的计算

超豪华小汽车零售环节消费税应纳税额计算公式：应纳税额=零售环节销售额（不含增值税）×零售环节税率

五、两道消费税一并课征的情形

1.国内汽车生产企业直接销售给消费者的超豪华小汽车，消费税税率按照生产环节税率和零售环节税率加总计算。消费税应纳税额计算公式：应纳税额=销售额×（生产环节税率+零售环节税率）

2.自2016年12月1日起，对我国驻外使领馆工作人员、外国驻华机构及人员、非居民常住人员、政府间协议规定等应税（消费税）进口自用，且完税价格130万元及以上的超豪华小汽车消费税，按照生产（进口）环节税率和零售环节税率（10%）加总计算，由海关代征。

六、过渡政策

对于2016年11月30日（含）之前已签订汽车销售合同，但未交付实物的超豪华小汽车，自12月1日（含）起5个工作日内，纳税人持已签订的汽车销售合同，向其主管税务机关备案。对按规定备案的不征收零售环节消费税，未备案以及未按规定期限备案的，征收零售环节消费税。

（财政部　国家税务总局关于对超豪华小汽车加征消费税有关事项的通知，财税〔2016〕129号，2016年11月30日；财政部　国家税务总局关于调整小汽车进口环节消费税的通知，财关税〔2016〕63号，2016年11月30日）

〔例题7-4〕天马汽车零售商（增值税一般纳税人）经销宝马汽车，2024年1月销售各款汽车共30辆，其中单台不含税销售额不超过130万元的有28辆，销售额合计1 960万元，单台不含税销售额超过130万元的有2辆，销售额合计400万元。请计算天马汽车零售商2024年1月应纳增值税销项税额和消费税税额。

解析：汽车零售商销售的全部汽车均需要缴纳增值税，销售的零售价不超过130万元的28辆小汽车不需要缴纳消费税，超过130万元的2辆小汽车需要缴纳消费税。应纳消费税税额=4 000 000×10%=400 000（元）

增值税销项税额=（19 600 000+4 000 000）×13%=3 068 000（元）

因此，天马汽车零售商2024年1月应纳增值税销项税额为3 068 000元，应纳消费税为400 000元。

[例题7-5] 天马汽车厂（增值税一般纳税人）生产奔驰汽车，2024年1月销售各款汽车共500辆，其中气缸容量为2.0的有280辆（消费税税率为5%），销售额合计320万元，气缸容量为3.0的有220辆（消费税税率为12%），销售额合计480万元。另外将两辆气缸容量为4.0的超豪华小汽车（消费税税率为25%）赠送给电影制片厂，同类汽车每辆出厂不含税价格为200万元。请计算天马汽车厂2024年1月应纳增值税销项税额和消费税税额。

解析：天马汽车厂销售的全部汽车均需要缴纳增值税和消费税，天马汽车厂赠送给电影制片厂的2辆小汽车，属于超豪华小汽车，需要缴纳增值税和两道消费税。

应纳消费税税额=3 200 000×5%+4 800 000×12%+2 000 000×2×（25%+10%）=2 136 000（元）

增值税销项税额=（3 200 000+4 800 000+2 000 000×2）×13%=1 560 000（元）

因此，天马汽车厂2024年1月应纳增值税销项税额为1 560 000元，应纳消费税税额为2 136 000元。

重点难点即时练14

1. [判断题] 卷烟批发企业将卷烟销售给卷烟批发企业，不征收消费税。（   ）

2. [多选题] 下列环节对同一纳税人既征消费税又征增值税的有（   ）。
   A. 卷烟的生产销售和批发环节　　B. 鞭炮焰火的委托加工环节
   C. 金银饰品的零售环节　　　　　D. 高档化妆品的进口环节

3. [多选题] 下列属于消费税纳税人的有（   ）。
   A. 生产电子烟的单位　　　　　　B. 零售电子烟的单位

C.批发电子烟的单位 D.进口电子烟的单位

4. ［多选题］下列关于电子烟消费税的说法正确的有（ ）。

A.电子烟生产企业采用代销方式销售电子烟的，以销售电子烟给批发企业的经销商为消费税纳税人

B.电子烟生产企业采用代销方式销售电子烟的，按照经销商销售给电子烟批发企业的销售额为计税依据

C.通过代加工方式生产电子烟的，由持有商标的企业缴纳消费税

D.通过代加工方式生产电子烟的，按照受托方收取的加工费计算缴纳消费税

5. ［判断题］电子烟生产环节纳税人生产销售自有商标电子烟，也从事电子烟代加工业务的，只对持有商标电子烟的销售额课征消费税，对代加工电子烟的销售额一律不课征消费税。（ ）

6. ［多选题］下列货物销售征收消费税的有（ ）。

A.汽车销售公司代销小汽车

B.汽车零售商销售单价为200万元的小汽车

C.金店零售金银首饰

D.手表厂生产销售高档手表（不含税价为12 000元/块）

7. ［判断题］超豪华小汽车为每辆零售价格130万元（不含增值税）及以上的乘用车。（ ）

8. ［判断题］国内汽车生产企业直接销售给消费者的超豪华小汽车，消费税税率按照生产环节税率和零售环节税率加总计算。（ ）

7.4 零售金银首饰

《关于调整金银首饰消费税纳税环节有关问题的通知》［（1994）财税字第95号］规定，自1995年1月1日起，金银首饰消费税由生产销售环节征收

改为零售环节征收。

7.4.1 改为零售环节征收消费税的金银首饰范围

一、金银首饰

改为零售环节征收消费税的金银首饰范围仅限于：金、银和金基、银基合金首饰，以及金、银和金基、银基合金的镶嵌首饰（以下简称金银首饰）。金银首饰的范围不包括镀金（银）、包金（银）首饰，以及镀金（银）、包金（银）的镶嵌首饰。

二、采用包金、镀金工艺以外的其他工艺制成的含金、银首饰及镶嵌首饰

在零售环节征收消费税的金银首饰的范围不包括镀金（银）、包金（银）首饰，以及镀金（银）、包金（银）的镶嵌首饰，凡采用包金、镀金工艺以外的其他工艺制成的含金、银首饰及镶嵌首饰，如锻压金、铸金、复合金首饰等，都应在零售环节征收消费税。

（国家税务总局关于锻压金首饰在零售环节征收消费税问题的批复，国税函〔1996〕727号，1996年12月23日）

三、钻石及钻石饰品

自2001年11月1日起，对钻石及钻石饰品消费税的纳税环节由现在的生产环节、进口环节后移至零售环节；对未镶嵌的成品钻石和钻石饰品的消费税减按5%的税率征收。

（财政部 国家税务总局关于钻石及上海钻石交易所有关税收政策的通知，财税〔2001〕177号，2001年11月3日；财政部 国家税务总局关于钻石消费税有关问题的通知，财税〔2013〕40号，2013年7月4日）

四、铂金首饰

自2003年5月1日起，铂金首饰消费税的征收环节由现行在生产环节和进口环节征收改为在零售环节征收，消费税税率调整为5%。具体征收管理比

照《财政部　国家税务总局关于调整金银首饰消费税纳税环节有关问题的通知》[(1994)财税字第95号]和国家税务总局关于印发《金银首饰消费税征收管理办法的通知》(国税发〔1994〕267号)规定执行。

(财政部　国家税务总局关于铂金及其制品税收政策的通知,财税〔2003〕86号,2003年4月28日)

【政策解析】铂金(Platinum,简称Pt),是一种天然的白色贵金属。根据国家贵金属首饰标准,只有铂金才可以称为白金。另外,只有含铂量在850‰以上的首饰才能带有铂金的专有标志——铂(铂金,白金)或Pt。2009年11月1日开始正式实施的GB 11887—2008《首饰贵金属纯度的规定及命名方法》规定,铂及其合金的纯度范围:纯度千分数(‰)最小值包括850、900、950、990(999)。

[案例解析22] 商场或金融机构销售的金条、金币、金银摆件等属于金银首饰范围,应征收消费税吗?

天马商场金银首饰柜台除了销售金银首饰外,还销售金条、金摆件、银摆件、金币、银币、金牌等产品,金条、金币、金银摆件等是否要征收消费税?

解析:根据《消费税征收范围注释》(国税发〔1993〕153号)第五条规定:贵重首饰及珠宝玉石的征收范围包括各种金银珠宝首饰和经采掘、打磨、加工的各种珠宝玉石。其中,金银珠宝首饰包括:凡以金、银、白金、宝石、珍珠、钻石、翡翠、珊瑚、玛瑙等高贵稀有物质以及其他金属、人造宝石等制作的各种纯金银首饰及镶嵌首饰(含人造金银、合成金银首饰等)。而黄金金条、金银摆件、金牌等不属于以上范围,所以,黄金金条、金银摆件、金牌等不属于消费税"贵重首饰及珠宝玉石"税目的征收范围,不征收消费税。

[案例解析23] 商场销售的钯金首饰应当缴纳消费税吗?

天马商场金银首饰柜台除了销售金银首饰、铂金首饰外,还销售钯金首饰。请问:钯金首饰是否要征收消费税?

解析:钯金(Palladium)是铂族的一员,银白色,符号Pd,比重12,轻于铂,延展性强,比铂稍硬,不溶于有机酸、冷硫酸或盐酸,但溶于硝酸和王水。常态下钯金不易氧化和失去光泽,温度在400℃左右表面会产生氧化物,但温度上升至900℃又恢复光泽。钯金颜色、外观与铂金相似,金属光泽。目前市场上的钯金首饰为Pd950,主要有项链、戒指、耳坠、胸花等。

目前,改在零售环节征收消费税"金银首饰"的范围为:一是金银首饰,二是铂金首饰,三是钻石及钻石饰品。钯金首饰不属于上述范围,不应当在零售环节征收消费税。因此,天马商场销售的钯金首饰不需要缴纳消费税。

[案例解析24] 商场销售的珍珠项链属于金银首饰范围,应征收消费税吗?

天马商场销售珍珠项链(挂扣为18K铂金),是否应缴纳消费税?

解析:根据《财政部 国家税务总局关于调整金银首饰消费税纳税环节有关问题的通知》[(1994)财税字第95号]规定,金银首饰范围仅限于:金、银和金基、银基合金首饰,以及金、银和金基、银基合金的镶嵌首饰(以下简称金银首饰)。不属于上述范围的应征消费税的首饰(以下简称非金银首饰),仍在生产销售环节征收消费税。珍珠项链虽然挂扣为18K铂金,但并不属于金银首饰范围,应在生产环节缴纳消费税。因此,天马商场销售珍珠项链不应缴纳消费税。

7.4.2 金银首饰零售业务的范围

国税函〔1997〕306号规定,"金银首饰的零售业务"是指将金银首饰销售给中国人民银行批准的金银首饰生产、加工、批发、零售单位(以下简称经营单位)以外的单位和个人的业务(另有规定者除外)。下列行为视同零售业务:

(一)为经营单位以外的单位和个人加工金银首饰。加工包括带料加工、翻新改制、以旧换新等业务,不包括修理、清洗业务。

(二)经营单位将金银首饰用于馈赠、赞助、集资、广告、样品、职工福利、奖励等方面。

(三)未经中国人民银行总行批准经营金银首饰批发业务的单位将金银首饰销售给经营单位。

该条款被国税发〔2006〕62号废止,金银首饰的经营单位也不必到税务机关办理金银首饰消费税纳税人登记了,但按照目前政策,改在环节征收消费税的"零售金银首饰"仍然包括下列三项行为:

(一)销售金银首饰(指零售,含以旧换新)。

(二)加工金银首饰,包括带料加工、翻新改制。

(三)用于馈赠、赞助、集资、广告、样品、职工福利、奖励等方面的金银首饰。

【政策解析】 金银首饰的批发与零售业务如何划分?划分标准不是交易数量的多少,而是购买方的身份。销售给经营单位的,为批发金银首饰;销售给非经营单位的,为零售金银首饰。也就是说,即使金银首饰经营单位只销售给金银首饰经营单位了1件金银首饰也属于金银首饰批发业务,金银首饰经营单位即使销售给消费者100多件金银首饰仍属于金银首饰零售业务。在金银首饰消费税征管历史中,《金银首饰购货(加工)管理证明单》(以下简称《证明单》)曾作为划分经营业务是金银首饰加工、批发业务还是零售业务的凭证，即税务机关只允许金银首饰经营单位领用《证明单》，经营单位携《证明单》购进金银首饰，销售方凭购买方提供的《证明单》证明其销售业务属于批发（或加工）业务，不征消费税，否则，对于销售给无法提供《证明单》的购买方的销售业务，则认作零售金银首饰，应当征收消费税。《证明单》作为划分销售金银首饰应税与非应税业务的凭据，曾发挥了重要作用，但基于国税函〔2004〕826号文已取消金银首饰消费税纳税人的认定程序，国家税务总局发布了停止执行《证明单》使用规定的通知（国税函〔2005〕193号），目前《证明单》已不再使用。但这并不意味着国家放松了对金银首饰消费税的征管，相反各级税务机关加大针对金银首饰经营单位申报纳税情况的经常性专项检查力度。这实际上也就增加了纳税人自主申报的责任。

[案例解析25] 对出国人员免税商店销售的金银首饰是否征收消费税？

出国人员免税商店销售的金银首饰是否征收消费税？

解析：根据《国家税务总局关于印发〈消费税问题解答〉的通知》（国税函〔1997〕306号）规定，对出国人员免税商店销售的金银首饰应当征收消费税。也就是说，出国人员免税商店免征的是关税，而并不是增值税、消费税等货劳税。

7.4.3 纳税人

在中华人民共和国境内从事金银首饰零售业务的单位和个人，为金银首饰消费税的纳税人；委托加工（另有规定者除外）、委托代销金银首饰的，受托方也是纳税人。

对既销售金银首饰，又销售非金银首饰的生产、经营单位，应将两类商品划分清楚，分别核算销售额。凡划分不清楚或不能分别核算的，在生产环节销售的，一律从高适用税率征收消费税；在零售环节销售的，一律按金银首饰征收消费税。经营单位兼营生产、加工、批发、零售金银首饰业务的，应分别核算销售额,未分别核算销售额或者划分不清的,一律视同零售征收消费税。

7.4.4 税率

金银首饰消费税税率为5%。

7.4.5 纳税环节

纳税人零售金银首饰(含以旧换新),于销售时纳税;用于馈赠、赞助、集资、广告、样品、职工福利、奖励等方面的金银首饰,于移送时纳税;带料加工、翻新改制的金银首饰,于受托方交货时纳税。

金银首饰消费税改变征税环节后经营单位进口金银首饰的消费税,由进口环节征收改为在零售环节征收;出口金银首饰由出口退税改为出口不退消费税。

个人携带、邮寄金银首饰进境,仍按海关现行规定征税。

7.4.6 纳税义务发生时间

纳税人销售金银首饰,其纳税义务发生时间为收讫销货款或取得销货凭据的当天;用于馈赠、赞助、集资、广告、样品、职工福利、奖励等方面的金银首饰,其纳税义务发生时间为移送的当天;带料加工、翻新改制的金银首饰,其纳税义务发生时间为受托方交货的当天。

重点难点即时练15

1. [多选题]改在零售环节征收消费税的金银首饰包括(   )。

   A.铂金首饰　　　　　　　　B.金基、银基合金首饰

   C.金、银摆件　　　　　　　D.镀金、包金首饰

2. [单选题]关于金银首饰消费税政策,下列陈述正确的是(   )。

A.金银首饰出口不退消费税、进口不征消费税

B.镀金首饰和钻石应在生产环节征收消费税

C.包金首饰应在零售环节征收消费税

D.铂金首饰在生产环节征收消费税

3.［多选题］关于金银首饰消费税政策，下列陈述正确的有（　　）。

A.金、银和金基、银基合金首饰，以及金、银和金基、银基合金的镶嵌首饰统称为金银首饰

B.对既销售金银首饰，又销售非金银首饰的生产、经营单位，应将两类商品划分清楚，分别核算销售额。凡划分不清楚或不能分别核算的一律按金银首饰征收消费税

C.翻新改制首饰征收消费税，但修理首饰不征消费税

D.个人携带或邮寄进境自用的金银首饰在进口环节不征收消费税

4.［多选题］天马金店采取"以旧换新"方式销售24K纯金项链1条，并以同一方式销售某名牌金表1块（销售价格68 000元），下列说法正确的有（　　）。

A.纯金项链只缴纳增值税　　　　B.纯金项链缴纳消费税和增值税

C.金表只缴纳增值税　　　　　　D.金表缴纳消费税和增值税

5.［多选题］关于金银首饰征收消费税，下列表述正确的有（　　）。

A.以旧换新方式销售的金银首饰，其纳税义务发生时间为取得销售额或取得销售额凭据的当天

B.用于职工福利的金银首饰，其纳税义务发生时间为移送的当天

C.翻新改制金银首饰，其纳税义务发生时间为受托方交货的当天

D.带料加工的金银首饰，其纳税义务发生时间为受托方交货的当天

7.4.7　计税依据

1.纳税人销售金银首饰，其计税依据为不含增值税的销售额。如果纳税人销售金银首饰的销售额中未扣除增值税税款，在计算消费税时，应按以下

公式换算为不含增值税税款的销售额。金银首饰的销售额=含增值税的销售额÷（1+增值税税率或征收率）

2.金银首饰连同包装物销售的，无论包装物是否单独计价，也无论会计上如何核算，均应并入金银首饰的销售额，计征消费税。

3.纳税人采用以旧换新（含翻新改制）方式销售的金银首饰，应按实际收取的不含增值税的全部价款确定计税依据征收消费税。

4.带料加工的金银首饰，应按受托方销售同类金银首饰的销售价格确定计税依据，征收消费税。没有同类金银首饰销售价格的，按照组成计税价格计算纳税。

组成计税价格的计算公式为：组成计税价格=(材料成本+加工费)÷(1–金银首饰消费税税率)

5.对消费者个人委托加工的金银首饰及珠宝玉石，可暂按加工费征收消费税。

6.生产、批发、零售单位用于馈赠、赞助、集资、广告、样品、职工福利、奖励等方面的金银首饰，应按纳税人销售同类金银首饰的销售价格确定计税依据，征收消费税；没有同类金银首饰销售价格的，按照组成计税价格计算纳税。

组成计税价格的计算公式为：组成计税价格=购进原价×(1+利润率)÷(1–金银首饰消费税税率)

纳税人为生产企业时，公式中的"购进原价"为生产成本。公式中的"利润率"一律定为6%。

（国家税务总局关于消费税若干征税问题的通知，国税发〔1994〕130号，1994年5月26日）

【政策解析】 与其他应税消费品的委托加工业务相比，金银首饰委托加工业务和以旧换新业务的消费税具有很多特殊性：

1.委托加工业务的消费税纳税人为受托方。

一般应税消费品的委托加工，以委托方为消费税纳税义务人，受托方只是代收代缴义务人；而金银首饰的委托加工，则以受托方为纳税义务人。

2.委托加工业务的消费税计税依据分两种情形。

对于一般应税消费品的委托加工业务，其消费税计税依据就是受托方同类产品的销售价格或组成计税价格，而金银首饰委托加工消费税的计税依据，则根据受托方是个人还是单位而有所不同。根据国税发〔1994〕130号文规定，对消费者个人委托加工的金银首饰，按收取的加工费征收消费税，而对于单位的带料加工业务，根据财税〔1994〕95号文规定，计税依据为受托方销售同类金银首饰的销售价格或组成计税价格。因此，委托方的身份不同，其消费税的计税依据也不同。

3.以旧换新业务的消费税计税依据为实际收取的差价（不含增值税）。

对于一般应税消费品的以旧换新业务，应以新货物的同期销售价格作为计税依据；而对于金银首饰以旧换新业务，根据财税〔1994〕95号文规定，应按实际收取的不含增值税的全部价款为消费税计税依据。这主要是因为金银首饰以旧换新业务中，换进的是已税旧应税消费品，按照不重复征税的原则，只对收取的不含增值税的补价征税。以旧换新方式销售金银首饰，征收增值税的计税依据也是实际收取的不含增值税的全部价款。

〔例题7-6〕天马珠宝金店为举行开业盛典，将不同品种的金银首饰共计200克，用作广告样品，当期无销售，该批首饰的购进单价为120元/克（不含税）。请问：该店当期应纳的消费税税额是多少元？（金银首饰的全国平均利润率为6%）

解析：应纳消费税税额 =200×120×（1+6%）÷（1–5%）×5%=26 778.95×5%=1 338.95（元）

因此，天马珠宝金店应纳消费税1 338.95元。

〔例题7-7〕天马珠宝店（增值税一般纳税人），2024年1月发生如下业务：

（1）销售A牌金戒指给消费者，取得含税收入300 000元，另外收取单独计价核算的包装盒收入20 000元。

（2）购进B牌金戒指200枚，专用发票注明金额200 000元，税额26 000元，款项已付。入库后，该店将其中的10枚作为福利发放给职工。

（3）开展以旧换新业务，用24K金项链600克（含税售价100元/克）从消费者手中换回旧的金项链600克，另向消费者收取现金6 000元。

（4）销售镀金耳环1 000克，不含税售价28元/克。

计算该店当月应纳增值税税额、消费税税额。（金银首饰的消费税税率为5%；全国平均成本利润率为6%）

解析：应纳增值税税额=（300 000÷1.13+20 000÷1.13+6 000÷1.13+1 000×28）×13%−（26 000−26 000×10÷200）=16 444.42（元）

应纳消费税税额=［300 000÷1.13+20 000÷1.13+10×200 000÷200×（1+6%）÷（1−5%）+6 000÷1.13］×5%=14 982.67（元）

因此，该店当月应纳增值税16 444.42元，应纳消费税14 982.67元。

7.4.8 纳税地点

纳税人应向其核算地主管税务局申报纳税。

纳税人总机构与分支机构不在同一县（市）的，分支机构应纳税款应在所在地缴纳。但经国家税务总局及省级税务局批准，纳税人分支机构应纳消费税税款也可由总机构汇总向总机构所在地主管税务局缴纳。

7.4.9 其他问题

7.4.9.1 外购珠宝玉石生产金银首饰抵扣问题

以外购、进口或委托加工收回的已税珠宝玉石为原料生产的贵重首饰及珠宝玉石（不包括用已税珠宝玉石生产的金银首饰范围内的镶嵌首饰），可以抵扣外购、进口、委托加工已纳消费税税额。金银首饰消费税改变纳税环节以后，用已税珠宝玉石生产的《通知》范围内的镶嵌首饰，在计税时一律不得扣除买价或已纳的消费税税款。

（财政部 国家税务总局关于调整金银首饰消费税纳税环节有关问题的通知，（1994）财税字第95号，1994年12月24日；国家税务总局关于印发《金银首饰消费税征收管理办法》的通知，国税发〔1994〕267号，1994年12月26日）

[例题7-8] 2024年1月，天马珠宝厂（增值税一般纳税人）从厂家购进珠宝坯100万元，取得增值税专用发票，注明增值税税额13万元。当期生产领用珠宝坯80万元并全部形成珠宝成品（账面价值100万元），领用珠宝成品（账面价值20万元）用于金银首饰生产，当月直接销售珠宝首饰取得销售额120万元。当月向消费者零售金银首饰不含税销售额为40万元，批发金银首饰10万元。纳税人能够分别核算不同产品的销售额，上述有关数额均不含增值税。请计算天马珠宝厂1月应纳的消费税、增值税税额。

解析：（1）生产金银首饰不得抵扣的消费税税额=80×10%×20÷100=1.6（万元）

本期应纳消费税税额=120×10%-（80×10%-1.6）+40×5%=12-6.4+2=7.6（万元）

（2）进项税额为13万元。

销项税额=（120+40+10）×13%=22.1（万元）

应纳增值税税额=22.1-13=9.1（万元）

因此，天马珠宝厂1月应纳消费税7.6万元，增值税9.1万元。

7.4.9.2 申报资料

纳税人办理纳税申报时，除应按《税收征收管理法》的规定报送有关资料外，还应报送《金银饰品购销存月报表》。

7.4.9.3 取消金银首饰消费税纳税人认定

根据《国务院关于第三批取消和调整行政审批项目的决定》（国发

〔2004〕16号),"金银首饰消费税纳税人认定"属于被取消的行政审批项目。

(一)停止执行《国家税务总局关于印发〈金银首饰消费税征收管理办法〉的通知》(国税发〔1994〕267号)中《金银首饰消费税征收管理办法》的第五条"金银首饰消费税纳税人的认定"。

(二)"金银首饰消费税纳税人的认定"程序取消后,各级税务机关要加大征管力度,对金银首饰经营单位申报纳税情况进行经常性专项检查。

(国家税务总局关于取消金银首饰消费税纳税人认定行政审批后有关问题的通知,国税函〔2004〕826号,2004年6月25日)

7.4.9.4 停止使用《金银首饰购货(加工)管理证明单》

根据《国家税务总局关于取消金银首饰消费税纳税人认定行政审批后有关问题的通知》(国税函〔2004〕826号)的规定,金银首饰消费税纳税人的认定程序已被取消。鉴于该认定程序取消后,《金银首饰购货(加工)管理证明单》领用对象的确认已经失去了依据,停止执行《金银首饰消费税征收管理办法》(国税发〔1994〕267号)等文件中有关证明单的使用规定。

(国家税务总局关于停止执行《金银首饰购货(加工)管理证明单》使用规定的批复,国税函〔2005〕193号,2005年3月4日)

重点难点即时练16

1.〔单选题〕某商业大厦销售金银首饰与非金银首饰,未分别核算,计征消费税的适用税率是(   )。

   A. 5%　　　　B. 10%　　　　C. 17%　　　　D. 30%

2.〔单选题〕下列关于金银首饰消费税计税依据的说法中,表述不正确的是(   )。

   A. 金银首饰连同包装物销售的,无论包装物是否单独计价,也无论会计上如何核算,均应并入金银首饰的销售额,计征消费税

   B. 单位带料加工的金银首饰,应按受托方销售同类金银首饰的销售价

格确定计税依据，征收消费税

C.纳税人采取以旧换新方式销售的金银首饰，应按实际收取的不含增值税的全部价款确定计税依据

D.纳税人采取翻新改制方式销售的金银首饰，以同类产品的售价作为计税依据

3.［多选题］根据现行消费税的规定，下列说法正确的有（　　）。

A.固定业户到外县（市）临时销售金银首饰，一律由销售地主管税务局征收消费税，业户回机构所在地后不再申报纳税

B.金银首饰经营单位用于馈赠、赞助的金银首饰，应按纳税人销售同类金银首饰的销售价格确定计税依据，征收消费税

C.消费者个人委托加工金银首饰，计税依据为受托方收取的加工费

D.金银首饰生产单位用已税的珠宝玉石生产的金银镶嵌首饰，在计税时一律不得扣除已纳消费税

4.2024年1月，天马百货公司黄金饰品部（央行批准的金银零售单位，增值税一般纳税人）直接零售金首饰300克，每克零售价200元；以旧换新销售金首饰，收回旧首饰200克，换出新首饰350克，多出的150克按每克零售价200元收取差价30 000元，并收取旧首饰折价补偿18元/克。销售钻石首饰取得零售收入173 200元，修理钻石饰品取得修理收入4 680元；销售珍珠、玉石首饰取得零售收入14 040元；销售服装取得不含税收入600 000元。天马百货公司当月应缴纳消费税多少元？

5.天马首饰商城为增值税一般纳税人，2024年1月发生以下业务：

（1）零售金银首饰，取得含税收入290 000元。

（2）采取"以旧换新"方式向消费者销售金项链2 000条，新项链每条零售价2 500元，旧项链每条作价2 200元，每条项链取得含税差价款300元。

（3）为某银行庆典加工金银首饰，银行提供原料不含税金额260 000元，取得银行支付的不含税加工费收入40 000元（商城无同类首饰价格）。

（4）向消费者取得首饰含税修理费2 260元。

（5）零售镀金首饰一批（能够分别核算），收取含税零售收入33 900元。

（6）外购金银首饰一批，取得的增值税普通发票上注明的含税价款400万元；外购镀金首饰一批，取得增值税专用发票，注明价款500 000元、增值税65 000元。

（其他相关资料：金银首饰零售环节消费税税率为5%）

要求：根据上述资料，按下列序号计算回答问题。（每问需计算出合计数）

（1）销售金银首饰应缴纳的消费税税额。

（2）"以旧换新"销售金项链应缴纳的消费税税额。

（3）定制加工金银首饰应缴纳的消费税税额。

（4）修理首饰和零售镀金首饰应缴纳的消费税税额。

（5）该商城1月应缴纳的增值税税额。

8

纳税申报

自2021年8月1日起，税务总局在全国推行增值税、消费税及附加税费申报表整合工作，将原分税目的8张消费税纳税申报表主表整合为1张主表，将原分税目的22张消费税纳税申报表附表整合为7张附表，整合后，消费税纳税申报表由1张主表7张附表组成，主表为通用表，适用于所有税目消费税纳税人，7张附表中，4张为通用附表、1张为成品油消费税纳税人填报的专用附表、2张为卷烟消费税纳税人填报的专用附表。系统根据纳税人登记的消费税征收品目信息，自动带出申报表主表中的"应税消费品名称""适用税率"等内容以及该纳税人需要填报的附表，方便纳税人填报。成品油消费税纳税人、卷烟消费税纳税人需要填报的专用附表，其他纳税人不需填报，系统也不会带出。

附加税费是随增值税、消费税附加征收的城市维护建设税、教育费附加和地方教育附加。整合主税与附加税费申报表，按照"一表申报、同征同管"的思路，将附加税费申报信息作为增值税、消费税申报表附列资料（附表），可以利用信息化手段实现税额自动计算、数据关联比对、申报异常提示等功能，实现多税费种"一张报表、一次申报、一次缴款、一张凭证"，既提高了办税效率，也有效避免漏报、错报，确保申报质量。

8.1 纳税申报表及填表说明

8.1.1 主表

《消费税及附加税费申报表》如表8-1所示。

表8-1　　　　　　　　　消费税及附加税费申报表

税款所属期：自　　年　　月　　日至　　年　　月　　日
纳税人识别号（统一社会信用代码）：□□□□□□□□□□□□□□□□□□
纳税人名称：　　　　　　　　　　　　　　　　　金额单位：人民币元（列至角分）

应税消费品名称 \ 项目	适用税率		计量单位	本期销售数量	本期销售额	本期应纳税额
	定额税率	比例税率				
	1	2	3	4	5	6=1×4+2×5
合计	——	——	——	——	——	

	栏次	本期税费额
本期减（免）税额	7	
期初留抵税额	8	
本期准予扣除税额	9	
本期应扣除税额	10=8+9	
本期实际扣除税额	11［10<（6-7），则为10，否则为6-7］	
期末留抵税额	12=10-11	
本期预缴税额	13	
本期应补（退）税额	14=6-7-11-13	
城市维护建设税本期应补（退）税额	15	
教育费附加本期应补（退）费额	16	
地方教育附加本期应补（退）费额	17	

声明：此表是根据国家税收法律法规及相关规定填写的，本人（单位）对填报内容（及附带资料）的真实性、可靠性、完整性负责。

　　　　　　　　　　　　　　　　　　纳税人（签章）：　　　　　　年　月　日

经办人：	受理人：
经办人身份证号：	
代理机构签章：	受理税务机关（章）：
代理机构统一社会信用代码：	受理日期：　　年　月　日

《消费税及附加税费申报表》填表说明

一、本表"应税消费品名称"栏、第1栏"定额税率"、第2栏"比例税率"和第3栏"计量单位":按照附注1《应税消费品名称、税率和计量单位对照表》(见表8-2)内容对应填写。

二、本表第4栏"本期销售数量":填写国家税收法律、法规及相关规定(以下简称"税法")规定的本期应当申报缴纳消费税的应税消费品销售数量(不含出口免税销售数量)。用自产汽油生产的乙醇汽油,按照生产乙醇汽油所耗用的汽油数量填写;以废矿物油生产的润滑油基础油为原料生产的润滑油,按扣除耗用的废矿物油生产的润滑油基础油后的数量填写。

三、本表第5栏"本期销售额":填写税法规定的本期应当申报缴纳消费税的应税消费品销售额(不含出口免税销售额)。

四、本表第6栏"本期应纳税额":计算公式如下:

实行从价定率办法计算的应纳税额=销售额×比例税率

实行从量定额办法计算的应纳税额=销售数量×定额税率

实行复合计税办法计算的应纳税额=销售额×比例税率+销售数量×定额税率

暂缓征收的应税消费品,不计算应纳税额。

五、本表第7栏"本期减(免)税额":填写本期按照税法规定减免的消费税应纳税额,不包括暂缓征收的应税消费品的税额以及出口应税消费品的免税额。本期减免消费税应纳税额情况,需同时填报附表2《本期减(免)税额明细表》(见表8-5)。本栏数值应等于附表2《本期减(免)税额明细表》第8栏"减(免)税额""合计"栏数值。

六、本表第8栏"期初留抵税额":填写上期申报表第12栏"期末留抵税额"数值。

七、本表第9栏"本期准予扣除税额":填写税法规定的本期外购、进口或委托加工收回应税消费品用于连续生产应税消费品准予扣除的消费税已纳税额,以及委托加工收回应税消费品以高于受托方计税价格销售的,在计税时准予扣除的消费税已纳税额。

成品油消费税纳税人:本表"本期准予扣除税额"栏数值=附表1-2《本期准予扣除税额计算表(成品油消费税纳税人适用)》(见表8-4)第6栏"本期准予扣除税额""合计"栏数值。

其他消费税纳税人:本表"本期准予扣除税额"栏数值=附表1-1《本期准予扣除税额计算表》(见表8-3)第19栏"本期准予扣除税款合计""合计"栏数值。

八、本表第15栏"城市维护建设税本期应补(退)税额":填写附表6《消费税附加税费计算表》(见表8-9)"城市维护建设税"对应的"本期应补(退)税(费)额"栏数值。

九、本表第16栏"教育费附加本期应补(退)费额":填写附表6《消费税附加税费计算表》"教育费附加"对应的"本期应补(退)税(费)额"栏数值。

十、本表第17栏"地方教育附加本期应补(退)费额":填写附表6《消费税附加税费计算表》"地方教育附加"对应的"本期应补(退)税(费)额"栏数值。

8.1.1.1 附注1

附注1《应税消费品名称、税率和计量单位对照表》如表8-2所示。

表8-2　　　　应税消费品名称、税率和计量单位对照表

应税消费品名称	比例税率	定额税率	计量单位
一、烟			
1.卷烟			
(1)工业			
①甲类卷烟(调拨价70元(不含增值税)/条以上(含70元)	56%	30元/万支	万支

续表

应税消费品名称	比例税率	定额税率	计量单位
②乙类卷烟（调拨价70元（不含增值税）/条以下）	36%	30元/万支	万支
（2）商业批发	11%	50元/万支	
2.雪茄烟	36%	——	支
3.烟丝	30%	——	千克
4.电子烟			
（1）工业	36%	——	盒
（2）商业批发	11%	——	盒
二、酒			
1.白酒	20%	0.5元/500克（毫升）	500克（毫升）
2.黄酒	——	240元/吨	吨
3.啤酒			
（1）甲类啤酒[出厂价格3 000元（不含增值税）/吨以上（含3 000元）]	——	250元/吨	吨
（2）乙类啤酒[出厂价格3 000元（不含增值税）/吨以下]	——	220元/吨	
4.其他酒	10%	——	吨
三、高档化妆品	15%	——	实际使用计量单位
四、贵重首饰及珠宝玉石			
1.金银首饰、铂金首饰和钻石及钻石饰品	5%	——	实际使用计量单位
2.其他贵重首饰和珠宝玉石	10%	——	
五、鞭炮、焰火	15%	——	实际使用计量单位
六、成品油			
1.汽油	——	1.52元/升	升
2.柴油	——	1.20元/升	
3.航空煤油	——	1.20元/升	
4.石脑油	——	1.52元/升	
5.溶剂油	——	1.52元/升	
6.润滑油	——	1.52元/升	
7.燃料油	——	1.20元/升	

续表

应税消费品名称	比例税率	定额税率	计量单位
七、摩托车			
1.气缸容量（排气量，下同）=250毫升	3%	——	辆
2.气缸容量>250毫升	10%	——	
八、小汽车			
1.乘用车			
（1）气缸容量（排气量，下同）≤1.0升	1%	——	辆
（2）1.0升<气缸容量≤1.5升	3%	——	
（3）1.5升<气缸容量≤2.0升	5%	——	
（4）2.0升<气缸容量≤2.5升	9%	——	
（5）2.5升<气缸容量≤3.0升	12%	——	
（6）3.0升<气缸容量≤4.0升	25%	——	
（7）气缸容量>4.0升	40%	——	
2.中轻型商用客车	5%	——	
3.超豪华小汽车	10%	——	
九、高尔夫球及球具	10%	——	实际使用计量单位
十、高档手表	20%	——	只
十一、游艇	10%	——	艘
十二、木制一次性筷子	5%	——	万双
十三、实木地板	5%	——	平方米
十四、电池	4%	——	只
十五、涂料	4%	——	吨

8.1.1.2　附注2

计量单位换算标准

1.汽油1吨=1 388升

2.柴油1吨=1 176升

3.石脑油1吨=1 385升

4.溶剂油1吨=1 282升

5. 润滑油 1 吨 =1 126 升

6. 燃料油 1 吨 =1 015 升

7. 航空煤油 1 吨 =1 246 升

8. 黄酒 1 吨 =962 升

9. 啤酒 1 吨 =988 升

8.1.2 附表1-1准予扣除税额计算表

附表1-1《本期准予扣除税额计算表》如表8-3所示。

表8-3　　　　　　　　　本期准予扣除税额计算表

金额单位：元（列至角分）

准予扣除项目			应税消费品名称				合计
一、本期准予扣除的委托加工应税消费品已纳税款计算		期初库存委托加工应税消费品已纳税款	1				
		本期收回委托加工应税消费品已纳税款	2				
		期末库存委托加工应税消费品已纳税款	3				
		本期领用不准予扣除委托加工应税消费品已纳税款	4				
		本期准予扣除委托加工应税消费品已纳税款	5=1+2-3-4				
二、本期准予扣除的外购应税消费品已纳税款计算	（一）从价计税	期初库存外购应税消费品买价	6				
		本期购进应税消费品买价	7				
		期末库存外购应税消费品买价	8				
		本期领用不准予扣除外购应税消费品买价	9				
		适用税率	10				
		本期准予扣除外购应税消费品已纳税款	11=（6+7-8-9）×10				

续表

准予扣除项目			应税消费品名称				合计
二、本期准予扣除的外购应税消费品已纳税款计算	（二）从量计税	期初库存外购应税消费品数量	12				
		本期外购应税消费品数量	13				
		期末库存外购应税消费品数量	14				
		本期领用不准予扣除外购应税消费品数量	15				
		适用税率	16				
		计量单位	17				
		本期准予扣除的外购应税消费品已纳税款	18=（12+13-14-15）×16				
三、本期准予扣除税款合计			19=5+11+18				

《本期准予扣除税额计算表》填表说明

一、本表由外购（含进口）或委托加工收回应税消费品用于连续生产应税消费品、委托加工收回的应税消费品以高于受托方计税价格出售的纳税人（成品油消费税纳税人除外）填写。

二、本表"应税消费品名称""适用税率""计量单位"栏的填写同主表。

三、本表第1栏"期初库存委托加工应税消费品已纳税款"：填写上期本表第3栏数值。

四、本表第2栏"本期收回委托加工应税消费品已纳税款"：填写纳税人委托加工收回的应税消费品在委托加工环节已纳消费税税额。

五、本表第3栏"期末库存委托加工应税消费品已纳税款"：填写纳税人期末库存委托加工收回的应税消费品在委托加工环节已纳消费税税额合计。

六、本表第4栏"本期领用不准予扣除委托加工应税消费品已纳税款"：填写纳税人委托加工收回的应税消费品，按税法规定不允许扣除的在委托加工环节已纳消费税税额。

七、本表第5栏"本期准予扣除委托加工应税消费品已纳税款":填写按税法规定,本期委托加工收回应税消费品中符合扣除条件准予扣除的消费税已纳税额,计算公式为:

本期准予扣除委托加工应税消费品已纳税款=期初库存委托加工应税消费品已纳税款+本期收回委托加工应税消费品已纳税款－期末库存委托加工应税消费品已纳税款－本期领用不准予扣除委托加工应税消费品已纳税款

八、本表第6栏"期初库存外购应税消费品买价":填写本表上期第8栏"期末库存外购应税消费品买价"的数值。

九、本表第7栏"本期购进应税消费品买价":填写纳税人本期外购用于连续生产的从价计税的应税消费品买价。

十、本表第8栏"期末库存外购应税消费品买价":填写纳税人外购用于连续生产应税消费品期末买价余额。

十一、本表第9栏"本期领用不准予扣除外购应税消费品买价":填写纳税人本期领用外购的从价计税的应税消费品,按税法规定不允许扣除的应税消费品买价。

十二、本表第11栏"本期准予扣除外购应税消费品已纳税款":计算公式为:

本期准予扣除的外购应税消费品已纳税款(从价计税)=(期初库存外购应税消费品买价+本期购进应税消费品买价－期末库存外购应税消费品买价－本期领用不准予扣除外购应税消费品买价)×适用税率

十三、本表第12栏"期初库存外购应税消费品数量":填写本表上期"期末库存外购应税消费品数量"。

十四、本表第13栏"本期外购应税消费品数量":填写纳税人本期外购用于连续生产的从量计税的应征消费品数量。

十五、本表第14栏"期末库存外购应税消费品数量":填写纳税人用于连续生产的外购应税消费品期末库存数量。

十六、本表第15栏"本期领用不准予扣除外购应税消费品数量":填写纳税人本期领用外购的从量计税的应税消费品，按税法规定不允许扣除的应税消费品数量。

十七、本表第18栏"本期准予扣除的外购应税消费品已纳税款"：计算公式为：

本期准予扣除的外购应税消费品已纳税款（从量计税）=（期初库存外购应税消费品数量+本期购进应税消费品数量−期末库存外购应税消费品数量−本期领用不准予扣除外购应税消费品数量）×适用税率

十八、本表第19栏"本期准予扣除税款合计"：计算公式为：

本期准予扣除税款合计=本期准予扣除委托加工应税消费品已纳税款+本期准予扣除外购应税消费品已纳税款（从价计税）+本期准予扣除的外购应税消费品已纳税款（从量计税）

8.1.3　附表1−2成品油准予扣除税额计算表

附表1−2《本期准予扣除税额计算表（成品油消费税纳税人适用）》如表8−4所示。

表8−4　　　　　　　本期准予扣除税额计算表
（成品油消费税纳税人适用）

一、扣除税额及库存计算　　　　　　　　　　　　　金额单位：元（列至角分）

扣除油品类别	上期库存数量	本期外购入库数量	委托加工收回连续生产数量	本期准予扣除数量	本期准予扣除税额	本期领用未用于连续生产不准予扣除数量	期末库存数量
1	2	3	4	5	6	7	8=2+3+4−5−7
汽油							
柴油							
石脑油							
润滑油							
燃料油							
合计							

二、润滑油基础油（废矿物油）和变性燃料乙醇领用存

产品名称	上期库存数量	本期入库数量	本期生产领用数量	期末库存数量
1	2	3	4	5=2+3-4
润滑油基础油（废矿物油）				
变性燃料乙醇				

《本期准予扣除税额计算表（成品油消费税纳税人适用）》填表说明

一、本表由外购（含进口）或委托加工收回已税汽油、柴油、石脑油、润滑油、燃料油（以下简称应税油品）用于连续生产应税消费品的成品油消费税纳税人填写。

二、本表变性燃料乙醇的计量单位为"吨"，其余计量单位全部为"升"。

三、本表第一部分第2栏"上期库存数量"：按本表上期第一部分第8栏"期末库存数量"的数值填写。

四、本表第一部分第3栏"本期外购入库数量"：填写纳税人本期外购、进口用于连续生产的应税油品数量。不含依据定点直供计划采购的石脑油、燃料油；外购、进口或委托加工收回的甲醇汽油、乙醇汽油、纯生物柴油、溶剂油、航空煤油；以及利用废矿物油生产的油品数量。

五、本表第一部分第4栏"委托加工收回连续生产数量"：填写纳税人委托加工收回用于连续生产的各种应税油品数量，应与《本期委托加工收回情况报告表》（见表8-6）中第二部分第6栏中"本期委托加工收回用于连续生产数量"栏对应一致。

六、本表第一部分第5栏"本期准予扣除数量"：填写纳税人按税法规定在本期申报扣除外购、进口或委托加工收回用于连续生产的应税油品数量。本栏次对应的汽油、柴油、润滑油数量应分别小于等于主表的汽油、柴油、

润滑油"本期销售数量"栏次的数量。

七、本表第一部分第6栏"本期准予扣除税额":填写纳税人符合税法规定在本期申报扣除外购、进口或委托加工收回用于连续生产的应税油品已纳消费税税额。计算公式为:

本期准予扣除税额=本期准予扣除数量×适用税率

八、本表第一部分第7栏"本期领用未用于连续生产不准予扣除数量":填写纳税人由外购、进口或委托加工收回的应税油品,未用于连续生产应税成品油而不允许扣除的成品油数量。

九、本表第一部分第8栏"期末库存数量":填写期末留存的应税油品库存数量,计算公式为:

期末库存数量=上期库存数量+本期外购入库数量+委托加工收回连续生产数量−本期准予扣除数量−本期领用未用于连续生产不准予扣除数量,且期末库存数量≥0。

十、本表第一部分"合计":填写"上期库存数量""本期外购入库数量""委托加工收回连续生产数量""本期准予扣除数量""本期准予扣除税额""本期领用未用于连续生产不准予扣除数量""期末库存数量"合计数。

十一、本表第二部分"润滑油基础油(废矿物油)"行:填写利用废矿物油生产的润滑油基础油领用存情况;本表第二部分第3栏"本期入库数量"包括外购和自产的润滑油基础油(废矿物油)数量。自产的润滑油基础油(废矿物油)应与《本期减(免)税额明细表》(见表8-5)润滑油基础油的"减(免)数量"一致。用于连续生产润滑油的其他润滑油基础油数量不填入本行。

十二、本表第二部分第2栏"上期库存数量":分别按上期《本期准予扣除税额计算表》第二部分的润滑油基础油(废矿物油)和变性燃料乙醇的"期末库存数量"栏数值填写。

十三、本表第二部分第5栏"期末库存数量":填写期末库存润滑油基础油（废矿物油）和变性燃料乙醇的数量，计算公式为：

期末库存数量=上期库存数量+本期入库数量–本期生产领用数量，且期末库存数量≥0。

8.1.4 附表2减（免）税细表

附表2《本期减（免）税额明细表》如表8-5所示。

表8-5　　　　　　　　本期减（免）税额明细表

金额单位：元（列至角分）

应税消费品名称	项目 减（免）性质代码	减（免）项目名称	减（免）税销售额	适用税率（从价定率）	减（免）税销售数量	适用税率（从量定额）	减（免）税额
1	2	3	4	5	6	7	8=4×5+6×7
出口免税	——	——	——	——	——	——	
合计	——	——		——		——	

《本期减（免）税额明细表》填表说明

一、本表由符合消费税减免税政策规定的纳税人填报。本表不含暂缓征收的项目。未发生减（免）消费税业务的纳税人和受托方不填报本表。

二、本表第2栏"减（免）性质代码"：根据国家税务总局最新发布的减（免）性质代码，填写减征、免征应税消费品对应的减（免）性质代码。

三、本表第3栏"减（免）项目名称"：根据国家税务总局最新发布的减（免）项目名称，填写减征、免征应税消费品对应的减（免）项目名称。

四、本表第4栏"减（免）税销售额"：填写本期应当申报减征、免征消费税的应税消费品销售金额，适用不同税率的应税消费品，其减（免）金额应区分不同税率分栏填写。

五、本表第6栏"减（免）税销售数量"：填写本期应当申报减征、免征消费税的应税消费品销售数量，适用不同税率的应税消费品，其减（免）数量应区分不同税率分栏填写。计量单位应与主表一致。

六、本表第5、第7栏"适用税率"栏：填写按照税法规定的减征、免征应税消费品的适用税率。

七、本表第8栏"减（免）税额"栏：填写本期按适用税率计算的减征、免征消费税额。同一税款所属期内同一应税消费品适用多档税率的，应分别按照适用税率计算减（免）税额。

八、本表第8栏"减（免）税额"的"合计"栏：填写本期减征、免征消费税额的合计数。该栏数值应与当期主表"本期减（免）税额"栏数值一致。

九、本表"出口免税"栏：填写纳税人本期按照税法规定的出口免征消费税的销售额、销售数量，不填写减（免）性质代码。

8.1.5 附表3委托加工收回情况报告表

附表3《委托加工收回情况报告表》如表8-6所示。

表8-6 本期委托加工收回情况报告表

金额单位：元（列至角分）

一、委托加工收回应税消费品代收代缴税款情况

应税消费品名称	商品和服务税收分类编码	委托加工收回应税消费品数量	委托加工收回应税消费品计税价格	适用税率		受托方已代收代缴的税款	受托方（扣缴义务人）名称	受托方（扣缴义务人）识别号	税收缴款书（代扣代收专用）号码	税收缴款书（代扣代收专用）开具日期
				定额税率	比例税率					
1	2	3	4	5	6	7=3×5+4×6	8	9	10	11

二、委托加工收回应税消费品领用存情况

应税消费品名称	商品和服务税收分类编码	上期库存数量	本期委托加工收回入库数量	本期委托加工收回直接销售数量	本期委托加工收回用于连续生产数量	本期结存数量
1	2	3	4	5	6	7=3+4-5-6

《本期委托加工收回情况报告表》填表说明

一、本表由委托方填写,第一部分填报委托加工收回的应税消费品在委托加工环节由受托方代收代缴税款情况;第二部分填报委托加工收回应税消费品领用存情况。

二、本表第一部分第2栏"商品和服务税收分类编码":仅成品油消费税纳税人填报,按所开具增值税发票对应的税收分类编码填写。

三、本表第一部分第3栏"委托加工收回应税消费品数量":填写委托加工收回并取得税收缴款书(代扣代收专用)的各应税消费品的数量,其计量单位应与主表填表说明的附注1《应税消费品名称、税率和计量单位对照表》(见表8-2)一致。

四、本表第一部分第4栏"委托加工收回应税消费品计税价格":填写委托加工收回的应税消费品在委托加工环节,由受托方代收代缴消费税时的计税价格。

五、本表第一部分第7栏"受托方已代收代缴的税款":填写受托方代收代缴的税款,计算公式如下:

实行从量定额计税:受托方已代收代缴的税款=委托加工收回应税消费品数量×定额税率

实行从价定率计税:受托方已代收代缴的税款=委托加工收回应税消费品计税价格×比例税率

实行复合计税:受托方已代收代缴的税款=委托加工收回应税消费品数量×定额税率+委托加工收回应税消费品计税价格×比例税率

六、本表第二部分第2栏"商品和服务税收分类编码":仅成品油消费税纳税人填报,按所开具增值税发票对应的税收分类编码填写。

七、本表第二部分第3栏"上期库存数量":填写上期本表第二部分第7栏"本期结存数量"数值。

八、本表第二部分第4栏"本期委托加工收回入库数量":填写委托加工收回应税消费品数量,与本表第一部分第3栏"委托加工收回应税消费品数量"数值相等。

九、本表第二部分第5栏"本期委托加工收回直接销售数量":填写纳税人将委托加工收回的应税消费品直接销售的数量。

十、本表第二部分第6栏"本期委托加工收回用于连续生产数量":填写纳税人将委托加工收回的应税消费品用于连续生产应税消费品的数量。

成品油消费税纳税人填写本表第二部分第6栏"本期委托加工收回用于连续生产数量"的数值应等于附表1-2《本期准予扣除税额计算表(成品油消费税纳税人适用)》(见表8-4)第一部分第4栏"委托加工收回连续生产数量"数值。

十一、本表第二部分第7栏"本期结存数量":填写期末留存的委托加工收回应税消费品库存数量,计算公式为:

本期结存数量=上期库存数量+本期委托加工收回入库数量−本期委托加工收回直接销售数量−本期委托加工收回用于连续生产数量,且本期结存数量≥ 0。

8.1.6 附表4 卷烟批发企业月份销售明细清单

附表4《卷烟批发企业月份销售明细清单(卷烟批发环节消费税纳税人适用)》如表8-7所示。

表8-7 卷烟批发企业月份销售明细清单
(卷烟批发环节消费税纳税人适用)

卷烟条包装商品条码	卷烟牌号规格	卷烟类别	卷烟类型	销售价格	销售数量	销售额	备注
1	2	3	4	5	6	7	8

续表

卷烟条包装商品条码	卷烟牌号规格	卷烟类别	卷烟类型	销售价格	销售数量	销售额	备注

《卷烟批发企业月份销售明细清单（卷烟批发环节消费税纳税人适用）》填表说明

一、本表由卷烟批发环节消费税纳税人填报，于办理消费税纳税申报时一并报送。

二、本表第2栏"卷烟牌号规格"名称为经国家烟草专卖局批准生产的卷烟牌号规格。

三、本表第3栏"卷烟类别"为国家烟草专卖局划分的卷烟类别，即一类卷烟、二类卷烟、三类卷烟、四类卷烟和五类卷烟。

四、本表第4栏"卷烟类型"为国产卷烟、进口卷烟、罚没卷烟、其他。

五、本表第5栏"销售价格"为卷烟批发企业向零售单位销售卷烟的实际价格，不含增值税。计量单位为"元/条（200支）"，非标准条包装的卷烟应折算成标准条卷烟价格。

六、本表第6栏"销量数量"为卷烟批发企业向零售单位销售卷烟的数量。计量单位为"万支"。

七、本表第7栏"销售额"为卷烟批发企业向零售单位销售卷烟的实际销售额，不含增值税。计量单位为"元"。

8.1.7　附表5 卷烟生产企业合作生产卷烟消费税情况报告表

附表5《卷烟生产企业合作生产卷烟消费税情况报告表（卷烟生产环节消费税纳税人适用）》如表8-8所示。

表8-8　　卷烟生产企业合作生产卷烟消费税情况报告表
（卷烟生产环节消费税纳税人适用）

品牌输出方		品牌输入方		卷烟条包装商品条码	卷烟牌号规格	销量	销售价格	销售额	品牌输入方已缴纳税款
企业名称	统一社会信用代码	企业名称	统一社会信用代码						
1	2	3	4	5	6	7	8	9	10
			合计				—		

《卷烟生产企业合作生产卷烟消费税情况报告表（卷烟生产环节消费税纳税人适用）》填表说明

一、本表由卷烟生产环节消费税纳税人填报，未发生合作生产卷烟业务的纳税人不填报本表。

二、本表第6栏"卷烟牌号规格"：填写经国家烟草专卖局批准生产的卷烟牌号规格。

三、本表第8栏"销售价格"为品牌输入方卷烟生产企业销售卷烟的实际价格，不含增值税。计量单位为"元/条（200支），非标准条包装的卷烟应折算成标准条卷烟价格。

四、本表第9栏"销售额"栏：填写品牌输入方卷烟生产企业销售卷烟额，不含增值税。计量单位为"元"。

五、本表第10栏"已缴纳税款"栏：由品牌输入方卷烟生产企业填写。

8.1.8　附表6附加税费计算表

附表6《消费税附加税费计算表》如表8-9所示。

表8-9　消费税附加税费计算表

金额单位：元（列至角分）

本期是否适用小微企业"六税两费"减免政策　□是　□否

增值税小规模纳税人：□是　□否　　增值税一般纳税人：□个体工商户　□小型微利企业

　　年　月　至　年　月

税（费）种		计税（费）依据 1	税（费）率（%） 2	本期应纳税（费）额 3=1×2	减免政策适用主体	适用减免政策起止时间	本期减免税（费）额		小微企业"六税两费"减免政策		本期已缴税（费）额 8	本期应补（退）税（费）额 9=3-5-7-8
							减免性质代码 4	减免税（费）额 5	减征比例（%） 6	减征额 7=(3-5)×6		
消费税税额									—	—		
城市维护建设税												
教育费附加												
地方教育附加												
合计		—	—		—	—	—		—			

《消费税附加税费计算表》填表说明

一、本期是否适用小微企业"六税两费"减免政策：纳税人在税款所属期内适用增值税小规模纳税人、个体工商户、小型微利企业减免政策的，勾选"是"；否则，勾选"否"。

"减免政策适用主体"：适用小微企业"六税两费"减免政策的，填写本项。纳税人是增值税小规模纳税人的，在"增值税小规模纳税人"处勾选"是"，无需勾选"增值税一般纳税人：□个体工商户 □小型微利企业"；纳税人是增值税一般纳税人的，据类型勾选"个体工商户"或"小型微利企业"。登记为增值税一般纳税人的新设立企业，从事国家非限制和禁止行业，且同时符合设立时从业人数不超过300人、资产总额不超过5 000万元两项条件的，勾选"小型微利企业"。"适用减免政策起止时间"：填写适用减免政策的起止月份，不得超出当期申报的税款所属期限。

二、本表第1栏"消费税税额"：填写主表"本期应补（退）税额"栏数值。

三、本表第3栏"本期应纳税（费）额"：填写本期按适用的税（费）率计算缴纳的应纳税（费）额。计算公式为：本期应纳税（费）额=消费税税额×税（费）率

四、本表第4栏"减免性质代码"：按《减免税政策代码目录》中附加税费适用的减免性质代码填写，增值税小规模纳税人、小型微利企业和个体工商户"六税两费"减免政策优惠不填写。有减免税（费）情况的必填。

五、本表第5栏"减免税（费）额"：填写本期减免的税（费）额。

六、本表第7栏"减征额"：填写纳税人本期享受小微企业"六税两费"减免政策减征额。小微企业"六税两费"减征额=〔本期应纳税（费）额–本期减免税（费）额〕×减征比例。

七、本表第8栏"本期已缴税（费）额"：填写本期应纳税（费）额中已

经缴纳的部分。

八、本表第9栏"本期应补（退）税（费）额"：计算公式为：本期应补（退）税（费）额=本期应纳税（费）额–减免税（费）额–小微企业"六税两费"减免政策减征额–本期已缴税（费）额。

（国家税务总局关于增值税　消费税与附加税费申报表整合有关事项的公告，国家税务总局公告2021年第20号，2021年7月9日；国家税务总局关于电子烟消费税征收管理有关事项的公告，国家税务总局公告2022年第22号，2022年10月25日；国家税务总局关于进一步实施小微企业"六税两费"减免政策有关征管问题的公告，国家税务总局公告2022年第3号，2022年3月4日）

8.1.9　申报表钩稽关系分析

除卷烟批发企业和卷烟回购企业外，一般企业的消费税纳税申报表由1张主表和4张附表组成。4张附表中附表1、附表2、附表6等3张附表为一级附表，它们直接为主表提供明细数据；附表3为二级附表，它为附表1提供明细数据。

1.附表1《本期准予扣除税额计算表》为主表第9栏"本期准予扣除税额"提供明细数据。附表1分别通过委托加工和外购两种取得途径的期初库存加上本期取得剔除期末库存后，倒挤出本期领用数据。附表1–1第19栏"三、本期准予扣除税款合计"合计列等于主表第9栏"本期准予扣除税额"，附表1–2第6列"本期准予扣除税额"合计数等于主表第9栏"本期准予扣除税额"。

2.附表2《本期减（免）税额明细表》为主表第7栏"本期减（免）税额"提供明细数据，附表2第8列"减（免）税额"合计数等于主表第7栏"本期减（免）税额"。需要说明的是，享受出口免税的数据只列示减免税的计税依据，不参与减（免）税额的计算。

3.附表3《委托加工收回情况报告表》是为附表1《本期准予扣除税额计算表》提供明细数据的附表。附表3由两个部分组成：第一部分"委托加工收回应税消费品代收代缴税款情况"详细展示当期取得的各份委托加工应税消费品的扣税凭证的具体数据,包括扣税凭证号码、应税消费品名称、计税依据、税率、税额、扣缴义务人情况等,方便税务机关将其与采集的扣缴义务人扣缴信息进行比对;第二部分"委托加工收回应税消费品领用存情况"体现期初库存加上当期取得减去期末库存等于当期领用的钩稽关系。附表3第二部分"委托加工收回应税消费品领用存情况"第6列"本期委托加工收回用于连续生产"与附表1–1第5栏"本期准予扣除委托加工应税消费品已纳税款"有钩稽关系,等于附表1–2第4列"委托加工收回连续生产数量"。

4.附表6《消费税附加税费计算表》为主表第15栏"城市维护建设税本期应补(退)税额"、第16栏"教育费附加本期应补(退)税额"、第17栏"地方教育附加本期应补(退)税额"提供明细数据,体现"一表申报、同征同管"的思路。附表6详细展示了城市维护建设税、教育费附加及地方教育附加等三项附征的计税依据、税率、减免税情况及应纳税额。附表6第9列"本期应补(退)税(费)额"各附征数据等于主表第15、第16、第17栏。

5.主表根据展示的内容可以分为三个部分。

(1)第一部分包含第1栏至第6栏,分别展示各税目的计税依据、税率和应纳税额。需要说明的是,本部分中第4栏"本期销售数量"和第5栏"本期销售额"是计税依据,填写要点是"两含两不含两扣除"。"两含"即包含自产自用用于其他方面、包含委托加工收回后加价出售这两项应征消费税的数据;"两不含"即不包含出口免税数据,不包含暂缓征税数据;"两扣除"即扣除外购润滑油基础油(废矿物油)用于连续生产润滑油扣除已享受免税的原料润滑油基础油(废矿物油)这项税基式优惠、扣除变性燃料乙醇这项因为自产汽油连续生产乙醇汽油按半成品汽油征税导致的实际销售不征税的乙醇汽油与未销售的应税半成品汽油之间的差额(两扣除通过附表1–2第二部分"润滑油基础油(废矿物油)和变性燃料乙醇领用存"展示)。

(2)第二部分包含第7栏到第14栏,展示应纳税额减去减免税额,减去抵扣税额,再减去预缴税额等于本期应补(退)税额的逻辑。需要说明的是，抵扣税额的确定逻辑是将被减数"应纳税额减去减免税额后的差额"与减数"可抵扣税额"比较，取其小作为实际抵扣税额，因为如果被减数大于减数，减数可以全部减除，期末无留抵；如果被减数小于减数，按减数在当期实际扣除，未得到扣除的减数作为期末留抵；两种情况下实际扣除的都是被减数与减数中的较小者。

（3）第三部分包含第15栏到第17栏，展示附征的应纳税额。

8.2　从价定率计征方式纳税申报案例

〔例题8-1〕甲化妆品公司为增值税一般纳税人，位于城市市区，2024年1月发生以下业务：

（1）当月采用分期收款方式销售A化妆品（用外购高档化妆品D连续生产的）1 000瓶（每瓶100ml），当月发出货物，不含税售价为1 500 000元；合同约定分三期结算，自当月起，每月末收款1/3。

（2）将自产的A化妆品，共50瓶（每瓶100ml）在展销会上作为样品，赠送给客商。

（3）预收款方式销售B化妆品2 000瓶（每瓶200ml），不含税单价3 200 000元，货物已经发出。

（4）为某影视公司定做演员用的油彩和卸妆油1 000克，收取价税合计678 600元，另收取优质费20 200元，均开具增值税普通发票。

（5）委托乙化妆品公司加工C化妆品100瓶（每瓶100ml），发出材料成本为100 000元，乙化妆品公司收取不含税加工费20 000元，已知乙化妆品公司C化妆品不含税售价为1 600元/瓶。甲化妆品公司收回全部C化妆品后，当月销售80瓶，每瓶不含税价为1 800元。

（6）期初库存外购D高档化妆品成本为20万元，当期外购D高档化妆品不含税金额为120万元，取得增值税专用发票，注明增值税额15.6万元，期末库存D化妆品成本为50万元。

已知：乙化妆品公司已按规定代收代缴了消费税，甲化妆品公司取得代收代缴税款完税凭证；本月取得的相关发票均在本月勾选确认；化妆品消费税税率15%。

要求：计算甲化妆品公司应纳消费税税额并填写纳税申报表。

解析：（1）A化妆品每毫升售价=1 500 000÷1 000÷100=15（元），由于A化妆品每毫升售价超过10元，属于高档化妆品，应缴纳消费税。

（2）B化妆品每毫升售价=3 200 000÷2 000÷200=8（元），由于B化妆品每毫升售价不超过10元，不属于高档化妆品，不应缴纳消费税。

（3）C化妆品每毫升售价=1 600÷100=16（元），由于C化妆品每毫升售价超过10元，属于高档化妆品，应缴纳消费税。

（4）演员化妆油彩和卸妆油不属于应税消费品，不征收消费税。

（5）乙化妆品公司应代收代缴甲化妆品公司消费税=1 600×100×15%=24 000（元）

（6）可以抵扣税额：

外购高档化妆品生产高档化妆品可以抵扣消费税=（200 000+1 200 000-500 000）×15%=900 000×15%=135 000（元）

委托加工应税消费品收回后加价出售可以抵扣消费税=24 000÷100×80=19 200（元）

当期可抵扣消费税税额合计=135 000+19 200=154 200（元）

（7）当期销售高档化妆品销售额=1 500 000×1/3+1 500 000÷1 000×50+1 800×80=719 000（元）

应纳消费税=719 000×15%=107 850（元）

（8）甲化妆品公司应向税务机关申报缴纳消费税=719 000×15%-135 000-19 200=107 850-154 200=-46 350（元）

甲化妆品公司填写《消费税及附加税费申报表》、附表1-1、附表3、附表6，分别如表8-10、表8-11、表8-12、表8-13所示。

表8-10　　　　　　　　消费税及附加税费申报表

税款所属期：自 *2024* 年 *1* 月 *1* 日至 *2024* 年 *1* 月 *31* 日

纳税人识别号（统一社会信用代码）：□□□□□□□□□□□□□□□□□□

纳税人名称：*甲化妆品公司*　　　　　　　　　金额单位：人民币元（列至角分）

应税消费品名称 项目	适用税率		计量单位	本期销售数量	本期销售额	本期应纳税额
	定额税率	比例税率				
	1	2	3	4	5	6=1×4+2×5
高档化妆品		15%	瓶	1 130	719 000	107 850
合计	——	——	——	——	——	107 850

	栏次	本期税费额
本期减（免）税额	7	0
期初留抵税额	8	0
本期准予扣除税额	9	154 200
本期应扣除税额	10=8+9	154 200
本期实际扣除税额	11［10<（6-7），则为10，否则为6-7］	107 850
期末留抵税额	12=10-11	46 350
本期预缴税额	13	0
本期应补（退）税额	14=6-7-11-13	0
城市维护建设税本期应补（退）税额	15	0
教育费附加本期应补（退）费额	16	0
地方教育附加本期应补（退）费额	17	0

声明：此表是根据国家税收法律法规及相关规定填写的，本人（单位）对填报内容（及附带资料）的真实性、可靠性、完整性负责。

　　　　　　　　　　　　　　　　　　　纳税人（签章）：　　　　　年　月　日

经办人：	受理人：
经办人身份证号：	
代理机构签章：	受理税务机关（章）：
代理机构统一社会信用代码：	受理日期：　　年　月　日

表 8–11

附表 1–1　　　　　　　　　　**本期准予扣除税额计算表**

金额单位：元（列至角分）

准予扣除项目		应税消费品名称		化妆品		合计
一、本期准予扣除的委托加工应税消费品已纳税款计算		期初库存委托加工应税消费品已纳税款	1			
		本期收回委托加工应税消费品已纳税款	2	24 000		24 000
		期末库存委托加工应税消费品已纳税款	3	4 800		4 800
		本期领用不准予扣除委托加工应税消费品已纳税款	4	0		0
		本期准予扣除委托加工应税消费品已纳税款	5=1+2-3-4	19 200		19 200
二、本期准予扣除的外购应税消费品已纳税款计算	（一）从价计税	期初库存外购应税消费品买价	6	200 000		200 000
		本期购进应税消费品买价	7	1 200 000		1 200 000
		期末库存外购应税消费品买价	8	500 000		500 000
		本期领用不准予扣除外购应税消费品买价	9	0		0
		适用税率	10	15%		15%
		本期准予扣除外购应税消费品已纳税款	11=（6+7-8-9）×10	135 000		135 000
	（二）从量计税	期初库存外购应税消费品数量	12			
		本期外购应税消费品数量	13			
		期末库存外购应税消费品数量	14			
		本期领用不准予扣除外购应税消费品数量	15			
		适用税率	16			
		计量单位	17			
		本期准予扣除的外购应税消费品已纳税款	18=（12+13-14-15）×16			
三、本期准予扣除税款合计			19=5+11+18	154 200		154 200

表8-12
附表3

本期委托加工收回情况报告表

金额单位：元（列至角分）

一、委托加工收回应税消费品代收代缴税款情况

应税消费品名称	商品和服务税收分类编码	委托加工收回应税消费品数量	委托加工收回应税消费品计税价格	适用税率		受托方已代收代缴的税款	受托方（扣缴义务人）名称	受托方（扣缴义务人）识别号	税收缴款书（代扣代收专用）号码	税收缴款书（代扣代收专用）开具日期
				定额税率	比例税率					
1	2	3	4	5	6	7=3×5+4×6	8	9	10	11
高档化妆品		100	1 600		15%	24 000	乙化妆品公司			

二、委托加工收回应税消费品领用存情况

应税消费品名称	商品和服务税收分类编码	上期库存数量	本期委托加工收回入库数量	本期委托加工收回直接销售数量	本期委托加工收回用于连续生产数量	本期结存数量
1	2	3	4	5	6	7=3+4-5-6
高档化妆品		0	100	80	0	20

表 8-13

附表 6　　消费税附加税费计算表

本期是否适用小微企业"六税两费"减免政策：□是　☑否

金额单位：元（列至角分）

增值税小规模纳税人：□是　□否
增值税一般纳税人：□个体工商户　□小型微利企业

适用减免政策起止时间　年　月　至　年　月

税（费）种	计税（费）依据 消费税税额	税（费）率（%）	本期应纳税（费）额	减免政策适用主体 本期减免税（费）额		小微企业"六税两费"减免政策		本期已缴税（费）额	本期应补（退）税（费）额
				减免性质代码	减免税（费）额	减征比例（%）	减征额		
	1	2	3=1×2	4	5	6	7=(3−5)×6	8	9=3−5−7−8
城市维护建设税	0	7%	0						0
教育费附加	0	3%	0						0
地方教育附加	0	2%	0						0
合计	—	—	0				—		0

8.3 从量定额计征方式纳税申报案例

[例题8-2] A成品油生产企业（一般纳税人）位于滨州市，于2003年8月10日成立，资产总额30 000万元，经营范围：加工、销售汽油、液化石油气、硫磺、柴油、石脑油、苯、甲苯、混合二甲苯（以上经营范围有效期限以许可证为准）、渣油；销售道路沥青、石油焦、燃料油（限7#以上，闪点高于61℃）、蜡油。2024年1月发生如下业务：

（1）购进国内原油3 000吨，不含税金额为4 200万元，国内购进燃料油400吨，不含税金额为500万元，国内购进废矿物油润滑油基础油100吨，不含税金额为70万元；进口原油2 300吨，不含税金额为3 800万元，进口燃料油1 100吨，不含税金额为1 870万元。

（2）销售汽油2 000吨（含外购燃料油、委托加工石脑油炼制的），每吨8万元。

（3）将自产汽油300吨用于连续甲醇汽油，当期销售甲醇汽油400吨，每吨8.3万元。

（4）将自产汽油100吨用于连续生产乙醇汽油，当期销售乙醇汽油120吨，每吨7.8万元。

（5）生产过程中作为燃料、动力及原料消耗掉自产汽油50吨。

（6）销售柴油1 000吨，每吨5万元。

（7）出口柴油600吨，每吨0.8万美元，当日汇率1美元=7人民币。

（8）销售石脑油1 100吨，每吨5.6万元。

（9）将自产石脑油500吨用于连续生产变压器油，当期销售变压器油580吨，每吨7.9万元。

（10）发出进口原油170吨，成本238万元，委托B成品油生产企业加工石脑油160吨、沥青8吨，支付加工费16万元，受托方同类石脑油7.6万元/吨，沥青1.5万元/吨，当月全部收回，其中，沥青以1.8万元/吨加价出售，60吨石脑油以7.9万元/吨加价出售，另外100吨石脑油全部用于连续生产汽油、柴油、煤油等。

（11）销售燃料油800吨，每吨1.3万元。

（12）将自产燃料油500吨用于连续生产甲苯，当期销售甲苯680吨，每吨7.2万元。

（13）将自产的燃料油0.2吨用于食堂，作为燃料。

（14）销售用废矿物油润滑油基础油生产的润滑油112吨，每吨0.9万元。

（15）购进大桶装润滑油后改包装为小桶装润滑油并贴加商标销售，国内购进10吨大桶装润滑油，不含税金额为120万元，当期全部包装为小桶装润滑油（每桶1kg），销售9 000小桶，不含税金额为150万元。

（16）销售沥青3 000吨，每吨0.6万元。

（17）销售石油焦700吨，每吨0.2万元。

（18）期初库存外购原油300吨、成本430万元，燃料油20吨、成本为24万元，废矿物油润滑油基础油4吨、成本3万元；期末库存原油200吨、成本280万元，燃料油48吨、成本为56万元，废矿物油润滑油基础油2吨、成本1.4万元。

该企业当月应纳多少消费税？请填写消费税纳税申报表。

解析：（1）销售与自产自用汽油销售数量=2 000+400+100+50=2 550（吨）

销售与自产自用汽油应纳消费税=2 550×1 388×1.52=5 379 888（元）

（2）销售与自产自用柴油销售数量=1 000（吨）

销售与自产自用柴油应纳消费税=1 000×1 176×1.2=1 411 200（元）

（3）销售与自产自用石脑油销售数量=1 100+500=1 600（吨）

销售与自产自用石脑油应纳消费税=1 600×1 385×1.52=3 368 320（元）

（4）销售与自产自用燃料油销售数量=800+500+0.2=1 300.2（吨）

销售与自产自用燃料油应纳消费税=1 300.2×1 015×1.2=1 583 643.6（元）

（5）销售与自产自用润滑油销售数量=112−（4+100−2）+9 000×1÷

1 000=19（吨）

销售与自产自用润滑油应纳消费税=19×1 126×1.52=32 518.88（元）

应纳消费税额合计=5 379 888+1 411 200+3 368 320+1 583 643.6+32 518.88=11 775 570.48（元）

（6）减免税

减免税优惠：①生产过程中作为燃料、动力及原料消耗掉自产汽油50吨，免征消费税，减免税额=50×1 388×1.52=105 488（元）

②自产石脑油500吨用于连续生产变压器油免税。减免税额=500×1 385×1.52=1 052 600（元）

③将自产的燃料油用于生产乙烯、芳烃类产品免征消费税，减免税额=500×1 015×1.2=609 000（元）

减免税额合计=105 488+1 052 600+609 000=1 767 088（元）

（7）抵扣税额

①抵扣燃料油数量=20+400+1 100−48=1 472（吨）

抵扣燃料油税额=1 472×1 015×1.2=1 792 896（元）

②抵扣委托加工石脑油数量=100（吨）

抵扣石脑油税额=100×1 385×1.52=210 520（元）

抵扣税额合计=1 792 896+210 520=2 003 416（元）

（8）应补退消费税=11 775 570.48−1 767 088−2 003 416=8 005 066.48（元）

（9）应补退城建税=8 005 066.48×7%=560 354.65（元）

（10）应补退教育费附加=8 005 066.48×3%=240 151.99（元）

（11）应补退地方教育附加=8 005 066.48×2%=160 101.33（元）

（12）委托加工应代收代缴消费税=160×1 385×1.52=336 832（元）

A成品油生产企业填写《消费税及附加税费申报表》、附表1-2、附表2、附表3、附表6，分别如表8-14、表8-15、表8-16、表8-17、表8-18所示。

表8-14　　　　　　　　　消费税及附加税费申报表

税款所属期：自 2024 年 1 月 1 日至 2024 年 1 月 31 日

纳税人识别号（统一社会信用代码）：□□□□□□□□□□□□□□□□□□□

纳税人名称：A成品油生产企业　　　　　　　　　金额单位：人民币元（列至角分）

应税消费品名称	适用税率 定额税率	适用税率 比例税率	计量单位	本期销售数量	本期销售额	本期应纳税额
	1	2	3	4	5	6=1×4+2×5
汽油	1.52		吨	2 550		5 379 888
柴油	1.2		吨	1 000		1 411 200
石脑油	1.52		吨	1 600		3 368 320
燃料油	1.2		吨	1 300.2		1 583 643.6
润滑油	1.52		吨	19		32 518.88
合计	——	——				11 775 570.48

	栏次	本期税费额
本期减（免）税额	7	1 767 088
期初留抵税额	8	0
本期准予扣除税额	9	2 003 416
本期应扣除税额	10=8+9	2 003 416
本期实际扣除税额	11〔10＜（6-7），则为10，否则为6-7〕	2 003 416
期末留抵税额	12=10-11	0
本期预缴税额	13	0
本期应补（退）税额	14=6-7-11-13	8 005 066.48
城市维护建设税本期应补（退）税额	15	560 354.65
教育费附加本期应补（退）费额	16	240 151.99
地方教育附加本期应补（退）费额	17	160 101.33

声明：此表是根据国家税收法律法规及相关规定填写的，本人（单位）对填报内容（及附带资料）的真实性、可靠性、完整性负责。

纳税人（签章）：　　　　年　　月　　日

经办人：	受理人：
经办人身份证号：	
代理机构签章：	受理税务机关（章）：
代理机构统一社会信用代码：	受理日期：　年　月　日

表8-15

附表1-2　　　　　　　　本期准予扣除税额计算表

（成品油消费税纳税人适用）

一、扣除税额及库存计算　　　　　　　　　　　　　　　　　　金额单位：元（列至角分）

扣除油品类别	上期库存数量	本期外购入库数量	委托加工收回连续生产数量	本期准予扣除数量	本期准予扣除税额	本期领用未用于连续生产不准予扣除数量	期末库存数量
1	2	3	4	5	6	7	8=2+3+4-5-7
汽油							
柴油							
石脑油			100	100	210 520		
润滑油							
燃料油	20	1 500		1 472	1 792 896		48
合计	20	1 500	100	1 572	2 003 416		48

二、润滑油基础油（废矿物油）和变性燃料乙醇领用存

产品名称	上期库存数量	本期入库数量	本期生产领用数量	期末库存数量
1	2	3	4	5=2+3-4
润滑油基础油（废矿物油）	4	100	102	2
变性燃料乙醇				

表8-16

附表2　　　　　　　　本期减（免）税额明细表

金额单位：元（列至角分）

项目 应税消费品名称	减（免）性质代码	减（免）项目名称	减（免）税销售额	适用税率（从价定率）	减（免）税销售数量	适用税率（从量定额）	减（免）税额
1	2	3	4	5	6	7	8=4×5+6×7
出口免税	——	——			600		
汽油		用作燃料、动力及原料成品油免税			50	1.52	105 488
石脑油		用作燃料、动力及原料成品油免税			500	1.52	1 052 600
燃料油		自产燃料油生产乙烯、芳烃类产品免税			500	1.2	609 000
合计	——	——					1 767 088

表8-17
附表3

本期委托加工收回情况报告表

金额单位：元（列至角分）

一、委托加工收回应税消费品代收代缴税款情况

应税消费品名称	商品和服务税收分类编码	委托加工收回应税消费品数量	委托加工收回应税消费品计税价格	适用税率		受托方已代收代缴的税款	受托方（扣缴义务人）名称	受托方（扣缴义务人）识别号	税收缴款书（代扣代收专用）号码	税收缴款书（代扣代收专用）开具日期
				定额税率	比例税率					
1	2	3	4	5	6	7=3×5+4×6	8	9	10	11
名烯油		160		1.52		336 832				

二、委托加工收回应税消费品领用存情况

应税消费品名称	商品和服务税收分类编码	上期库存数量	本期委托加工收回入库数量	本期委托加工收回直接销售数量	本期委托加工收回用于连续生产数量	本期结存数量
1	2	3	4	5	6	7=3+4-5-6
名烯油		0	160	60	100	0

表8-18
附表6 消费税附加税费计算表

本期是否适用小微企业"六税两费"减免政策 □是 ☑否

金额单位：元（列至角分）
增值税小规模纳税人：□是 □否
增值税一般纳税人：□个体工商户 □小型微利企业
适用减免政策起止时间 年 月 至 年 月

税（费）种	计税（费）依据		税（费）率（%）	本期应纳税（费）额	减免税（费）额		小微企业"六税两费"减免政策		本期已缴税（费）额	本期应补（退）税（费）额
	消费税税额	1	2	3=1×2	减免性质代码	减免税（费）额	减征比例（%）	减征额		9=3-5-7-8
					4	5	6	7=(3-5)×6	8	
城市维护建设税	8 005 066.48		7%	560 354.65						560 354.65
教育费附加	8 005 066.48		3%	240 151.99						240 151.99
地方教育附加	8 005 066.48		2%	160 101.33						160 101.33
合计	—		—	960 607.98			—			960 607.98

8.4 复合计征方式纳税申报案例

〔例题8-3〕甲烟草公司位于城市市区,一般纳税人,2024年1月发生以下业务:

(1)销售自产A卷烟3 000标准大箱,取得不含增值税的价款7 000万元。

(2)销售自产B卷烟200标准大箱,取得不含增值税的价款310万元。

(3)出口自产B卷烟300标准大箱(计划内),取得不含增值税的价款80万美元。

(4)外购烟丝,取得的增值税专用发票上注明价款500万元,增值税65万元;月初库存外购烟丝成本600万元,月末库存外购烟丝成本700万元(烟丝消费税税率30%)。

已知:国家税务总局核定的A卷烟计税价格为每条100元,国家税务总局核定的B卷烟计税价格为每条60元。2024年1月1日美元与人民币汇率为1∶7。

要求:计算应纳消费税税额,并填写消费税纳税申报表。

解析:

(1)A卷烟每条销售价格=7 000×10 000÷3 000÷250=93.33(元),实际销售价格低于总局核定的计税价格,应按总局核定计税价格计算纳税,卷烟每标准条销售价格100元大于70元,属于甲类卷烟,适用税率为56%。

(2)销售A卷烟应纳消费税=100×250×3 000×56%+3 000×150=42 450 000(元)。

(3)B卷烟每条销售价格=310×10 000÷200÷250=62(元),实际销售价格高于总局核定的计税价格,应按实际销售价格计算纳税,卷烟每标准条销售价格小于70元,属于乙类卷烟,适用税率为36%。

(4)计划内出口B卷烟免征消费税。

（5）销售B卷烟应纳消费税=3 100 000×36%+200×150=1 146 000（元）

（6）销售A、B卷烟共应纳消费税=42 450 000+1 146 000=43 596 000（元）

（7）用烟丝生产卷烟可以抵扣税额=（6 000 000+5 000 000−7 000 000）×30%=4 000 000×30%=1 200 000（元）

（8）抵扣后实际应纳消费税=43 596 000−1 200 000=42 396 000（元）

（9）应纳附征为：

应纳城建税=42 396 000×7%=2 967 720（元）

应纳教育费附加=42 396 000×3%=1 271 880（元）

应纳地方教育附加=42 396 000×2%=847 920（元）

甲烟草公司填写《消费税及附加税费申报表》、附表1-1、附表6，分别如表8-19、表8-20、表8-21所示。

表8-19　　　　　　　消费税及附加税费申报表

税款所属期：自2024年1月1日至2024年1月31日

纳税人识别号（统一社会信用代码）：□□□□□□□□□□□□□□□□□□

纳税人名称：甲烟草公司　　　　　　　　金额单位：人民币元（列至角分）

应税消费品名称	适用税率		计量单位	本期销售数量	本期销售额	本期应纳税额
	定额税率	比例税率				
	1	2	3	4	5	6=1×4+2×5
甲类卷烟	30	56%	万支	15 000	42 000 000	42 450 000
乙类卷烟	30	36%	万支	1 000	3 100 000	1 146 000
合计				—	—	43 596 000

	栏次	本期税费额
本期减（免）税额	7	0
期初留抵税额	8	0
本期准予扣除税额	9	1 200 000

续表

应税消费品名称 \ 项目	适用税率 定额税率	适用税率 比例税率	计量单位	本期销售数量	本期销售额	本期应纳税额
	1	2	3	4	5	6=1×4+2×5
本期应扣除税额				10=8+9		1 200 000
本期实际扣除税额				11〔10<(6-7),则为10,否则为6-7〕		1 200 000
期末留抵税额				12=10-11		0
本期预缴税额				13		0
本期应补（退）税额				14=6-7-11-13		42 396 000
城市维护建设税本期应补（退）税额				15		2 967 720
教育费附加本期应补（退）费额				16		1 271 880
地方教育附加本期应补（退）费额				17		847 920

声明：此表是根据国家税收法律法规及相关规定填写的，本人（单位）对填报内容（及附带资料）的真实性、可靠性、完整性负责。

纳税人（签章）： 年 月 日

经办人： 经办人身份证号： 代理机构签章： 代理机构统一社会信用代码：	受理人： 受理税务机关（章）： 受理日期： 年 月 日

表8-20

附表1-1　　　　　　　本期准予扣除税额计算表

金额单位：元（列至角分）

准予扣除项目		应税消费品名称	烟丝		合计
一、本期准予扣除的委托加工应税消费品已纳税款计算	期初库存委托加工应税消费品已纳税款	1			
	本期收回委托加工应税消费品已纳税款	2			

续表

准予扣除项目		应税消费品名称		烟丝		合计
一、本期准予扣除的委托加工应税消费品已纳税款计算		期末库存委托加工应税消费品已纳税款	3			
		本期领用不准予扣除委托加工应税消费品已纳税款	4			
		本期准予扣除委托加工应税消费品已纳税款	5=1+2-3-4			
二、本期准予扣除的外购应税消费品已纳税款计算	（一）从价计税	期初库存外购应税消费品买价	6	6 000 000		6 000 000
		本期购进应税消费品买价	7	5 000 000		5 000 000
		期末库存外购应税消费品买价	8	7 000 000		7 000 000
		本期领用不准予扣除外购应税消费品买价	9	0		0
		适用税率	10	30%		30%
		本期准予扣除外购应税消费品已纳税款	11=（6+7-8-9）×10	1 200 000		1 200 000
	（二）从量计税	期初库存外购应税消费品数量	12			
		本期外购应税消费品数量	13			
		期末库存外购应税消费品数量	14			
		本期领用不准予扣除外购应税消费品数量	15			
		适用税率	16			
		计量单位	17			
		本期准予扣除的外购应税消费品已纳税款	18=（12+13-14-15）×16			
三、本期准予扣除税款合计			19=5+11+18	1 200 000		1 200 000

表 8-21
附表 6

消费税附加税费计算表

金额单位：元（列至角分）

本期是否适用小微企业"六税两费"减免政策 □是 ☑否

增值税小规模纳税人：□是 □否
增值税一般纳税人：□个体工商户 □小型微利企业
适用减免政策起止时间：　年　月　至　年　月

税（费）种	计税（费）依据	税（费）率（%）	本期应纳税（费）额	减免政策适用主体		小微企业"六税两费"减免政策		本期已缴税（费）额	本期应补（退）税（费）额
				减免性质代码	减免税（费）额	减征比例（%）	减征额		
	消费税税额								
	1	2	3=1×2	4	5	6	7=(3-5)×6	8	9=3-5-7-8
城市维护建设税	42 396 000	7%	2 967 720						2 967 720
教育费附加	42 396 000	3%	1 271 880						1 271 880
地方教育附加	42 396 000	2%	847 920						847 920
合计	—	—	5 087 520				—		5 087 520

9

成品油消费税政策

经国务院批准，自2009年1月1日起，财政部、国家税务总局连续三次提高成品油消费税税率，也多次调整和完善成品油消费税政策。为加强成品油消费税的征收管理，维护公平的税收秩序，营造良好营商环境，自2018年3月1日起，以成品油发票为抓手，对成品油生产、批发、零售的全流程实施税收监控管理。

9.1 成品油发票管理

9.1.1 成品油发票的开具

自2018年3月1日起，所有成品油发票均须通过增值税发票管理新系统中成品油发票开具模块开具。

（一）成品油发票是指销售汽油、柴油、航空煤油、石脑油、溶剂油、润滑油、燃料油等成品油所开具的增值税专用发票（以下称"成品油专用发票"）和增值税普通发票。

（二）纳税人需要开具成品油发票的，由主管税务机关开通成品油发票开具模块。

【政策解析】成品油发票开具模块由主管税务机关开通。成品油的生产企业和经销企业分别使用相应的成品油发票开具模块。

（三）开具成品油发票时，应遵守以下规则：

1.正确选择商品和服务税收分类编码。

2.发票"单位"栏应选择"吨"或"升"，蓝字发票的"数量"栏为必填项且不为"0"。

【政策解析】成品油消费税实行从量计征，定额税率的单位为"元/升"，同时国家税务总局也公布了吨与升之间的换算标准，为便于计算成品油发票上载明的成品油数量对应的消费税税额，成品油发票的"数量"栏统一为

"吨"或"升",以其他计量单位销售的成品油开具发票时,应按规定的换算率换算为"吨"或"升"。

3.开具成品油专用发票后,发生销货退回、开票有误以及销售折让等情形的,应按规定开具红字成品油专用发票。

销货退回、开票有误等原因涉及销售数量的,应在《开具红字增值税专用发票信息表》中填写相应数量,销售折让的不填写数量。

【政策解析】成品油发票不可以作废,纳税人发生销售成品油的行为开具成品油发票后,发生销货全部退回、开票有误情形,即使满足发生在当月、购销双方均未做账、购买方未勾选确认等三个条件,也不得作废成品油发票,只能按规定开具红字发票。

4.纳税人生产、销售或受托加工视同石脑油视同燃料油产品,应在向购货方或委托方开具的增值税专用发票品名后注明"视同石脑油(或燃料油)"或"视同石脑油(或燃料油)加工"。购货方或委托方以该产品为原料生产应税消费品,需凭上述凭证按规定办理原料已纳消费税税款的扣除手续。

5.纳税人销售利用废矿物油生产的享受免征消费税优惠的润滑油基础油、汽油、柴油等工业油料,应在成品油专用发票上注明产品名称,并在产品名称后加注"(废矿物油)"。

6.生产企业执行定点直供计划,在计划限额内销售石脑油、燃料油的数量,享受免税优惠的,在成品油增值税专用发票上注明"DDZG"标识。

(国家税务总局关于成品油消费税征收管理有关问题的公告,国家税务总局公告2018年第1号,2018年1月2日)

[案例解析26] 成品油生产企业销售成品油开具发票时,"单位"栏可以填写"桶"吗?

天马公司是生产润滑油的企业,生产后按桶销售,每桶净重0.17吨。天马公司在填开增值税发票时,"单位"栏是填写吨还是桶,"数量"栏是填写0.17吨还是1桶?

答：根据《国家税务总局关于成品油消费税征收管理有关问题的公告》（国家税务总局公告2018年第1号）规定，自2018年3月1日起，纳税人需要开具成品油发票的，应当通过成品油发票开具模块；开具成品油发票时，发票"单位"栏应选择"吨"或"升"，蓝字发票的"数量"栏为必填项且不为"0"。天马公司销售润滑油开具成品油发票时，"单位"栏应当填写"吨"，"数量"栏应当填写"0.17"。

9.1.2 成品油生产企业以票控税，票表比对机制

自2018年3月1日起，纳税人申报的某一类成品油销售数量，应大于或等于开具的该同一类成品油发票所载明的数量；申报扣除的成品油数量，应小于或等于取得的扣除凭证载明数量。申报比对相符后，主管税务机关对纳税人的税控设备进行解锁；比对不相符的，待解除异常后，方可解锁。

（国家税务总局关于成品油消费税征收管理有关问题的公告，国家税务总局公告2018年第1号，2018年1月2日）

【政策解析】比对申报扣除的成品油数量与取得的扣除凭证载明数量时，不能只比对当期数据，因为消费税采用实耗扣税法，而不是购进扣除法。

9.1.3 成品油经销企业以进控销机制

一、成品油经销企业发票开具

自2018年3月1日起，成品油经销企业某一商品和服务税收分类编码的油品可开具成品油发票的总量，应不大于所取得的成品油专用发票、海关进口消费税专用缴款书对应的同一商品和服务税收分类编码的油品总量。

成品油经销企业开具成品油发票前，应登录增值税发票选择确认平台确认已取得的成品油专用发票、海关进口消费税专用缴款书信息，并通过成品

油发票开具模块下载上述信息。

【政策解析】由于成品油经销企业是从事成品油购销业务的，不具备生产能力，因此，购进数量应大于等于销售数量，购进包括从境内、境外购进，因此要求成品油专用发票、海关进口消费税专用缴款书注明的油品总额应大于等于销售该油品并开具发票的金额。例如，某经销企业开具成品油发票时，已取得成品油专用发票载明的柴油100吨、石脑油30吨，取得海关进口消费税专用缴款书载明的石脑油50吨，登录增值税发票选择确认平台确认购入柴油和石脑油所取得的成品油专用发票、海关进口消费税专用缴款书信息，并通过成品油发票开具模块下载上述已经确认的信息后，可开具100吨柴油和80吨石脑油的成品油发票。

根据国家税务总局公告2018年第1号，购进成品油数量取自成品油专用发票和海关进口消费税专用缴款书，也就要求成品油经销企业从境内购进成品油时必须索取成品油专票发票。

二、过渡期成品油经销企业发票录入

成品油经销企业应于2018年3月10日前（包括3月10日），将截至2018年2月28日的成品油库存情况（不包括未取得增值税专用发票、海关进口消费税专用缴款书的成品油库存）录入增值税发票选择确认平台。

（国家税务总局关于成品油消费税征收管理有关问题的公告，国家税务总局公告2018年第1号，2018年1月2日）

9.2 成品油已纳消费税抵扣制度

一、抵扣范围

纳税人以外购或委托加工收回的已税汽油、柴油、石脑油、润滑油、燃料油为原料生产的应税消费品，准予从消费税应纳税额中扣除原料已纳的消费税税款。

二、扣税凭证

自2018年3月1日起，外购、进口和委托加工收回的汽油、柴油、石脑油、燃料油、润滑油用于连续生产应税成品油的，应凭通过增值税发票选择确认平台确认的成品油专用发票、海关进口消费税专用缴款书，以及税收缴款书（代扣代收专用），按规定计算扣除已纳消费税税款，其他凭证不得作为消费税扣除凭证。

外购用于连续生产的成品油，取得2018年2月28日前（包括2月28日）开具的增值税专用发票且符合扣除规定的，纳税人应于税款所属期2018年4月前申报，计入《本期准予扣除税额计算表》"本期外购入库数量"中，连续生产耗用后，按规定计算扣除已纳消费税税款。

三、抵扣税款计算公式

抵扣税款的计算公式为：当期准予扣除的外购应税消费品已纳税款＝当期准予扣除外购应税消费品数量×外购应税消费品单位税额。

（国家税务总局关于成品油消费税征收管理有关问题的公告，国家税务总局公告2018年第1号，2018年1月2日）

9.3 成品油税收优惠

成品油的税收优惠主要涉及航空煤油、乙醇汽油、纯生物柴油、再生油品等，具体消费税优惠政策见5.1成品油。

［例题9-1］2024年1月，天马石化厂（增值税一般纳税人）销售汽油2 900吨，每吨8万元，将200升汽油用于连续生产溶剂油，将自产的汽油100吨用于连续生产乙醇汽油，销售乙醇汽油110吨，每吨8.1万元；销售柴油5 000升，每升5元，将自产的柴油500升作为燃料用于食堂；销售溶剂油300升，每升7元；销售石脑油2 000升，每升8元，其中800升销售给芳烃类产品的生产厂商，已办理定点直供计划。该石化厂将化工原料2吨（账面价值为

50万元）发往润滑油厂，委托其加工润滑油2.5吨，支付加工费4万元（不含税），取得增值税专用发票，当月收回全部加工的润滑油，当月生产领用1吨用于连续加工润滑油。计算该石化厂当月应纳的消费税和增值税是多少？

解析：用于连续生产溶剂油的汽油不征收消费税，用于连续生产乙醇汽油的汽油按照汽油的投入使用数量征税；将自产的柴油作为燃料用于食堂，应当征收消费税；执行定点直供计划销售给芳烃类产品的生产厂商的石脑油免征消费税。

销售油品应缴纳消费税=（2 900+100）×1 388×1.52+（5 000+500）×1.2+300×1.52+（2 000–800）×1.52=6 338 160（元）

受托方应代收代缴消费税=2.5×1 126×1.52=4 278.8（元）

连续生产润滑油可抵扣消费税=1×1 126×1.52=1 711.52（元）

纳税人当月共应纳消费税=6 338 160+4 278.8–1 711.52=6 340 727.28（元）

增值税销项税额=［2 900×80 000+110×81 000+（5 000+500）×5+300×7+2 000×8］×13%=31 324 228（元）

增值税进项税额=40 000×13%=5 200（元）

应纳增值税税额=31 324 228–5 200=31 319 028（元）

因此，该石化厂当月应纳消费税6 340 727.28元，增值税31 319 028元。

重点难点即时练17

1. ［单选题］下列成品油应征消费税的是（　　）。

    A. 炼油厂将自产的石脑油用于连续生产乙烯

    B. 炼油厂将自产的柴油用于连续生产生物柴油

    C. 销售用外购汽油生产的甲醇汽油

    D. 销售用外购汽油生产的乙醇汽油

2. ［多选题］关于消费税征税范围，下列说法错误的有（　　）。

    A. 炼油厂销售的用作乙烯、芳烃类产品原料的燃料油免征消费税

    B. 炼油厂销售的用作乙烯、芳烃类产品原料的溶剂油免征消费税

C. 以植物性和矿物性基础油混合掺配而成的"混合性润滑油",不论矿物性基础油所占比例高低,均属润滑油征税范围

D. 对用外购或委托加工收回的已税汽油生产的乙醇汽油免征消费税

3. [多选题] 下列关于成品油涉税政策的说法中,正确的有（　　）。

A. 润滑油的征收范围包括矿物性润滑油（基础油）、植物性润滑油、动物性润滑油、化工原料合成润滑油

B. 石脑油的征收范围包括除汽油、柴油、航空煤油、溶剂油以外的各种轻质油

C. 生产乙烯、芳烃等化工产品的化工企业购进石脑油、燃料油（已退税）用作生产乙烯、芳烃类化工产品原料的,在生产过程中产出的应税消费品应当征收消费税

D. 以原油以外的其他原料加工汽油、柴油、石脑油、溶剂油、航空煤油、润滑油和燃料油需要缴纳消费税

4. [多选题] 下列关于成品油消费税规定的说法,表述错误的有（　　）。

A. 燃料油生产企业对外销售的用作生产乙烯、芳烃类化工产品原料的燃料油免征消费税

B. 对用作生产乙烯、芳烃类化工产品原料的进口燃料油退还消费税

C. 燃料油生产企业将自产的燃料油用于生产乙烯、芳烃等化工产品原料应按规定征收消费税

D. 生产乙烯、芳烃类化工产品的化工企业购进燃料油用作生产乙烯、芳烃化工产品原料的,应退还消费税

9.4　石脑油、燃料油消费税政策

为促进我国烯烃类化工行业的发展,用于生产乙烯、芳烃类化工产品的石脑油、燃料油给予税收优惠。2011年9月30日前,石脑油、燃料油的生产企业

销售给使用石脑油、燃料油生产乙烯、芳烃类化工品的企业，通过《证明单》方式直接免征消费税。自2011年10月1日起，财税〔2011〕87号文件将优惠方式改为对石脑油、燃料油生产企业正常征税，由使用石脑油、燃料油生产乙烯、芳烃的使用企业按照使用数量退税，即实行消费税退（免）税政策。

本节的讲述中，我们将以原油或其他原料生产石脑油、燃料油的企业简称生产企业；将使用石脑油、燃料油生产乙烯、芳烃类化工产品的企业，包括将自产石脑油、燃料油用于连续生产乙烯、芳烃类化工产品的企业简称使用企业。

9.4.1 乙烯、芳烃类化工产品的范围及界定

乙烯类化工产品是指乙烯、丙烯、丁二烯及衍生品；芳烃类化工产品是指苯、甲苯、二甲苯、重芳烃、混合芳烃及衍生品。

被检查的用石脑油、燃料油生产乙烯、芳烃类化工产品的企业与主管税务机关在产品界定上如果发生歧义，企业应根据税务机关的要求实施对其产品的抽检。

检验样品由税务人员与企业财务人员、技术人员共同实地提取样品一式两份，经双方确认签封，其中一份交具有检测资质的第三方检测机构检测，检测报告由企业提供给主管税务机关；另一份由主管税务机关留存。

【政策解析】依据《财政部 税务总局关于部分成品油消费税政策执行口径的公告》（财政部 税务总局公告2023年第11号）的规定，重芳烃、混合芳烃已经属于消费税征税范围，用石脑油、燃料油生产重芳烃、混合芳烃属于将应税消费品用于连续生产应税消费品。

9.4.2 生产企业

9.4.2.1 生产企业政策

自2011年10月1日起，境内生产石脑油、燃料油的企业对外销售（包括

对外销售用于生产乙烯、芳烃类化工产品的石脑油、燃料油）或用于其他方面的石脑油、燃料油征收消费税。但下列情形免征消费税：

（一）生产企业将自产的石脑油、燃料油用于本企业连续生产乙烯、芳烃类化工产品的；

（二）生产企业按照国家税务总局下发石脑油、燃料油定点直供计划（以下简称：定点直供计划，成品油发票标注"DDZG"标记）销售自产石脑油、燃料油的。

【政策解析】①生产企业自产石脑油、燃料油用于生产乙烯、芳烃类化工产品的，按实际耗用数量免征消费税，将自产石脑油、燃料油未用于生产乙烯、芳烃类化工产品的，不得免征消费税。②生产企业执行定点直供计划，销售石脑油、燃料油的数量在计划限额内，且开具有"DDZG"标识的成品油增值税专用发票的，免征消费税。未开具成品油增值税专用发票或开具其他发票的，不得免征消费税。生产企业实际执行定点直供计划时，超出国家税务总局核发定点直供计划量的，不得免征消费税。

9.4.2.2 定点直供计划管理

每年11月30日前，企业总部应将下一年度的《石脑油、燃料油定点直供计划表》上报国家税务总局货物和劳务税司，国家税务总局根据不同销售对象分别确定供应数量，即定点直供计划。年度内定点直供计划的调整，需提前30日报国家税务总局。

9.4.3 使用企业

9.4.3.1 使用企业退（免）税政策

一、应退税额的计算

自2011年10月1日起，对使用石脑油、燃料油生产乙烯、芳烃的企业购进并用于生产乙烯、芳烃类化工产品的石脑油、燃料油，按实际耗用数量暂退还所含消费税。

退还使用企业石脑油、燃料油所含消费税的计算公式为：

应退还消费税税额＝实际耗用石脑油、燃料油数量 × 石脑油或燃料油消费税单位税额

其中：实际耗用石脑油、燃料油数量＝当期投入乙烯、芳烃生产装置的全部数量－当期耗用的自产数量－当期耗用的外购免税数量

二、关注两个问题

（一）外购石脑油、燃料油用于生产乙烯、芳烃类化工产品的，应凭取得的成品油专用发票所载明的石脑油、燃料油的数量，按规定计算退还消费税，其他发票或凭证不得作为计算退还消费税的凭证。

（二）使用企业用于生产乙烯、芳烃类化工产品的石脑油、燃料油既有免税又有含税的，应分别核算，未分别核算或未准确核算的不予退税。

【政策解析】最初文件规定，使用企业生产乙烯、芳烃类化工产品应先计算耗用定点直供的国产免税石脑油、燃料油，实际耗用的油品数量大于外购免税油品数量，其超出部分的油品所含消费税才能申请办理退税。由于使用企业通常存在一定的合理库存，如果按先耗用免税油品，再耗用含税油品的顺序划分，将使得企业这部分库存油品所含消费税无法退还，占压了企业资金。为保障纳税人的权益，使用企业申请国产石脑油、燃料油消费税退税，不必先行计算扣除国产免税油数量。

9.4.3.1.1 使用企业生产过程中产生应税消费品的处理

1.使用企业生产乙烯、芳烃类化工产品过程中所生产的应税产品，应按规定征收消费税。

2.外购的含税石脑油、燃料油生产乙烯、芳烃类化工产品且已经退税的，在生产乙烯、芳烃类化工产品过程中生产的应税产品不得再扣除外购石脑油、燃料油应纳消费税税额。

9.4.3.1.2 使用企业外购免税油品未用于生产乙烯、芳烃类化工产品的处理

使用企业将外购的免税石脑油、燃料油未用于生产乙烯、芳烃类化工产

品（不包库存）或者对外销售的，应按规定征收消费税。

9.4.3.2 使用企业享受退（免）税条件

用石脑油、燃料油生产乙烯、芳烃类化工产品的企业，符合下列条件的，可提请消费税退税资格备案：

（一）营业执照登记的经营范围包含生产乙烯、芳烃类化工产品；

（二）持有省级（含）以上安全生产监督管理部门颁发的危险化学品《安全生产许可证》。如使用企业处于试生产阶段，应提供省级以上安全生产监督管理部门出具的试生产备案意见书；

（三）拥有生产乙烯、芳烃类化工产品的生产装置或设备，乙烯生产企业必须具备（蒸汽）裂解装置，芳烃生产企业必须具备芳烃抽提装置；

（四）用石脑油、燃料油生产乙烯、芳烃类化工产品的产量占本企业用石脑油、燃料油生产全部产品总量的50%以上（含）；

（五）书面承诺接受税务机关和海关对产品的抽检；

（六）国家税务总局和海关总署规定的其他情形。

【政策解析】使用企业将外购的含税石脑油、燃料油用于生产乙烯、芳烃类化工产品，并不都能享受退（免）税政策，只有生产的乙烯、芳烃类化工产品产量占本企业用石脑油、燃料油生产全部产品总量的50%以上（含）的，才可能享受。

9.4.3.3 使用企业资格备案、暂停及注销资格

境内使用石脑油、燃料油生产乙烯、芳烃类化工产品的企业，包括将自产石脑油、燃料油用于连续生产乙烯、芳烃类化工产品的企业，符合财税〔2011〕87号和《国家税务总局　海关总署关于石脑油燃料油生产乙烯芳烃类化工产品消费税退税问题的公告》（国家税务总局　海关总署公告2013年第29号）文件规定享受退（免）消费税优惠政策的纳税人，须向当地主管税务局或海关办理退（免）消费税资格备案（以下简称资格备案）。《国务院关

于取消非行政许可审批事项的决定》(国发〔2015〕27号)取消"乙烯、芳烃生产企业退税资格认定"审批事项,自2015年8月1日起,享受用于乙烯、芳烃类产品生产的石脑油、燃料油退(免)消费税优惠政策的纳税人,其退(免)税资格由事前审批调整为事中备案。

一、资格备案手续

(一)首次备案

使用企业应在申请退(免)消费税的首个纳税申报期内办理消费税退税资格备案,提交《石脑油、燃料油消费税退税资格备案表》(见本书附表1),同时将资格备案资料作为申报资料的一部分,一并提交主管税务机关;

2015年8月1日前,纳税人已取得退(免)消费税资格的,不需重新办理资格备案手续。

(二)变更备案

《石脑油、燃料油消费税退(免)税资格备案表》所列以下备案事项发生变化的,使用企业应于30日内向主管税务机关办理资格备案事项变更手续:

1.单位名称(不包括变更纳税人识别号);

2.产品类型;

3.原材料类型;

4.生产装置、流量计数量;

5.石脑油、燃料油库容;

6.营业执照、《安全生产许可证》或试生产备案意见书。

二、资格备案及变更备案的资料

使用企业资格备案及备案事项变更的资料包括:

1.《石脑油、燃料油消费税退(免)税资格备案表》。

2.石脑油、燃料油用于生产乙烯、芳烃类化工产品的工艺设计方案、装置工艺流程以及相关生产设备情况。

3.石脑油、燃料油用于生产乙烯、芳烃类化工产品的物料平衡图,要求标注每套生产装置的投入产出比例及年处理能力。

4.原料储罐、产成品储罐和产成品仓库的分布图、用途、储存容量的相关资料。

5.乙烯、芳烃类化工产品生产装置的全部流量计的安装位置图和计量方法说明,以及原材料密度的测量和计算方法说明。

6.上一年度用石脑油、燃料油生产乙烯、芳烃类化工产品的分品种的销售明细表。

7.营业执照登记、省级以上安全生产监督管理部门颁发的危险化学品《安全生产许可证》,如使用企业处于试生产阶段,应提供省级以上安全生产监督管理部门出具的试生产备案意见书原件及复印件。

8.《石脑油、燃料油消费税退税资格备案表》(见本书附录5附表1)。

三、备案部门

1.仅以自营或委托方式进口石脑油、燃料油生产乙烯、芳烃类化工产品的,应向进口地海关办理资格备案,涉及多个进口地的,应分别向各进口地海关办理资格备案。

2.仅以国产石脑油、燃料油生产乙烯、芳烃类化工产品的,应向主管税务机关办理资格备案。

3.既以国产又以进口石脑油、燃料油生产乙烯、芳烃类化工产品的,应分别向主管税务机关和进口地海关办理资格备案,涉及多个进口地的,应分别向各进口地海关办理资格备案。

四、备案流程

(一)文书受理岗对资格备案及备案事项变更资料进行完整性审核,资料齐全的,向使用企业开具受理通知书,并于2个工作日内将受理资料传递税源管理岗;对资料不齐全的,应告知纳税人并退还资料。

(二)税源管理岗收到资格备案及变更资料后,在退(免)税系统进行资格备案及备案事项变更的电子信息录入,纸质备案资料归档。

五、资格暂停或取消

使用企业发生下列行为之一的，主管税务机关应暂停或取消使用企业的退（免）税资格：

1.注销税务登记的，取消退（免）税资格。

2.主管税务机关实地核查结果与使用企业申报的备案资料不一致的，暂停或取消退（免）资格。

3.使用企业不再以石脑油、燃料油生产乙烯、芳烃类化工产品或不再生产乙烯、芳烃类化工产品的，经申请取消退（免）税资格。

4.经税务机关检查发现存在骗取国家退税款的，取消退（免）税资格。

5.未办理备案变更登记备案事项，经主管税务机关通知在30日内仍未改正的，暂停退（免）税资格。

6.未按月向主管税务机关报送《石脑油、燃料油生产、外购、耗用、库存月度统计表》（见本书附表4）和《乙烯、芳烃生产装置投入产出流量计统计表》（见本书附表5）、《使用企业外购石脑油、燃料油凭证明细表》（见本书附表3）的，暂停退（免）税资格。

7.不接受税务机关的产品抽检，不能提供税务机关要求的检测报告的，暂停退（免）税资格。

暂停或取消退（免）税资格的企业，由主管税务机关税源管理岗及时录入系统。

需要特别注意的是，使用企业被取消退（免）税资格的，其库存的免税石脑油、燃料油应当征收消费税。

9.4.4 石脑油、燃料油退（免）消费税管理操作规程

9.4.4.1 部门职责

一、各级税务部门职责：

（一）国家税务总局货物劳务税管理部门负责制定、完善石脑油、燃料

油退（免）消费税政策，发布石脑油、燃料油定点直供计划。

（二）省市国家税务局货物劳务税管理部门负责监督指导下级税务机关石脑油、燃料油退（免）消费税管理。

（三）县区国家税务局负责石脑油、燃料油退（免）消费税申报资料受理、变更、审核及退税管理，具体职责包括：

1.税源管理部门负责石脑油、燃料油退（免）消费税资格备案及变更、数据采集、审核、归档、退税追踪管理。

2.货物劳务税管理部门负责石脑油、燃料油退（免）消费税复核及退税管理。

3.收入核算部门负责石脑油、燃料油消费税退库管理。

二、主管税务机关通过石脑油、燃料油退（免）消费税管理系统［以下简称退（免）税系统］通过采集生产企业和使用企业退（免）税相关信息，完成退税审批和追踪管理。各级税务机关通过退（免）税系统监督本级和下级退（免）税管理情况。

9.4.4.2　受理使用企业退税申请的部门

一、我国境内使用石脑油、燃料油（以下简称油品）生产乙烯、芳烃类化工产品（以下简称化工产品）的企业，仅以自营或委托方式进口油品生产化工产品，向进口消费税纳税地海关（以下简称海关）申请退还已缴纳的消费税（以下简称退税）。

办理退税时，海关根据使用企业生产化工产品实际耗用的油品数量核定应退税金额，开具收入退还书，使用"进口成品油消费税退税"科目（101020221）退税。

二、使用企业仅以国产油品生产化工产品，向主管税务机关（以下简称税务机关）申请退税。

办理退税时，税务机关根据使用企业生产化工产品实际耗用的油品数量核定应退税金额，开具收入退还书，使用"成品油消费税退税"科目

（101020121）退税。

三、使用企业既购进国产油品又购进进口油品生产化工产品的，应分别核算国产与进口油品的购进量及其用于生产化工产品的实际耗用量，向税务机关提出退税申请。

税务机关负责对企业退税资料进行审核。对国产油品退税，由税务机关核定应退税金额，开具收入退还书。对进口油品退税，税务机关出具初审意见，连同进口货物报关单、海关专用缴款书和自动进口许可证等材料，送交海关复审，由海关核定应退税金额，开具收入退还书。

使用企业未分别核算国产与进口油品的购进量和实际耗用量的，不予办理退税。

四、税务机关和海关应向相关国库部门提供收入退还书，后附退税审批表、退税申请书等相关资料；国库部门经审核无误后，从相应预算科目中退付税款给申请企业。

五、税务机关和海关应加强合作，及时交换与退税相关的信息。

9.4.4.3 退（免）税申报资料

9.4.4.3.1 生产企业申报资料

生产企业销售含税石脑油、燃料油，应根据购买方企业的需要提供该油品所对应的消费税完税凭证复印件，并填制《生产企业销售含税石脑油、燃料油完税情况明细表》（见本书附表2），于次月纳税申报期报送至主管税务机关。主管税务机关及时将此表信息录入相关系统，供使用企业主管税务机关退税核对。

生产企业销售石脑油、燃料油发生消费税欠税（包括办理消费税缓缴手续）的，未交税油品对应的增值税专用发票信息不得填写在《生产企业销售含税石脑油、燃料油完税情况明细表》中。

9.4.4.3.2 使用企业申报资料

一、使用企业应区分不同情形，按以下规定报送退税资料：

（一）仅以进口石脑油、燃料油生产乙烯、芳烃类化工产品的，应每月向进口地海关报送以下资料：

1.《使用企业外购石脑油、燃料油凭证明细表》（见本书附表3）。

2.《石脑油、燃料油生产、外购、耗用、库存月度统计表》（见本书附表4）。

3.《乙烯、芳烃生产装置投入产出流量计统计表》（见本书附表5）。

4.进口货物报关单、海关进口消费税专用缴款书、自动进口许可证等材料复印件。

上述企业在申请退还进口消费税时，应向进口地海关提供《用于生产乙烯、芳烃类化工产品的石脑油、燃料油进口消费税退税申请表》（见本书附表6）。

（二）仅以国产石脑油、燃料油或既以国产又以进口石脑油、燃料油生产乙烯、芳烃类化工产品的，应向主管税务机关报送以下资料：

1.在每月纳税申报期报送的资料：

（1）《使用企业外购石脑油、燃料油凭证明细表》（见本书附表3）。

使用企业取得生产企业消费税完税凭证复印件后，应填写《使用企业外购石脑油、燃料油凭证明细表》（见本书附表3）。

①使用企业未取得生产企业消费税完税凭证复印件的，其外购油品的增值税专用发票信息不得填写在《使用企业外购石脑油、燃料油凭证明细表》中。

②使用企业从非生产企业购进国产含税石脑油、燃料油的，应向主管税务机关提供该油品对应的增值税专用发票和消费税完税凭证复印件。经主管税务机关核实确已缴纳消费税的，使用企业应将该油品对应的增值税专用发票和消费税完税凭证等信息填写在《使用企业外购石脑油、燃料油凭证明细表》中。

③上述供油企业（含生产企业和非生产企业）主管税务机关应协助使用企业主管税务机关，做好对该油品是否已缴纳消费税的核实工作。

（2）《石脑油、燃料油生产、外购、耗用、库存月度统计表》（见本书附表4）。

（3）《乙烯、芳烃生产装置投入产出流量计统计表》（见本书附表5）。

（4）《使用企业外购石脑油、燃料油凭证明细表》中"外购含税油品"项"消费税完税凭证号码"所对应的消费税完税凭证的复印件。

（5）当期外购石脑油、燃料油取得的已通过增值税发票选择确认平台确认的成品油增值税专用发票复印件。

（6）进口货物报关单、海关进口消费税专用缴款书、自动进口许可证等材料复印件。

2.申请退还消费税的，在当月纳税申报期结束后应报送以下资料：

（1）《用于生产乙烯、芳烃类化工产品的石脑油、燃料油消费税应退税额计算表》（见本书附表7）。

（2）使用企业初次向主管税务机关申请进口消费税退税的，如前期已向海关申请办理过退税事项，应提供上月进口地海关受理的《石脑油、燃料油生产、外购、耗用、库存月度统计表》（见本书附表4）。

（3）既以国产又以进口石脑油、燃料油生产乙烯、芳烃类化工产品的使用企业，按照规定经主管税务机关对进口石脑油、燃料油退税提出核对意见后，也应向进口地海关提供《用于生产乙烯、芳烃类化工产品的石脑油、燃料油进口消费税退税申请表》（见本书附表6）。

二、文书受理岗对消费税退（免）税申报资料进行完整性审核，并于2个工作日内将申报资料传递至税源管理岗。

石脑油、燃料油消费税政策如图9-1所示。

以石脑油、燃料油（简称油品）生产乙烯、芳烃类产品（简称化工产品）

生产企业

- **范围界定**：乙烯类化工产品是指乙烯、丙烯、丁二烯及衍生品；芳烃类化工产品是指苯、甲苯、二甲苯、重芳烃、混合芳烃及衍生品

- **税收待遇**：
  - 正常征税
  - 免税：执行定点直供计划；将自产的石脑油、燃料油用于生产乙烯、芳烃类产品

- **申报资料**：根据购买方的需要提供该油品所对应的消费税完税凭证复印件，并填制《生产企业销售含税石脑油、燃料油完税情况明细表》

使用企业

- **范围界定**：使用油品生产化工产品的企业，包括将自产油品用于连续生产化工产品的企业

- **税收待遇**：
  退（免）税：
  自产油品连续生产化工产品的，免税；外购油品生产化工产品的，退税。

- **应退税额**：
  应退还消费税税额=实际耗用石脑油或燃料油数量×石脑油或燃料油消费税单位税额
  其中：实际耗用石脑油、燃料油数量=当期投入乙烯、芳烃生产装置的全部数量−当期耗用的自产数量−当期耗用的外购免税数量
  外购油品的要求：①外购油品用于化工产品的，应凭成品油专用发票所载明的油品的数量计算退税，其他发票或凭证不予退税；
  ②用于生产化工产品的外购油品既有免税又有已税的，应分别核算，未分别核算或未准确核算，不予退税。

- **特别关注**：
  需要明确的两个问题：
  ①生产过程中产生的应税消费品正常征税，且不得抵扣原料石脑油、燃料油已纳税款。
  ②已退（免）税的石脑油、燃料油直接销售应征收消费税。

- **退（免）税条件**：
  1.营业执照登记的经营范围包含生产乙烯、芳烃类化工产品；
  2.持有省级（含）以上安全生产监督管理部门颁发的危险化学品《安全生产许可证》。如使用企业处于试生产阶段，应提供省级以上安全生产监督管理部门出具的试生产备案意见书；
  3.拥有生产乙烯、芳烃类化工产品的生产装置或设备，乙烯生产企业须有（蒸汽）裂解装置，芳烃生产企业须有芳烃抽提装置；
  4.用石脑油、燃料油生产乙烯、芳烃类化工产品的产量占本企业用石脑油、燃料油生产全部产品总量的50%以上（含）；
  5.书面承诺接受税务机关和海关对产品的抽检；
  6.国家税务总局和海关总署规定的其他情形。

9 成品油消费税政策

以石脑油、燃料油（简称油品）生产乙烯、芳烃类产品（简称化工产品） — **使用企业**

退（免）税资格备案

退（免）税资格备案资料：
1.《石脑油、燃料油消费税退（免）税资格备案表》；
2.石脑油、燃料油用于生产乙烯、芳烃类化工产品的工艺设计方案、装置工艺流程以及相关生产设备情况；
3.石脑油、燃料油用于生产乙烯、芳烃类化工产品的物料平衡图，要求标注每套生产装置的投入产出比例及年处理能力；
4.原料储罐、产成品储罐和产成品仓库的分布图、用途、储存容量的相关资料；
5.乙烯、芳烃类化工产品生产装置的全部流量计的安装位置图和计量方法说明，以及原材料密度的测量和计算方法说明；
6.上一年度用石脑油、燃料油生产乙烯、芳烃类化工产品的分品种的销售明细表；
7.营业执照登记、省级以上安全生产监督管理部门颁发的危险化学品《安全生产许可证》，如使用企业处于试生产阶段，应提供省级以上安全生产监督管理部门出具的试生产备案意见书原件及复印件；
8.《石脑油、燃料油消费税退税资格备案表》。

退（免）税资格备案方式：
使用企业应在申请退（免）消费税的首个纳税申报期内办理消费税退税资格备案，提交《石脑油、燃料油消费税退税资格备案表》和退（免）税资格备案资料；备案事项发生变化的，于30日内办理资格备案事项变更手续。

退（免）税资格备案部门：
1.仅以进口油品生产化工产品的→进口地海关，涉及多个进口地，分别向各进口地海关；
2.仅以国产油品生产化工产品的→主管税务机关；
3.同时以国产和进口油品生产化工产品的→主管税务机关和进口地海关关注：接受资格备案的部门也是将来申请退（免）税时办理退税的部门，前两种情形让直接向退税部门申请，第三种情形向税务部门申请，税务机关将国产油品部分办理退税后，对进口油品部分经过初审后送交海关复审，由海关办理退税。因此，使用企业未分别核算国产与进口油品的购进量和实际耗用量的，不予办理退税。

取消或暂停退（免）税资格备案：
1.主管税务机关实地核查结果与使用企业申报的备案资料不一致的，暂停或取消退（免）税资格；
2.经税务机关检查发现存在骗取国家退税款的，取消退（免）税资格；
3.未办理备案变更登记备案事项，经主管税务机关通知在30日内仍未改正的，暂停退（免）税资格；
4.未按月向主管税务机关报送《石脑油、燃料油生产、外购、耗用、库存月度统计表》和《乙烯、芳烃生产装置投入产出流量计统计表》《使用企业外购石脑油、燃料油凭证明细表》的，暂停退（免）税资格；
5.不接受税务机关的产品抽检，不能提供税务机关要求的检测报告的，暂停退（免）税资格。
6.使用企业不再以石脑油、燃料油生产乙烯、芳烃类化工产品或不再生产乙烯、芳烃类化工产品的，经申请取消退（免）税资格；
7.注销税务登记的，取消退（免）税资格。
需要特别注意的是，使用企业被取消退（免）税资格的，其库存的免税石脑油、燃料油应当征收消费税。

申报资料

1.当期外购石脑油、燃料油取得的已通过增值税发票选择确认平台确认的成品油增值税专用发票复印件；
2.进口货物报关单、海关进口消费税专用缴款书、自动进口许可证等材料复印件；
3.《使用企业外购石脑油、燃料油凭证明细表》；
4.《使用企业外购石脑油、燃料油凭证明细表》中"外购含税油品"项"消费税完税凭证号码"所对应的消费税完税凭证的复印件；
5.《石脑油、燃料油生产、外购、耗用、库存月度统计表》；
6.《乙烯、芳烃生产装置投入产出流量计统计表》；
另外，申请退税时提交《用于生产乙烯、芳烃类化工产品的石脑油、燃料油消费税应退税额计算表》。

图9-1　石脑油、燃料油消费税政策示意图

9.4.4.4 退（免）税的审核

税源管理岗收到消费税退（免）税申报资料后，将数据录入或导入退（免）税系统，并开展以下审核工作：

9.4.4.4.1 生产企业申报资料的审核

1.完税凭证号码是否符合要求。

2.《生产企业销售含税石脑油、燃料油完税情况明细表》发票中石脑油、燃料油数量是否小于或等于完税凭证石脑油、燃料油数量。

3.生产企业销售免税石脑油、燃料油数量是否超过定点直供计划规定的数量。

9.4.4.4.2 使用企业申报资料的审核

主管税务机关和进口地海关受理使用企业退税申请后，应及时完成以下工作：

（一）主管税务机关核对、退税工作

1.消费税退税资料的核对：

（1）《石脑油、燃料油生产、外购、耗用、库存月度统计表》中填报的乙烯类、芳烃类产品的本年累计产量占全部产品（本企业用石脑油、燃料油生产全部产品总量）的比例是否达到50%。

（2）《使用企业外购石脑油、燃料油凭证明细表》中"外购免税油品"和"外购含税油品"项的成品油增值税专用发票的"石脑油数量""燃料油数量"与主管税务机关采集认证的成品油增值税专用发票的货物名称、数量比对是否相符。

（3）《使用企业外购石脑油、燃料油凭证明细表》中"外购含税油品"项的"销货方纳税人识别号""消费税完税凭证号码"与使用企业提供的生产企业消费税完税凭证复印件信息比对是否相符。使用企业从非生产企业购进油品的，《使用企业外购石脑油、燃料油凭证明细表》中"外购含税油品"项的增值税专用发票、消费税完税凭证信息与税务机关核实情况是否一致。

（4）《使用企业外购石脑油、燃料油凭证明细表》中"外购含税油品"的"发票代码""发票号码""石脑油数量""燃料油数量""消费税完税凭证号码"与《生产企业销售含税石脑油、燃料油完税情况明细表》信息比对是否相符。

（5）《使用企业外购石脑油、燃料油凭证明细表》中"外购含税油品"项"海关进口消费税专用缴款书"的"缴款书号码、税款金额、数量"与使用企业提供进口货物报关单、海关进口消费税专用缴款书、自动进口许可证等材料复印件信息比对是否相符。

（6）当期申报的《石脑油、燃料油生产、外购、耗用、库存月度统计表》"外购数量统计"项的进口石脑油、燃料油的期初库存油品数量的本期数和累计数与前一期进口地海关办理退税的期末数据是否一致。

（7）《石脑油、燃料油生产、外购、耗用、库存月度统计表》《乙烯、芳烃生产装置投入产出流量计统计表》《使用企业外购石脑油、燃料油凭证明细表》《用于生产乙烯、芳烃类化工产品的石脑油、燃料油消费税应退税额计算表》表内、表间数据逻辑关系是否准确。

2.消费税退税资料核对相符的，在《用于生产乙烯、芳烃类化工产品的石脑油、燃料油消费税应退税额计算表》中填写国产油品的本期应退税数量和本期应退税额，并签署意见；在《退（抵）税申请审批表（通用）》签署意见；根据国产石脑油、燃料油的本期应退税额开具"收入退还书"（预算科目：101020121）；转交当地国库部门。

3.使用企业申请进口石脑油、燃料油退税的，主管税务机关在《用于生产乙烯、芳烃类化工产品的石脑油、燃料油消费税应退税额计算表》中填写进口油品的本期应退税数量和本期应退税额，并于签署"表书信息比对相符，表内、表间数据关系计算准确"的意见后，及时将该表及其他相关资料直接转交进口地海关；如涉及2个或2个以上进口地海关的，将以上退税资料直接转交海关总署（关税征管司）。

(二)进口地海关核对、退税工作

1.消费税退税资料的核对：

(1)对税务机关出具初核意见的退税资料进行复核。

(2)《使用企业外购石脑油、燃料油凭证明细表》中"外购含税油品"项"海关进口消费税专用缴款书"的"缴款书号码、税款金额、数量"及所对应的进口货物报关单、海关进口消费税专用缴款书、自动进口许可证等复印件信息与海关记录的相关信息比对是否相符。

(3)《石脑油、燃料油生产、外购、耗用、库存月度统计表》《乙烯、芳烃生产装置投入产出流量计统计表》《使用企业外购石脑油、燃料油凭证明细表》《用于生产乙烯、芳烃类化工产品的石脑油、燃料油消费税应退税额计算表》涉及进口油品的表内、表间数据关系计算是否准确。

2.消费税退税资料核对相符的，进口地海关在《用于生产乙烯、芳烃类化工产品的石脑油、燃料油进口消费税退税申请表》签署意见，开具"收入退还书"(预算科目：101020221)，转交当地国库部门。

(三)消费税退税核对不符的，主管税务机关和进口地海关应及时告知使用企业并退还其退税资料。

9.4.4.4.3 生产企业自产石脑油、燃料油生产乙烯、芳烃类产品的审核

一、生产企业发生将自产的石脑油、燃料油用于本企业连续生产乙烯、芳烃类化工产品的，应按月填报《石脑油、燃料油生产、外购、耗用、库存月度统计表》和《乙烯、芳烃生产装置投入产出流量计统计表》。

二、主管税务机关在受理生产企业纳税申报资料时，应核对以下内容：

(一)《成品油消费税纳税申报表》《石脑油、燃料油生产、外购、耗用、库存月度统计表》和《乙烯、芳烃生产装置投入产出流量计统计表》《生产企业定点直供石脑油、燃料油开具普通版增值税专用发票明细表》表内、表间数据关系计算是否准确。

(二)《石脑油、燃料油生产、外购、耗用、库存月度统计表》中"本期执行定点直供计划数量"的累计数是否超过定点直供计划限额。

（三）《石脑油、燃料油生产、外购、耗用、库存月度统计表》中"其中：汉字防伪版增值税专用发票的油品数量"与当期开具有"DDZG"标识的汉字防伪版增值税专用发票记载的数量是否一致。

（四）将《生产企业定点直供石脑油、燃料油开具普通版增值税专用发票明细表》中发票信息发送给使用企业主管税务机关进行核查；根据反馈的核查结果，对使用企业已作免税油品核算的，将允许抵顶下期应纳消费税应税数量的具体数量书面通知生产企业。

9.4.4.5 审核未通过的处理

申报资料审核未通过的情况处理：

（一）主管税务机关确认申报资料审核未通过属于数据填报错误的，应要求纳税人重新上报。

（二）生产企业销售免税石脑油、燃料油数量超过定点直供计划规定数量的，应当补缴消费税。

（三）因《生产企业销售含税石脑油、燃料油完税情况明细表》数据错误或不完整，造成数据比对不符的，使用企业主管税务机关通过退（免）税系统向对应的生产企业主管税务机关发送"完税信息提醒"，生产企业税务机关据此应开展数据核实，属于数据采集不完整的应及时补录相关数据；属于数据采集错误的，逐级提交国家税务总局修改数据。

（四）使用企业从非生产企业购进国产含税石脑油、燃料油，主管税务机关根据其提供的增值税专用发票和消费税完税凭证复印件，向上环节供油企业主管税务机关发函逐级核实确认是否缴纳消费税，经核实该油品确已完税的，将消费税完税凭证号码和回函信息录入退（免）税系统，审核通过。

9.4.4.6 审核通过的处理

一、退税资料审核通过后，税源管理岗在纸质《用于生产乙烯、芳烃类化工产品的石脑油、燃料油消费税应退税额计算表》签署审核意见，传递至货物劳务税管理岗复核，经主管局长签署意见后，转收入核算岗审核退税。

二、收入核算岗办理退税后，应将"收入退还书"复印件传递至税源管理岗。税源管理岗将"收入退还书"号码和退税金额录入退（免）税系统，纸质资料存档。

三、货物劳务税管理岗将签署进口油品审核意见的《用于生产乙烯、芳烃类化工产品的石脑油、燃料油消费税应退税额计算表》连同其他资料，转交进口地海关或海关总署。

9.4.4.7 使用企业日常管理

主管税务机关应加强石脑油、燃料油退（免）消费税的日常管理，对已办理退税的乙烯、芳烃生产企业，当地税务稽查部门和货物劳务税管理部门，每季度要对其退税业务的真实性进行检查，防止企业骗取退税款。检查的内容主要包括：

（一）使用企业申报的实际耗用量与全部外购量、库存量进行比对，应当符合"实际耗用量≤期初库存+本期外购量（含自产）-本期销售-期末库存量"。

使用企业申报的退税额应不大于外购含税石脑油、燃料油所含消费税税额。

（二）将使用企业实际产成品数据信息与利用产品收率计算原材料实际投入量信息进行比对，两者符合投入产出比例关系。

（三）将使用企业申报的实际耗用信息与石脑油、燃料油的出入库信息、生产计量信息及财务会计信息进行比对，符合逻辑关系。

（四）将使用企业申报的实际耗用信息与装置生产能力信息进行比对，符合逻辑关系。

（五）将使用企业本期外购石脑油、燃料油数量与相关增值税专用发票的抵扣信息进行比对，符合逻辑关系。

（六）生产企业免税销售石脑油、燃料油开具的增值税专用发票信息与总局定点直供计划规定的销售对象、供应数量等信息进行比对,两者销售对象应当一致,销售数量应等于或小于定点直供计划数量。

(七)使用企业外购免税的石脑油、燃料油数量信息与定点直供计划信息及相关的增值税专用发票信息进行比对,增值税专用发票开具的销售对象应当与定点直供计划规定的一致,其数量应等于或小于定点直供计划数量。

(八)使用企业申报的外购免税石脑油、燃料油数量信息与定点直供计划数量信息进行比对,免税数量应等于或小于定点直供计划。

9.4.4.8 生产企业与使用企业台账管理

生产企业、使用企业应建立石脑油、燃料油移送使用台账。分别记录自产、外购(分别登记外购含税国产、进口数量和外购国产免税数量)、移送使用石脑油、燃料油数量。

(财政部 中国人民银行 国家税务总局关于延续执行部分石脑油燃料油消费税政策的通知,财税〔2011〕87号,2011年9月15日;国家税务总局关于发布《用于生产乙烯、芳烃类化工产品的石脑油、燃料油退(免)消费税暂行办法》的公告,国家税务总局公告2012年第36号,2012年7月12日;财政部 中国人民银行 海关总署 国家税务总局关于完善石脑油、燃料油生产乙烯、芳烃类化工产品消费税退税政策的通知,财税〔2013〕2号,2013年2月1日;国家税务总局 海关总署关于石脑油、燃料油、生产乙烯、芳烃类化工产品消费税退税问题的公告,国家税务总局 海关总署公告2013年第29号,2013年5月29日;国家税务总局关于印发《石脑油、燃料油退(免)消费税管理操作规程(试行)》的通知,税总函〔2014〕412号,2014年8月29日;国家税务总局关于取消乙烯、芳烃生产企业退税资格认定审批事项有关管理问题的公告,国家税务总局公告2015年第54号,2015年7月24日;国家税务总局关于成品油消费税征收管理有关问题的公告,国家税务总局公告2018年第1号,2018年1月2日)

9.5 进口成品油范围

9.5.1 2014年1月1日起政策调整

自2014年1月1日起,对部分征收进口环节消费税的成品油税目予以进一步明确如下:

一、对进口的灯用煤油(税则号列:27101912)、其他煤油(税则号列:27101919)征收消费税,目前税额为1.2元/升。

二、对进口的含有生物柴油的成品油(税则号列:27102000)、不符合国家《柴油机燃料调合用生物柴油(BD100)》标准的生物柴油及其混合物(税则号列:ex38260000)征收消费税,目前税额为1.2元/升。

(财政部 国家税务总局关于明确部分征收进口环节消费税的成品油税目的通知,财关税〔2013〕79号,2013年12月20日)

9.5.2 2021年6月12日起政策调整

为维护公平税收秩序,根据国内成品油消费税政策相关规定,自2021年6月12日起进口成品油政策如下:

一、对归入税则号列27075000,且200摄氏度以下时蒸馏出的芳烃以体积计小于95%的进口产品,视同石脑油按1.52元/升的单位税额征收进口环节消费税。

二、对归入税则号列27079990、27101299的进口产品,视同石脑油按1.52元/升的单位税额征收进口环节消费税。

三、对归入税则号列27150000,且440摄氏度以下时蒸馏出的矿物油以体积计大于5%的进口产品,视同燃料油按1.2元/升的单位税额征收进口环节消费税。

四、本公告所称视同仅涉及消费税的征、退（免）税政策。

（财政部　海关总署　税务总局关于对部分成品油征收进口环节消费税的公告，财政部　海关总署　税务总局公告2021年第19号，2021年5月12日）

【**政策解析**】1.对归入税则号列27075000，且200摄氏度以下时蒸馏出的芳烃以体积计小于95%的进口产品，主要包括"混合芳烃"，混合芳烃是汽油组分主要原料之一。近年来国内部分贸易商以混合芳烃名义变相大量进口汽油组分。进口混合芳烃的30%~50%以组分进入汽油供应环节，为公平税负，堵塞消费税漏洞，19号公告将其纳入石脑油征税范围。

2.对归入税则号列27079990、27101299的进口产品，主要包括"轻循环油"，轻循环油是原油经过常减压装置处理后的柴油组分，可用于柴油组分或用作船用燃料等。近年来，从韩国或东盟一带大量进口轻循环烃，严重冲击正常的柴油市场供应，因此将其纳入石脑油征税范围。

3.对归入税则号列27150000，且440摄氏度以下时蒸馏出的矿物油以体积计大于5%的进口产品，主要包括"稀释沥青"，稀释沥青是以天然沥青、石油沥青、矿物焦油等基本成分的沥青混合物，可作沥青原料，也可作原油替代品加工。当前中国市场进口的多数稀释沥青本质是原油，如来自委内瑞拉的马瑞原油。在地炼进口配额紧缺的情况下，稀释沥青大规模流入中国，为堵塞征管漏洞，将其纳入燃料油征税范围。

9.6　成品油消费税管理办法

为了加强汽油、柴油消费税管理，提高征管质量和效率，实现消费税重点税源专人现场集中管理的目标，国家税务总局制定了《汽油、柴油消费税管理办法（试行）》，自2005年9月1日起施行。2008年，航空煤油、石脑油、溶剂油、润滑油、燃料油纳入消费税征税范围后，成品油消费税均依此办法管理。

9.6.1　登记管理

一、税务登记时提供的资料

纳税人应按照《税收征收管理法》及其实施细则的有关规定办理税务登记，纳税人除依照有关规定提供相关资料外，还必须提供下列资料：

1. 生产企业基本情况表（见本书附表8）。
2. 生产装置及工艺路线的简要说明。
3. 企业生产的所有油品名称、产品标准及用途。
4. 税务机关要求报送的其他资料。

二、相关情况变化时报告

已经办理税务登记的纳税人，其原油加工能力、生产装置、储油设施、油品名称、产品标准及用途发生变化的，应自发生变化之日起30日内向主管税务机关报告。

主管税务机关应在纳税人办理税务登记后或接到情况变化的报告后，及时到纳税人所在地实地查验、核实。

9.6.2　对成品油生产企业的管理

第一，主管税务机关应对纳税人实行专责管理。

第二，主管税务机关应定期委派管理员到生产企业所在地了解纳税人的生产经营情况及与纳税有关的情况。向纳税人宣传贯彻税收法律、法规和各项税收政策，开展纳税服务，为纳税人提供税法咨询和办税辅导，督促纳税人正确履行纳税义务、建立健全财务会计制度、加强账簿凭证管理。

第三，主管税务机关应当掌握纳税人生产经营、财务核算的基本情况。掌握纳税人原油、原料油品输入、输出管道、炼化装置、燃料油品运输口岸（管道运输、火车运输、船舶运输、罐车运输）等储运部门的具体位置，燃料油品流量计（表、检尺）的安装位置。了解产品重量单位的计算方法（在一定温度下重量=体积×密度），统计部门燃料油品产量计算方式、商品量的调整依据。

第四，主管税务机关应定期将依据纳税人储运部门的油品收发台账统计的油品发出量与流量表的流量总计或通过检尺检测后计算的流量总计进行核对。

第五，主管税务机关应对纳税人油品销售对象进行监控。定期将纳税人统计的油品发出量与销售对象（如石油公司等）的流量记录情况进行核对。

第六，主管税务机关应定期对纳税人开展纳税评估。综合运用纳税人申报资料及第三方信息资料（如原油加工损失等）和评估指标定义及比对方法，对纳税人纳税申报的真实性、准确性做出初步判断，根据评估分析发现的问题，约谈纳税人。

第七，汽油、柴油消费税纳税评估指标包括：原油及原料油加工量、原油库存能力、汽油库存能力、柴油库存能力、综合商品率、轻油收率、汽油收率、柴油收率、柴油、汽油产出比、税务机关计算的汽油销售数量、税务机关计算的柴油销售数量。

第八，主管税务机关应对纳税人开具的除汽油、柴油以外的所有油品销售发票（增值税专用发票、有效凭证）按照销售对象进行区分，将有疑点的发票信息及时传递给销售对象所在地主管税务机关，由销售对象所在地主管税务机关进行协查。

第九，销售对象所在地主管税务机关应对本环节购进货物用途、再销售对象进行核查，于收到核查信息后15日内将核查结论反馈给生产企业所在地主管税务机关。对于本环节仍有疑点的发票，销售对象所在地主管税务机关应继续向下一环节购货方所在地主管税务机关发出协查信息。

第十，主管税务机关应根据税收管理的需要，对纳税人销售、自用、受托加工的除汽油、柴油以外的油品进行取样备检，可以要求纳税人于销售货物前提供备检样品。

9.6.3 评估指标定义及比对方法

一、评估指标定义

（一）综合商品率=原油产品商品量÷原油及原料油加工量×100%

（二）轻油收率=轻油产品（轻油产品范围包括：汽油、煤油、柴油、石脑油、溶剂油、苯类产品、洗涤剂原料油、分子筛脱蜡料、甲基叔丁基醚）产量÷原油及原料油加工量×100%

（三）汽油收率=汽油产量÷原油及原料油加工量×100%

（四）柴油收率=柴油产量÷原油及原料油加工量×100%

（五）柴油、汽油产出比例=柴油产量÷汽油产量

（六）税务机关计算的汽油、柴油销售数量

1.对于中国石油天然气集团（股份）、中国石油化工集团（股份）下属炼厂：

税务机关计算的汽油销售数量=汽油期初库存数量+集团下达的本期汽油产量－汽油期末库存数量－损耗

税务机关计算的柴油销售数量=柴油期初库存数量+集团下达的本期柴油产量－柴油期末库存数量－损耗

损耗标准由国家税务总局商中国石油天然气集团（股份）、中国石油化工集团（股份）。

2.对于其他炼厂：

税务机关计算的汽油销售数量=汽油期初库存数量+原油及原料油本期领用数量×税务机关掌握的汽油收率－汽油期末库存数量－损耗

税务机关计算的柴油销售数量=柴油期初库存数量+原油及原料油本期领用数量×税务机关掌握的柴油收率－柴油期末库存数量－损耗

损耗标准由主管税务机关参照国家税务总局下达的损耗标准确定。

二、比对方法

（一）经营表中原油本期期末库存数与基本情况表中原油最大储油能力

进行比对。

（二）将经营表中汽油、柴油本期期末库存数量与基本情况表汽油、柴油最大储油能力进行比对。

（三）将中国石油天然气集团（股份）、中国石油化工（股份）所属炼厂申报的经营表中的本期综合商品率、本期轻油收率与往期相同指标进行比对。

（四）将其他炼厂申报的经营表中的本期综合商品率、本期轻油收率、按本期汽油产量和本期原油及原料油加工量计算的汽油收率、按本期柴油产量和本期原油及原料油加工量计算的柴油收率、按本期柴油产量和本期汽油产量计算的柴油、汽油产出比例与往期相同指标进行比对。

（五）将纳税人申报的汽油、柴油销售数量与税务机关计算的同产品销售数量进行比。

（六）将销售表中的汽油销售数量合计数、柴油销售数量合计数与依据油品收发台账统计的同期汽油、柴油发出数量合计数进行比对。

（七）对纳税人开具的货物名称为汽油柴油的发票上注明的销售数量按照汽油、柴油分别进行合计，计算纳税人每月消费税应纳税额，与纳税人申报及缴纳的消费税应纳税额进行比对。

（国家税务总局关于印发《汽油、柴油消费税管理办法（试行）》的通知，国税发〔2005〕133号，2005年8月25日）

9.7 原油加工及石油制品制造行业基础知识

原油加工及石油制品制造行业按国民经济行业分类属C门类制造业，25大类石油加工、炼焦和核燃料加工业，251中类精炼石油产品制造，2511小类行业原油加工及石油制品制造。

该行业是以石油（燃料油）为原料，生产石油产品和石油化工产品的加工工业。石油产品又称油品，主要包括各种燃料油（汽油、煤油、柴油等）、润滑油、液化石油气、石油焦炭、石蜡、沥青等，生产这些产品的过程被称为石油炼制，简称炼油。石油化工产品主要是由炼油过程提供的原料油和气进一步化学加工而成，生成以乙烯、丙烯、丁二烯、苯、甲苯、二甲苯等为代表的基本化工原料，再对其进一步加工，生产多种有机化工原料及合成材料（塑料、合成纤维、合成橡胶等）。

9.7.1 原油的物理属性及概念

9.7.1.1 原油的化学组成

原油又称石油，是从地下深处开采出来的一种液态的能源矿产。黄色至棕黑色的可燃黏稠液体。

一、原油的分类

1.按组成分类：原油可分为石蜡基原油、环烷基原油和中间基原油三类。

2.按硫含量分类：原油可分为超低硫原油、低硫原油、含硫原油和高硫原油四类。

3.按比重分类：原油可分为轻质原油、中质原油、重质原油三类。

二、原油的外观性质

原油一般情况下是一种流动或半流动的黏稠液体，其流动状态与原油的蜡含量多少和黏稠度大小有关。从颜色上看，大部分原油是黑色，也有暗绿或暗褐色，少数显示赤褐、浅黄色，甚至无色。原油的颜色与其所含胶质、沥青质的多少有关。原油的相对密度一般都小于1，绝大多数在0.8~0.98，但也有个别高达1.02或低于0.71，我国的原油一般都在0.85以上，属于偏重的常规原油。原油有不同程度的臭味，主要是因为含有硫化物的原因。

三、原油的元素组成

原油主要由碳（C）和氢（H）两种元素组成，其中含碳在83%~87%，含氢在11%~14%，两者合计在95%~99%（质量分数），另外还含有少量的硫、氧、氮、磷、钒等元素。

四、原油的烃类组成

原油主要是由烷烃、环烷烃、芳香烃及其混合烃构成的复杂混合物，天然原油中一般不含烯烃、炔烃等不饱和烃，只有在原油的二次加工产物中（如热加工产物、催化裂化产物等）含有不同数量的烯烃。

1.烷烃。烷烃是原油的主要成分，在常温常压下，C1~C4（即分子中含有1~4个碳原子）烷烃为气体，C6~C15的烷烃为液体，大于C16的正构烷烃为固体。

2.干气和湿气。干气：含有大量甲烷和少量乙烷的天然气为干气；湿气：除含有较多的甲烷、乙烷外，还含有少量易挥发的液态烃蒸汽（如戊烷、己烷、辛烷）的天然气。

3.环烷烃。环烷烃是环状的饱和烃，石油中的环烷烃主要是含五碳环的环戊烷系和含六碳环的环己烷系。从数量上看，国内原油一般是环己烷系多于环戊烷系，而大多数国外原油则是环戊烷系多于环己烷系。环烷烃的抗爆性较好、凝点低，有较好的润滑性能和黏温性，是汽油、喷气燃料及润滑油的良好组分。环烷烃的化学性质与烷烃相近，但稍活泼，在一定条件下可发生氧化、卤化、硝化、热分解等反应，环烷烃在一定条件下还能脱氢生成芳香烃。

4.芳香烃。芳香烃是指分子中含有苯环的烃类，一般苯环上带有不同的烷基侧链，也是石油的主要组分之一。同一种原油中，随着沸点（或相对分子质量）的升高，芳香烃的含量增多。石油中除含有单环芳香烃外，还含有双环和多环芳香烃。

芳香烃的化学性质较烷烃稍活泼，可与一些物质发生反应，但芳香烃中的苯环很稳定，强氧化剂也不能使其氧化，也不易起加成反应。在一定条件下，芳香烃上的侧链会被氧化成有机酸，这是油品氧化变质的重要原因之一。芳香烃在一定条件下还能进行加氢反应。

5.烯烃。石油中一般不含烯烃。烯烃主要存在于石油的二次加工产物中。

烯烃又分为单烯烃（即分子中含有一个双键）、双烯烃和环烯烃。在常温常压下，单烯烃C_2~C_4是气体，C_5~C_{18}是液体，C_{18}以上是固体。

烯烃分子中有双键，烯烃的化学性质很活泼，可与多种物质发生反应。在一定条件下可进行加成、氧化和聚合等各种反应。在空气中烯烃易氧化成酸性物质或胶质，特别是二烯烃和环烯烃更易氧化，影响油品的储存安定性。

9.7.1.2　原油评价及其产品常用指标

石油及其产品的物理性质是生产和科研中评定油品质量和控制加工过程的主要指标。加工一种原油之前，先要测定它的各种物理性质，如沸点范围（馏分组成）、相对密度、黏度、凝点、闪点、残炭、含硫量等，称为原油的评价实验。根据原油评价才能确定原油的合理加工方案。

1.密度和相对密度。

在规定温度下，单位体积内所含物质的质量称为密度，单位是g/cm^3或kg/m^3。我国国家标准GB/T 1884规定，20℃时密度为石油和液体石油产品的标准密度，以ρ20表示。其他温度下测得的密度用$ρ_1$表示。

油品的密度与规定温度下水的密度之比称为油品的相对密度，用d表示，是无量纲的。因4℃时纯水的密度近似为$1g/cm^3$（3.98℃时水的密度为$0.999\ 97g/cm^3$），常以4℃的水为比较标准。密度是评价石油质量的主要指标，通过密度和其他性质可以判断原油的化学组成。

2.蒸气压。

在一定温度下，液体与其液面上方蒸气呈平衡状态时，该蒸气所产生的压力称为饱和蒸气压，简称蒸气压。蒸气压越高，说明液体越容易汽化。

石油及石油馏分的蒸气压与纯物质有所不同，它不仅与温度有关，而且与汽化率（或液相组成）有关，在温度一定时，汽化量变化会引起蒸气压的变化。

油品的蒸气压通常有两种表示方法：一种是油品质量标准中的雷德

（Reid）蒸气压，它是在规定条件（38℃、气相体积与液相体积之比为4∶1）下测定的；另一种是真实蒸气压，指汽化率为零时的蒸气压。

3.沸点与馏程。

纯物质在一定外压下，当加热到某一温度时，其饱和蒸气压等于外界压力，此时液体就会沸腾，此温度称为沸点。在外压一定时，纯化合物的沸点是一个定值。

将一定量的油品放入仪器中进行蒸馏，经过加热、汽化、冷凝等过程，油品中低沸点组分易蒸发出来，蒸馏时流出第一滴冷凝液时的气相温度称为初馏点。从初馏点到干点（或终馏点）这一温度范围称为馏程，在此温度范围内蒸馏出的部分称为馏分。馏分与馏程或蒸馏温度与馏出量之间的关系称为原油或油品的馏分组成。

4.特性因数（K）。

特性因数（K）是反映石油或石油馏分化学组成特性的一种特性数据，应用极为普遍。不同烃类的特性因数是不同的，烷烃的最高，环烷烃的次之，芳香烃的最低。含烷烃多的石油馏分的特性因数较大，约为12.5~13.0；含芳香烃多的石油馏分的特性因数较小，约为10~11；一般石油的特性因数在9.7~13之间。

5.平均相对分子质量。

石油馏分的分子量是其中各组分相对分子质量的平均值，称为平均相对分子质量（曾称分子量）。石油馏分的平均相对分子质量随馏分沸程的升高而增大。汽油的平均相对分子质量约为100~120，煤油为180~200，轻柴油为210~240，低黏度润滑油为300~360，高黏度润滑油为370~500。

平均相对分子质量是炼油工艺过程工艺设计及工艺计算的重要基础物性。

6.黏度。

黏度是表示液体流动时分子间摩擦而产生阻力的大小。黏稠的液体比稀薄的液体流动得慢，因为黏稠液体在流动时产生的分子间的摩擦力较大。黏度的大小随液体组成、温度和压力不同而异。

黏度的表示方法有动力黏度、运动黏度及恩氏黏度等。国际标准化组织（ISO）规定统一采用运动黏度。

石油及其馏分或产品的黏度随其组成不同而异。含烷烃多（特性因数大）的石油馏分黏度较小，含环状烃多（特性因数小）的石油馏分黏度较大。一般来说，石油馏分越重，沸点越高，则其黏度越大。

油品的黏温性质常用两种方法表示，即黏度比和黏度指数（VI）。

黏度比最常用的是50℃与100℃运动黏度的比值，也有用–20℃与50℃运动黏度的比值，分别表示为v50℃/v100℃和v–20℃/v50℃。油品的黏度比越小，其黏温性越好。

黏度指数是世界各国表示润滑油黏温性质的通用指标，也是ISO标准。油品的黏度指数越高，则黏温性质越好。各种不同烃类中，以正构烷烃的黏温性最好，环烷烃次之，芳香烃的黏温性最差。烃类分子中环状结构越多，黏温性越差，侧链越长，则黏温性越好。

7.低温性能。

燃料和润滑油通常需要在冬季、室外、高空等低温条件下使用，所以油品在低温时的流动性是评价油品使用性能的重要项目，油品低温流动性能包括浊点、冰点、结晶点、倾点、凝点和冷滤点等，它们都是使用特定仪器在规定条件下测定的。

浊点是在规定条件下，清晰的液体油品由于出现蜡的微晶粒而呈雾状或浑浊时的最高温度。若油品继续冷却，直到油中出现肉眼能看得到的晶体，此时的温度就是结晶点。油品中出现结晶后，若再使其升温，使原来形成的烃类结晶刚好消失时的最低温度称为冰点。同一油品的冰点比结晶点稍高1~3℃。

浊点是灯用煤油和DMX船用燃料油的重要质量指标，而结晶点和冰点是航空汽油和喷气燃料的重要质量指标。

纯化合物在一定温度和压力下有固定的凝点，而且与熔点数值相同。而油品是一种复杂的混合物，它没有固定的"凝点"。所谓油品的"凝点"，是指在规定条件下测得的油品刚刚失去流动性时的最高温度，完全是有条件性的。

倾点是在标准条件下，被冷却的油品能流动的最低温度。冷滤点是表示柴油在低温下堵塞滤网可能性的指标，是按照SH/T 0248—2006规定的测定条件，当油品通过滤器的流量每分钟不足20mL时的最高温度。因冷滤点测定的条件近似于使用条件，故可以用来粗略判断柴油可能使用的最低温度。

倾点是船用燃料油的重要质量指标，冷滤点和凝点是柴油低温性能的质量指标。

油品的低温流动性与其化学组成有密切关系。油品的沸点越高，特性因数越大或含蜡量越多或低温下的黏度越大，其倾点或凝点就越高，低温流动性越差。

8.闪点、燃点和自燃点。

闪点：是在规定条件下，加热油品所逸出的蒸气和空气组成的混合物与火焰接触发生瞬间闪火时的最低温度。由于测定仪器和条件的不同，油品的闪点又分为闭口闪点和开口闪点两种，两者的数值是不同的。通常轻质油品测定其闭口闪点，重质油和润滑油多测定其开口闪点。

石油馏分的沸点越低，其闪点也越低。汽油的闪点约为 $-50{\sim}30℃$，煤油的闪点为 $28{\sim}60℃$，润滑油的闪点为 $130{\sim}325℃$。闪点可作为判断油品中是否混入轻组分的重要依据。

燃点：是在规定条件下，当火焰靠近油品表面的油气和空气混合物时发生闪火并能持续燃烧至少5秒以上时的最低温度。

自燃点：测定闪点和燃点时，需要用外部火源引燃。如果预先将油品加热到很高的温度，然后使之与空气接触，则无需引火，油品因剧烈的氧化而产生火焰自行燃烧，称为油品的自燃。发生自燃的最低温度称为油品的自燃点。

闪点和燃点与烃类的蒸发性能有关，而自燃点却与其氧化性能有关。所以，油品的闪点、燃点和自燃点与其化学组成有关。油品的沸点越低，其闪点和燃点越低,而自燃点越高。因芳香烃比烷烃稳定,故烷烃的自燃点低,但烷烃的闪点却比黏度相同而含环烷烃和芳香烃较多的油品高。因此,含烷烃多的油品,其自燃点低,但闪点高。

9.比热容。

单位质量的物质温度升高1℃(或K)所需要的热量称为比热容,油品的比热容随密度增加而减小,随温度升高而增大。

10.汽化潜热。

在常压沸点下,单位质量的物质由液态转化为气态所需要的热量称为汽化潜热,单位是KJ/kg。汽油的汽化潜热约为290~315KJ/kg,煤油为250~270KJ/kg,柴油为230~250KJ/kg,润滑油为190~230KJ/kg。

11.焓。

焓的绝对值是不能测定的,但可测定过程始态焓和终态焓的变化值。人为地规定某个状态下的焓值为零,该状态称为基准状态。物质从基准状态变化到指定状态时发生的焓变称为物质在该状态下的焓值,单位是KJ/kg。油品的焓与其化学组成有关。在相同温度下,油品的密度越小,特性因数越大,其焓值越高。

12.折射率(折光率)。

光在真空中的速度($2.998\,6 \times 10^3$m/s)与光在物质中速度之比称为折射率,以n表示。通常用的折射率数据是光在空气中的速度与被空气饱和的物质中的速度之比。在其他条件相同的情况下,烷烃的折射率最低,芳香烃的最高,烯烃和环烷烃介于它们之间。对环烷烃和芳香烃,分子中环数越多则折射率越高。油品的折射率常用于测定油品的烃类族组成,炼油厂的中间控制分析也采用折射率来求定残炭值。

13.含硫量。

含硫量是指油品中含硫元素的质量分数。

14.胶质、沥青质和蜡含量。

原油中的胶质、沥青质和蜡含量对原油输送影响很大,通常需要测定原油中胶质、沥青质和蜡含量，均以质量分数表示。

15.残炭。

在规定的条件下，将油品在不通空气的情况下加热至高温，油品中的烃类即发生蒸发和分解反应，最终成为焦炭。此焦炭占试验用油的质量分数，叫作油品的残炭或残炭值。石油的残炭在一定程度上反映了其中沥青质、胶质和稠环芳香烃的含量。这对于选择石油加工方案有一定的参考意义。此外，因为残炭的大小能够直接地表明油品在使用中积炭的倾向和结焦的多少，所以残炭还是润滑油和燃料油等重质油以及二次加工原料的质量指标。

9.7.1.3　原油的分类

目前，比较常用的原油分类方法主要有工业分类法和化学分类法。

一、工业分类法

工业分类法是按照原油的密度、酸值、含硫量、含蜡量、含氮量及含胶量进行分类的方法。

1.按原油密度可分：轻质原油、中质原油、重质原油、特稠原油。

2.按原油含硫量可分：超低硫原油、低硫原油、含硫原油、高硫原油。

3.按原油含酸量可分：低酸原油、含酸原油、高酸原油。

二、化学分类法

化学分类法是按照原油的化学性质进行分类的方法，常用的化学分类法有特性因数（K）分类法和关键馏分特性分类法。

1.特性因数（K）分类法：石蜡基原油、中间基原油、环烷基原油。

（1）石蜡基原油特性因数大于12.1，密度较小，适于生产润滑油、石蜡等产品，但难以生产高质量的沥青产品。

（2）环烷基原油特性因数小于11.5，密度较大，适于生产高质量沥青。

（3）中间基原油特性因数为11.5~12.1之间。

2.关键馏分特性分类法：把原油放在特定的简易蒸馏设备中，按照规定的条件进行蒸馏，取250~275℃和395~425℃两个馏分分别作为第一关键馏分和第二关键馏分，根据密度对这两个馏分进行分类，最终确定原油的类别。

目前国内常用的几种原油中，大庆原油属低硫石蜡基原油、胜利原油属含硫中间基原油、孤岛原油属高硫环烷基原油、辽河原油属低硫中间基原油、华北原油属低硫石蜡基原油、中原原油属含硫石蜡基原油、新疆原油属低硫石蜡—中间基原油。

9.7.1.4 原油加工方案选择

原油加工方案与原油的特性及国民经济对石油产品的需求密切相关，根据市场需求来确定产品结构和产品质量、根据原油的来源确定生产油品的品种、根据原油的评价分析指标和经济指标来确定技术的可行性和经济回报指标等，另外还要根据环保要求等进行生产。

石蜡基原油的减压馏分油是催化裂解的好原料，用其生产的润滑油质量好、收率高，同时得到的石蜡质量也好；环烷基原油的减压渣油可生产高质量的沥青产品等。

根据生产目的（产品品种）不同，原油加工方案可分为以下类型。

一、燃料型

这类加工方案的产品基本上都是燃料，如汽油、喷气燃料、柴油和重油等，还可生产燃料气、芳烃和石油焦等。

燃料型炼油厂通过一次加工（即常减压蒸馏）尽可能将原油中的轻质馏分汽油、煤油和柴油分出，并利用催化裂化、加氢裂化和焦化等二次加工工艺，将重质馏分转化为轻质油。

二、燃料—化工型

这类加工方案是以生产燃料和化工产品或原料为主，具有燃料型炼厂的各种工艺及装置，同时还包括一些化工生产装置。原油先经过一次加工分出其中的轻质馏分，其余的重质馏分再进一步通过二次加工转化为轻质油。轻质馏分一部分用作发动机燃料，一部分通过催化重整、裂解工艺制取芳香烃和烯烃，作为有机合成的原料。利用芳香烃和烯烃为基础原料，通过化工装置还可生产醇、酮、酸等基本有机原料和化工产品。

三、燃料—润滑油型

这类加工方案除生产各种燃料外，生产各种润滑油。原油通过一次加工将其中的轻质馏分经过各种润滑油生产工艺，如溶剂脱沥青、溶剂精制、溶剂脱蜡、白土精制或加氢精制等，生产各种润滑油基础油。将各种基础油及添加剂按照一定比例进行调和，即可得到各种润滑油。

四、燃料—润滑油—化工型

这类加工方案除生产各种燃料和润滑油外，同时还生产一些石油化工产品或者为石油化工提供原料，例如某些烯烃、芳烃、聚合物的单体等。它是燃料—润滑油加工方案向化工方向的延伸，属于生产装置齐全、产品结构合理的大型综合类炼化企业。

9.7.2 生产工艺及装置简介

石油炼化（炼油）企业由于隶属关系不同，可归纳为中石化、中石油、中海油、中国中化、兵器集团、国能集团、地方炼油等几类企业。

一、常规炼油厂构成：主要有炼油装置、油品储运系统、公用工程、其他设施等。

1.炼油装置：原油电脱盐和常减压蒸馏；蜡渣油转化装置，如渣油加氢/裂化、蜡油加氢/裂化、催化裂化、延迟焦化等装置；产品精制，如汽油、煤油、柴油加氢，润滑油加氢精制；气体加工，如气体脱硫、气分、烷基化、MTBE等；制氢装置，如POX，天然气制氢，PSA，膜分离；石化品生产，如芳烃抽提、聚丙烯、乙苯/苯乙烯等。

2.油品储运系统：罐区系统，包括原油系统、中间原料油、成品油、污油系统等；瓦斯放空系统，包括放空系统（高、低、硫三系统）、火炬设施；自用燃料系统，包括燃料气、燃料油；化学药剂系统，包括酸、碱、添加剂。

3.公用工程：给排水系统，包括新鲜水、循环水、污水处理、排水系统等；供配电系统，包括变电、配电、发电等；蒸汽系统，包括水处理、除盐水、除氧水、蒸汽系统、锅炉等；供风系统，包括空压站、空分站、净化风等。

4.其他设施：如控制室、分析化验室等。

二、石油炼制企业生产装置大体可以按生产目的分为以下几类：

1.原油一次加工生产装置：包括电脱盐装置、常压装置、减压装置。

2.重油深度加工生产装置：包括催化裂化、加氢裂化、重油加氢脱硫、减粘裂化、延迟焦化、溶剂脱沥青、氧化沥青、润滑油及石蜡装置（含溶剂精制、酸碱白土精制、脱蜡、脱油、蜡成型、润滑油调和、合成润滑油、润滑脂）等。

3.提高产品质量生产装置：包括催化重整、制氢、汽油加氢、煤油加氢、柴油加氢、润滑油加氢、汽煤柴油酸碱精制、烷基化、甲基叔丁基醚（MTBE）等。

4.资源综合利用装置：气体分离、C5/C6异构化、芳烃抽提、芳烃分离、烃化、丙烯聚合及其他。

5.环境保护装置：航煤脱硫醇、汽油脱硫醇、液化气脱硫醇、气体脱硫、硫磺回收、尾气处理、酸性水汽提、污泥焚烧等。

石油炼制过程首先将石油通过蒸馏的方法分离出汽油、煤油、柴油等燃料油馏分，副产石油气、蜡油和渣油；比燃料油重的组分，又通过热裂化、催化裂化等工艺化学转化为燃料油，这些燃料油有的需要采用重整、加氢等工艺进行精制。最重的减压渣油则经溶剂脱沥青过程生产出脱沥青油和石油沥青，或经过延迟焦化工艺使重油裂化为燃料油组分，并副产石油焦。近年来加氢工艺更多地用于燃料油和润滑油的生产中，为石油化工生产原料的炼油厂还采用加氢裂解工艺。

主要生产装置流程如图9-2所示：

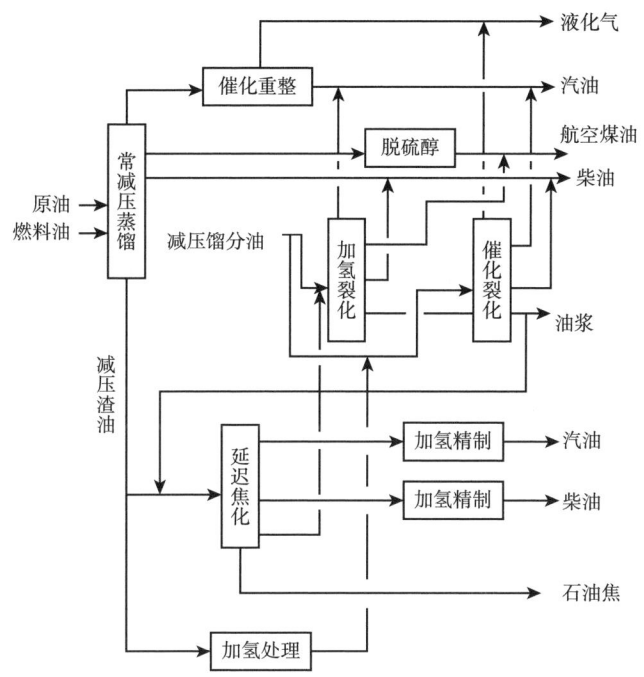

图 9-2 炼油行业生产装置流程图

9.7.2.1 常减压装置

常减压装置是原油（燃料油）加工的第一道工序，是常压蒸馏和减压蒸馏的合称，其主要任务是对原油（燃料油）进行初步物理分离，原料油在蒸馏塔里分离成沸点范围不同的油品（称为馏分），这些油有的经调和、加添加剂后以产品形式出厂，相当大的部分是后续加工装置的原料，因此，常减压蒸馏装置的处理量基本等同于炼油企业的处理量。

主要工艺是将原料油通过电脱盐、初馏、常压蒸馏、减压蒸馏四道工序。初馏和常压装置生产的产品主要有直馏石脑油、煤油、直馏柴油，常压塔底部的油品是常压重油。减压装置生产的油品主要是减压蜡油和减压渣油。蜡油、渣油是催化裂化装置的主要原料，渣油是延迟焦化装置的主要原料。减压渣油按照沥青的国家标准进行检测，达到标准的可作为沥青产品销售，其余的作为渣油，为下游装置提供原料。

常减压装置主要设备包括电脱盐罐、初馏塔、常压塔、常压（加热）炉、减压塔、减压炉、抽真空系统等。

常减压装置及工艺流程如图9-3所示：

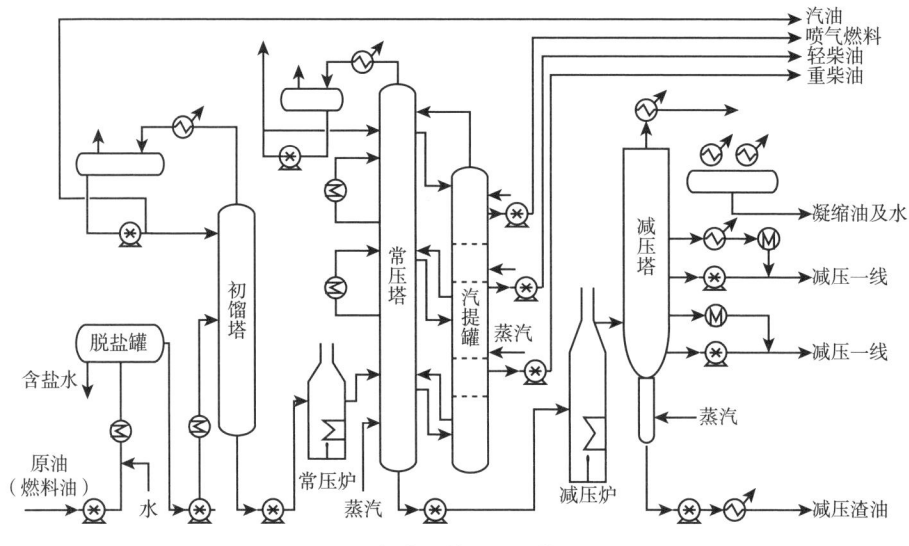

图9-3 常减压装置及工艺流程图

9.7.2.2 催化裂化装置

催化裂化是目前石油炼制工业中最重要的二次加工过程，也是重油轻质化的核心工艺，是提高原油加工深度、增加轻质油收率的重要手段。主要原料是重质馏分油（减压蜡油、焦化蜡油）、常压重油、减压渣油（掺一部分馏分油）、脱沥青油。其主要工艺是通过催化剂的作用将减压蜡油、焦化蜡油和减压渣油等重质油轻质化，生产出汽油、柴油、油浆、液化气、干气等产品，同时获得烯烃及芳香烃等化工原料。

催化裂化装置主要设备包括反应——再生单元、分馏单元、吸收稳定单元、富气压缩机、能量回收及主风机、CO余热锅炉6个部分。当所用原料、催化剂及反应条件不同时，所得产品的性质和收率也不相同。

催化裂化装置及工艺流程如图9-4所示：

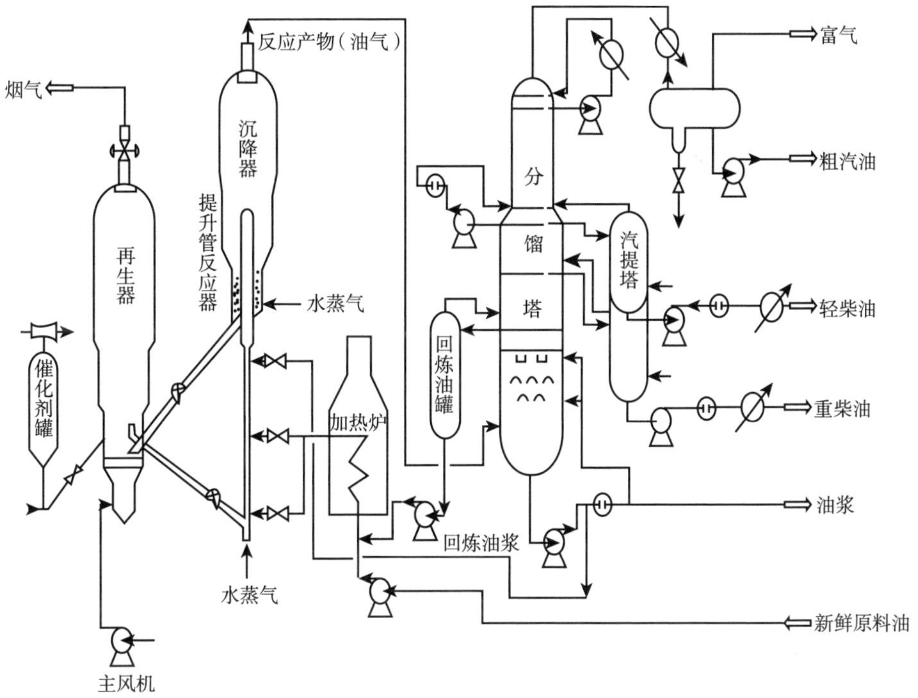

图9-4 催化裂化装置及工艺流程图

9.7.2.3 延迟焦化装置

延迟焦化是以重质油馏分（减压渣油）为原料，在高温（480~550℃）下进行深度裂解和聚合（热裂化）反应的热加工过程，也就是一种渣油轻质化过程，它是唯一能生产石油焦的工艺过程。主要产品为焦化气（含干气、液化气组分）、焦化汽油、焦化柴油、焦化蜡油、石油焦。

延迟焦化装置主要包括加热炉——焦炭塔单元、分馏单元、富气压缩机、吸收稳定单元、脱硫单元、水力除焦单元6个部分。

延迟焦化装置及工艺流程如图9-5所示：

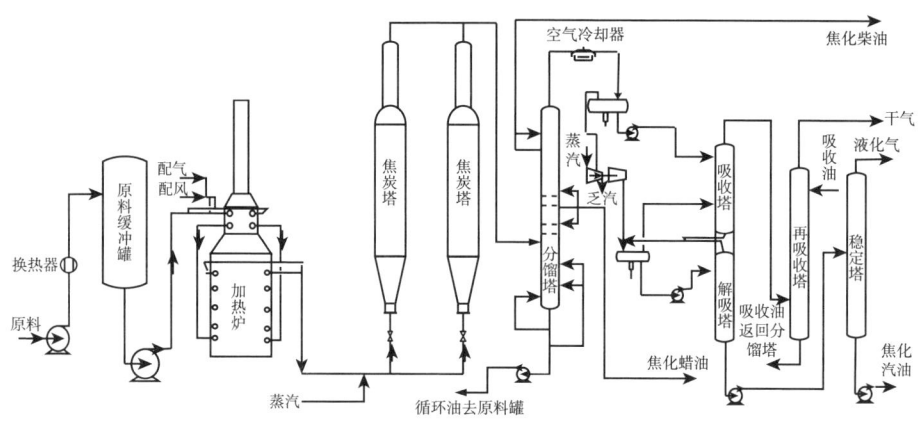

图9-5 延迟焦化装置及工艺流程图

9.7.2.4 催化重整装置

催化重整是炼油及石化工业的重要组成部分，是以轻汽油馏分（直馏石脑油、焦化石脑油或加氢石脑油）为原料，在一定温度、压力、临氢和催化剂存在的条件下的催化反应，使石脑油转变成富含芳烃（苯、甲苯、二甲苯，简称BTX）、异构烷烃的高辛烷值汽油组分（重整汽油），也可经芳烃抽提制取苯、甲苯和二甲苯，并副产液化气和氢气。重整汽油可直接用作汽油的调合组分；氢气是石油炼厂加氢装置（如加氢精制、加氢裂化）用氢的重要来源。

催化重整过程可生产高辛烷值汽油，也可生产芳烃。生产目的不同，装置构成也不同。以生产高辛烷值汽油为目的重整装置主要有原料预处理、重整反应和反应产物分离三部分构成，其产品为：稳定汽油、液态烃、裂化气、重整氢气。以生产芳烃为目的的重整装置主要有原料预处理、重整反应、芳烃抽提和芳烃精馏四部分构成，其产品为：芳烃（脱戊烷油）、液态烃（戊烷油）、裂化气、重整氢气。

催化重整装置及工艺流程如图9-6所示：

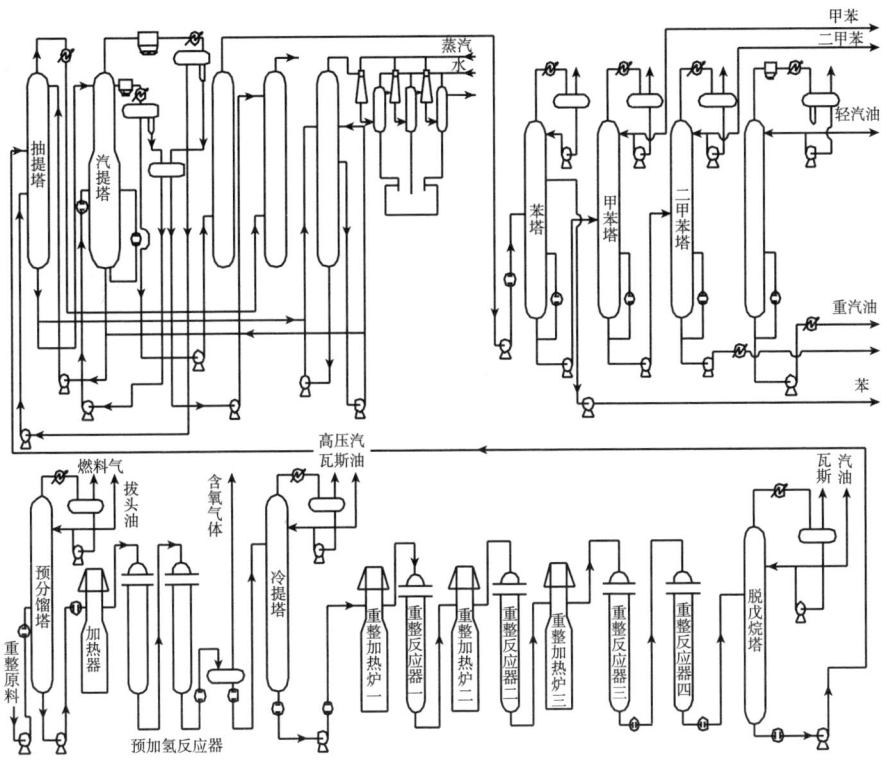

图9-6 催化重整装置及工艺流程图

9.7.2.5 加氢精制装置

加氢精制也称加氢处理，是指在一定温度、压力、临氢和催化剂存在下，使油品中的含硫、含氮、含氧化合物、多环芳香烃等有害组分转变为相应的硫化氢、水、氨而除去，并使烯烃和二烯烃加氢饱和、芳烃部分加氢饱和，以改善油品质量。加氢精制可用于各种来源的汽油、煤油、柴油的精制，催化重整原料的精制，润滑油、石油蜡的精制，喷气燃料中芳烃的部分加氢饱和，燃料油的加氢脱硫，渣油脱重金属及脱沥青预处理等。

1.汽油加氢精制。

直馏汽油中含有硫、氮、氧、砷等杂质，二次加工汽油中（主要是焦化汽油）还含有较多的烯烃，使产品性质不稳定，易生胶质，需要通过加氢精制后才能作为汽油调和组分，或作为催化重整装置原料及生产乙烯的裂解原料。

2.柴油加氢精制。

柴油加氢装置以常压柴油、催化柴油、焦化柴油为原料，经过催化加氢反应，进行脱硫、脱氮、烯烃饱和，用以精制柴油并产生少量汽油作为全场的汽油调和组分，装置分为反应和分馏两个部分。

加氢精制装置及工艺流程如图9-7所示：

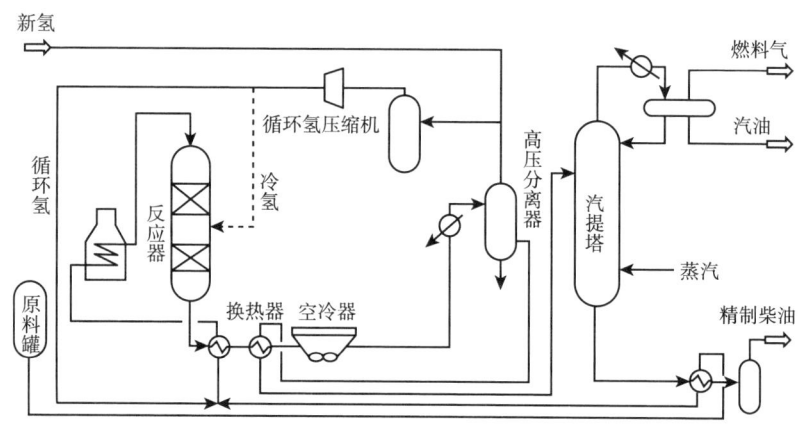

图9-7 加氢精制装置及工艺流程图

9.7.2.6 加氢裂化装置

加氢裂化又称加氢异构裂化，是在催化剂存在下从外界补入氢气以提高油品的氢碳比，是加氢和催化裂化过程的有机结合，使重质燃料油通过裂化反应转化为汽油、煤油和柴油等轻质油品，加氢裂化尾油是优质润滑油料和裂解制烯烃的原料。其特点是原料范围广、产品质量好、收率高、灵活性大。加氢裂化的原料可以是柴油馏分、减压馏分（例如减压蜡油等），甚至是减压渣油，也可用含硫、含氮、含蜡量很高的馏分油。

加氢裂化装置及工艺流程如图9-8所示：

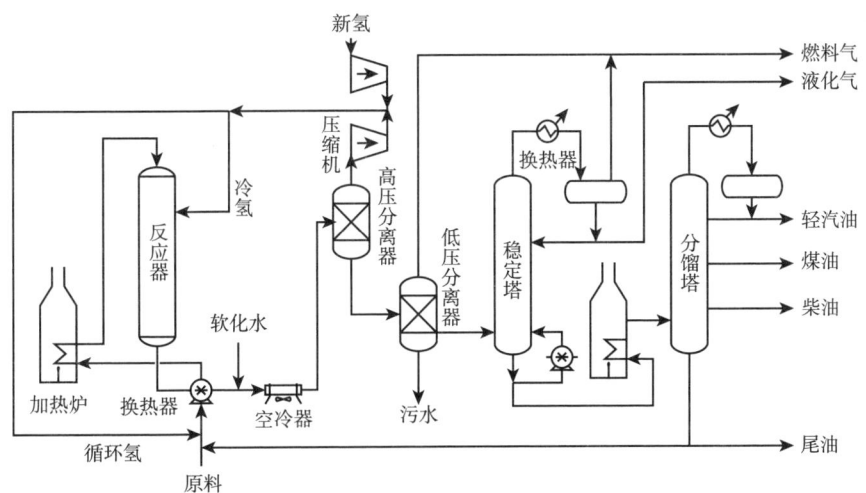

图9-8 加氢裂化装置及工艺流程图

9.7.2.7 气体分馏装置

气体分馏是将催化裂化、焦化装置生产的液化石油气（LPG）分离成乙烷（0.01%~0.5%）、精丙烯（28%~45%）、丙烷（7%~14%）、碳四（40%~65%）等馏分，根据分馏所得产品的用途决定具体流程。气体分馏装置的工艺流程是根据分离的产品种类以及纯度要求来确定的，主要有二塔、三塔、四塔和五塔四种。例如生产聚丙烯，则要求丙烯纯度达到聚合级（要求≥99.5%），必须设两级丙烯塔；如设有烷基化装置，则必须设轻重碳四分馏塔。

9.7.2.8 MTBE装置

MTBE装置是将液化石油气碳四馏分中的异丁烯和工业甲醇，在强酸性阳离子交换树脂作用下，生成高辛烷值汽油组分甲基叔丁基醚（简称MTBE，20%~40%），MTBE是一种高辛烷值汽油添加剂，是汽油理想的含氧化合物添加组分，目前主要用途是作为高辛烷值汽油的调和组分。

MTBE装置分为原料、反应、产品分离和甲醇回收几个部分，其中原料部分主要任务是脱除碳四原料中携带的水分和杂质；反应部分主要是异丁烯和甲醇在催化剂的作用下发生醚化反应，生成MTBE；产品分离和甲醇回收部分主要是醚化反应产物经碳四精馏塔，分离出产品MTBE，未反应碳四和甲醇则送往水洗塔，分离出未反应碳四作为烷基化原料，醇水溶液在经甲醇回收塔分离出甲醇送往原料部分，脱盐水作为水洗塔的萃取剂循环使用。

MTBE装置及工艺流程如图9-9所示：

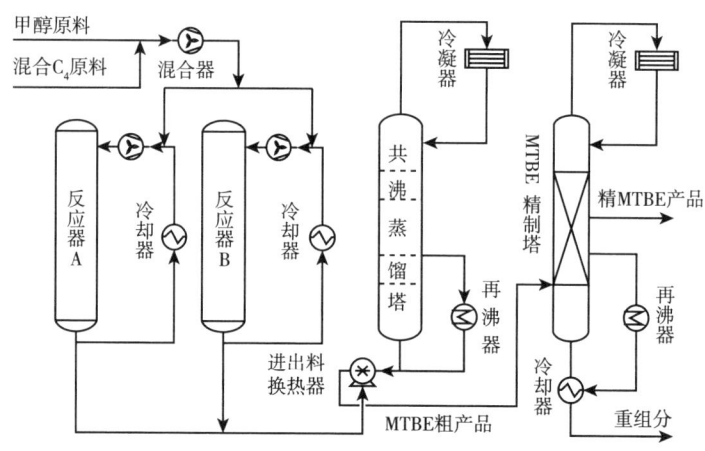

图9-9　MTBE装置及工艺流程图

9.7.2.9　烷基化装置

烷基化是利用炼厂气中的异丁烷和烯烃（主要是碳四烯烃）在催化剂硫酸或氢氟酸的作用下生成高辛烷值汽油组分，即烷基化油的工艺过程。

以硫酸法烷基化为例，气体分馏或MTBE装置生产的轻碳四、重碳四原料通过反应器在硫酸催化剂的作用下生成烷基化油。反应产物与硫酸形成的乳化液自反应器进入酸沉降罐沉降分离，底部的酸自流回反应器循环使用。顶部的反应产物进入闪蒸罐闪蒸后，液相进入精制系统，在精制系统中，经碱洗后的液相流出物先后进入脱异丁烷塔、脱正丁烷塔脱出异丁烷和正丁烷后，生成的精制烷基化油（车用汽油组分）送出装置。

烷基化装置及工艺流程如图9-10所示：

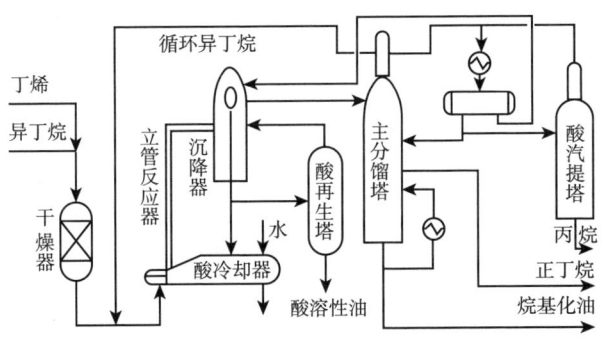

图 9-10 烷基化装置及工艺流程图

9.7.2.10 减粘裂化装置

减粘裂化是以减压渣油为原料的浅度热裂化过程,也简称为减粘过程,减粘过程的生产目的是把高黏度渣油通过浅度裂化反应转化为较低黏度和较低倾点的燃料油,以达到燃料油的规格要求,或者虽还未达到燃料油的要求,但可以减少掺合的轻馏分油的量。

减压渣油原料经换热后进入加热炉,反应产物进入常压蒸发塔(或者蒸发塔换成反应塔,使炉出口的油气进入反应塔继续反应一段时间),塔顶油气进入分馏塔分离出裂化气(1%~3%)、汽油(5%~10%)和柴油(8%~15%)。从蒸发塔(分馏塔)底抽出减粘燃料油(70%~80%)。

9.7.2.11 其他装置

芳构化装置生产汽油调和组分收率在30%~40%左右,异构化装置生产汽油调和组分收率在90%左右,丙烷(异丁烷)脱氢生产汽油调和组分收率在70%~80%左右。

9.7.3 主要产品

原油(燃料油)加工是将原油(燃料油)采用物理和化学方法生产出汽

油、柴油、煤油、润滑油、石蜡、沥青、石油焦、液化石油气及其他石油化工产品。

燃料油来源分为进口燃料油和国内燃料油，亦叫作重油，也可以分为常压重油、减压重油、催化重油和混合重油。常压重油指炼厂常压塔底产品；催化重油指催化裂化装置分馏出的重油（俗称油浆）；混合重油一般指减压重油和催化重油的混合，包括渣油、催化油浆和部分沥青的混合。

9.7.3.1 主要产品及特性

石油产品按照是否缴纳消费税可分为应税产品和非应税产品。

9.7.3.1.1 应税产品

一、汽油

汽油是指用原油或其他原料加工生产的辛烷值不小于66的可用作汽油发动机燃料的各种轻质油。汽油分为车用汽油和航空汽油。

汽油的主要质量要求：

（1）有良好的蒸发性，其评价指标是馏程和蒸气压；

（2）有良好的抗爆性，用辛烷值表示，辛烷值越高，其抗爆性越好；

（3）有良好的安定性，在汽油规格指标中用胶质来评价汽油的安定性，实际胶质含量越少、诱导期越长，汽油的安定性越好；

（4）无腐蚀性，成品汽油中应不含水溶性酸碱。

二、柴油

柴油是指用原油或其他原料加工生产的可用作柴油发动机燃料的各种轻质油和以柴油组分为主、经调和精制可用作柴油发动机燃料的非标油。

柴油的主要质量要求：

（1）有良好的燃烧性能，其抗爆性用十六烷值标识，蒸发性用馏程和残炭来评价；

（2）有良好的低温性能，其低温性取决化学组成，馏分越重，其凝点越高；

（3）有合适的黏度。

三、石脑油

石脑油又叫化工轻油，是以原油或其他原料加工生产的用于化工原料的轻质油。在石油化工厂中，常减压、焦化、加氢精制、加氢裂化装置均能生产石脑油。

石脑油包括除汽油、柴油、航空煤油、溶剂油以外的各种轻质油。非标汽油、重整生成油、拔头油、戊烷原料油、轻裂解料（减压柴油 VGO 和常压柴油 AGO）、重裂解料、加氢裂化尾油、芳烃抽余油等轻质油均属于石脑油征收范围。

四、溶剂油

溶剂油是用原油或其他原料加工生产的用于涂料、油漆、食用油、印刷油墨、皮革、农药、橡胶、化妆品生产和机械清洗、胶粘行业的轻质油。橡胶填充油、溶剂油原料也属于溶剂油征收范围。

五、航空煤油

航空煤油也叫喷气燃料，是用原油或其他原料加工生产的用作喷气发动机和喷气推进系统燃料的各种轻质油。

航空煤油的主要质量要求：热值和密度、雾化和蒸发性能、积炭性能（用烟点和辉光值表示）、有良好的低温性能（−50℃以下）、有良好的润滑性能和防静电性。

六、润滑油

用原油或其他原料加工生产的用于内燃机、机械加工过程的润滑产品。

润滑油的种类比较繁多，其代表油品主要由发动机润滑油、机械润滑油、电器用油、专用润滑油、液压油、齿轮油等。

七、燃料油

燃料油也称重油、渣油，是用原油或其他原料加工生产，主要用作电厂发电、锅炉用燃料、加热炉燃料、冶金和其他工业炉燃料。蜡油、船用重油、常压重油、减压重油、180CTS 燃料油、7 号燃料油、糠醛油、工业燃料、

4~6号燃料油等油品的主要用途作为燃料燃烧，属于燃料油征收范围。

燃料油属于残渣燃料，又称为重油，主要作为工业炉和各种加热炉的燃料。一般是直馏渣油或裂化残渣油和二次加工轻柴油调制而成，含有大量胶质和沥青质。

燃料油主要质量要求：黏度、闪点、凝点、硫含量等。

9.7.3.1.2 非应税产品

一、石油沥青

石油沥青是以减压渣油为主要原料制成的一类石油产品，它是黑色固态或半固态黏稠状物质，石油沥青主要用于道路建设和建筑用，也广泛应用于水利工程、管道防腐、电器绝缘和油漆涂料等方面。

沥青最主要的质量指标是软化点、针入度和延度。

二、石油蜡

石油蜡是一种固态烃，主要包括液蜡、石蜡和微晶蜡，是从原油蒸馏所得的润滑油馏分经溶剂精制、溶剂脱蜡或经蜡冷冻结晶、压榨脱蜡等制得的。

石油蜡分为石蜡和地蜡，国产石蜡以熔点作为商品牌号、液体石蜡以100℃运动黏度作为商品牌号，地蜡以滴熔点作为商品牌号。

三、石油焦

石油焦为黑色或暗灰色的固体石油产品，它是带有金属光泽、呈多孔性的无定形碳素材料。一般是各种渣油、沥青或者重油经焦化而制得，广泛应用于冶金、化工等部门，石油焦可以用于制石墨、冶炼和化工等工业，如制取石墨电极、阳极弧、砂轮、砂皮、砂纸等产品；可用于炼钢、炼铝、合成纤维等；也可作为燃料。

石油焦按照用途可分为：

（1）普通石油焦用作制备普通电极、电石、碳化硅。

（2）针状焦用作高功率和超高功率石墨电极。

（3）特种石油焦核工业用。

9.7.3.2 产品的主要应用领域

石化行业相关产品及主要应用领域如表9-1所示。

表9-1　　　　　石化行业相关产品及主要应用领域统计表

	名称	主要应用领域
炼油产品	汽油	成品油批零企业、车辆运输燃料
	柴油	成品油批零企业、车辆运输燃料
	煤油	航空燃料
	液化石油气	工业及住宅用燃料
	润滑油	机械润滑
	石脑油	生产乙烯的裂解料
化学原料	乙烯	石化最基本的原料，裂解出聚乙烯、乙二醇、聚氯乙稀以及其他能够进一步加工为合成材料的中间石化产品
	丙烯	生产聚丙烯和腈纶的原料
	丁二烯	生产合成橡胶的原料
	乙二醇（EG）	生产环氧乙烷的原料
	环氧乙烷	化工及制药行业的中间产品、染料、清洁剂及佐剂的原料
	苯	生产苯乙烯、塑料、炸药、染料、清洁剂、环氧树脂及聚酰胺纤维等产品的原料
	甲苯	涂料、胶粘剂等的溶剂，生产甲苯二异氰酸酯（TDI）的原料
	邻二甲苯	生产染料、杀虫剂及药品的原料
	对二甲苯（PX）	生产精对苯二甲酸的原料
	精对苯二甲酸（PTA）	生产聚酯的原料
	苯乙烯（SM）	生产聚苯乙烯及合成橡胶的原料
	氯乙烯	生产聚氯乙烯（PVC）的原料

9.7.4　主要涉税风险点

一、隐匿产能逃避监管

个别企业为逃避政府部门监管，瞒报少报一次性生产加工能力。瞒报少报产能,将加工量和销售量人为全部减少,同时达到少缴各类税费的目的。

二、变更产品名称销售

1.将高税率的应税产品通过变更产品名称的方式变为低税率应税产品销售,以达到少缴纳消费税的目的。

2.将应税产品通过变更产品名称的方式,变更为"成品油消费税征收范围注释"外的非应税产品销售,以达到不缴纳消费税的目的。

三、不计少计销售收入

1.隐匿收入。违背正常的生产规律,通过虚增原料的损耗,减少应税产品的产出数量,将部分销售的应税产品不开具发票,不申报纳税,以达到少缴纳增值税、消费税等税费的目的。

2.视同销售不申报纳税。将自产的半成品、产成品,用于职工福利、赞助、捐赠、无偿赠送、以物易物或以货抵债等其他方面,不按规定申报缴纳增值税、消费税。

四、虚抵多抵消费税

1.超范围虚抵消费税,取得虚开的成品油发票进行消费税抵扣,或者购入商贸企业变名销售的未缴纳消费税的应税产品进行抵扣,以达到少缴纳消费税的目的。

2.成品油生产企业通过在消费税申报表有关栏次填写委托加工数据,虚假抵扣消费税税款;或虚构收回委托加工应税消费品对外销售逃避消费税。

五、假报或多报免税油品

将应税油品申报为暂缓征税或免税油品,如将销售的汽油申报为航空煤油,多报作为燃料、动力及原料消耗掉的自产成品油数量或多报用于生产乙烯和芳烃类产品的自产石脑油、燃料油数量。

六、多退石脑油燃料油已纳税款

虚增用于生产乙烯和芳烃类产品的外购石脑油、燃料油数量,骗取退税。

9.7.5 主要评估分析方法

9.7.5.1 关键指标分析法

关键指标分析法是利用消费税贡献率、产品收率、单位价格等数据参照理论设计或市场公允价值指标进行分析判断，查找是否偷逃税款的一类评估方法。

一、吨油消费税贡献率分析（吨油税负）

炼化企业利用原油、燃料油等原料油加工后，根据评估期内自行申报消费税应补（退）额，计算出企业实际吨油消费税税负，与理论吨油消费税税负或同类型行业消费税贡献率（即参照阈值）进行对比，若自行申报的消费税应补退税额小于参照阈值，则企业可能存在变换油品名称的问题，如将应纳消费税油品擅自列入非应税油品、将应税油品变为免税油品、将高税率油品变为低税率油品销售；也可能存在隐匿收入的问题。

二、综合产品收率以及各税目应税产品收率分析

综合产品收率、应税产品收率分别是指企业生产的全部产品的数量、应税产品数量占加工原材料的数量的比率，该项指标与企业理论设计值（或安评、环评报告公示的数值）进行比较。如果企业的综合产品收率过低或应税产品收率过低，则可能存在变名销售、不计或少计应税收入等问题。

三、商品单价异常分析

1.生产销售方面。将非应税产品销售单价与应税产品单价比对分析。通常情况下，企业将产品改变名称销售时，基本不会改变产品的价格（如将汽油、柴油变更名称为燃料油销售，因质量守恒定律或保持物料平衡，只变名不变数量和价格），通过比对产品销售价格异常，也可以发现企业变名销售的疑点。比对方法：横向上，比对成品油发票价格与成品油网站公布时点价格；纵向上，比对企业当期销售的产品单价与以前期间销售的同类产品价格。

2.外购抵扣方面。将购进应税产品单价与同类产品市场价格比对，发现

购进可抵扣消费税的产品的销售单价异常。由于成品油消费税采用从量计税方法，在总金额不变的情况下变更品名、调低单价，增加数量，变相多抵扣消费税实现偷逃消费税的目的。重点关注汽油、柴油、石脑油、燃料油及润滑油等属于抵扣范围的应税消费品的销售单价，分析是否有变名销售的问题，尤其关注供货方为商业企业的应税消费品，核实该应税消费品是否已经缴纳过消费税，是否有变名销售问题。

四、生产统计流程图异常分析

1.利用企业统计流程图，重点分析上下游物料之间的逻辑关系，核对原料投入与产品的对应关系，查找疑点。

2.结合物料平衡表所载明的非应税产品，重点分析排查非应税产品是否符合设计产出比等。

9.7.5.2 比对分析法

比对分析法包括利用发票开具和取得数据、企业纳税申报表、财务报表、抵扣台账、企业备案资料等数据进行关联比对，发现疑点的一类方法。

一、票表、表表比对分析

1.发票开具的应税产品的数量与申报数量比对分析。

将企业评估期间内汽油、柴油、燃料油、石脑油等消费税应税产品的开具成品油发票的成品油数量与消费税申报表对应成品油申报数量进行比对，如果开票数量大于申报数量的，列为疑点。

2.购进当量与申报抵扣数量比对分析。

将企业购进成品油取得的成品油增值税专用发票和海关进口消费税专用缴款书注明的成品油购进数量与企业纳税申报表附表1-2申报的外购数量比对。差额较大的列为疑点。

3.委托代扣代缴完税证明与申报表附表比对分析。

成品油生产企业通过在消费税申报表有关栏次填写委托加工数据，虚假抵扣消费税税款；或虚构收回委托加工应税消费品对外销售逃避消费税。将纳税申报表附表3《本期委托加工收回情况报告表》第二部分"委托加工收回的应税消费品领用存情况"中第4列"本期委托加工收回入库数量"与附表3《本期委托加工收回情况报告表》第一部分"委托加工收回应税消费品代收代缴税款情况"表中第3列"委托加工收回应税消费品数量"进行比对，看两者数据是否一致；同时将附表3《本期委托加工收回情况报告表》第一部分"委托加工收回应税消费品代收代缴税款情况"表中第10列"税收缴款书（代扣代收专用）号码"与税收征管系统中入库数据进行比对，查看委托加工收回应税消费品数量与受托方已代收代缴的税款是否一致。

二、账表比对分析

将企业抵扣税款台账的数量，包括移送（或加工）数量、购进发票载明数量与申报表附表比对。

三、优惠政策分析

1.定点直供计划分析。

利用企业实际开具的石脑油（DDZG）、燃料油（DDZG）发票载明数量与总局下达计划的销售对象及数量进行比对分析，超出规定计划或销售对象范围的列入疑点。

2.减免税额分析。

利用申报表及附表减免税数据和企业开具直供计划油品数量、纯生产柴油（废动植物油）、汽油（废矿物油）、柴油（废矿物油）、润滑油及其基础油（废矿物油）等免税油品数量进行比对，查找疑点。

3.航空煤油分析。

航空煤油实行计划管理，未纳入适航范围的企业生产、销售航空煤油，存在变名销售风险疑点。

9.7.5.3 产品销售流向分析法

产品销售流向分析法是指利用炼化企业产品用途、里程及财务指标从投资收益、合理性等方面进行综合分析研判，查找企业疑点的一类评估方法。

一、产品用途分析

通过分析成品油炼制企业开具发票的销售对象、产品名称、产品价格，按照各种产品的用途不同，将产品名称、销售价格与销售对象结合起来分析，查找疑点。

1.汽油、柴油。

汽油和柴油一般销售给三大集团的石油公司、社会办加油站、车辆比较多的集团单位。各加油站只能零售汽油、柴油，如果炼化企业将汽油、柴油之外的油品或烃类产品销售给加油站，可能存在变更产品名称的疑点。

2.沥青。

目前我国的沥青产品主要是道路沥青，主要销售给道路建设单位、商贸公司等单位，如果生产企业将大量的沥青销售给道路建设单位以外的用户，可能存在以沥青名义销售燃料油的疑点。

3.石油焦。

石油焦主要用于冶金、化工等部门，如果生产企业将大量的石油焦销售给冶金、化工单位以外的用户，存在将应税产品变更为石油焦销售的疑点。

二、运输里程分析

对炼化企业销售产品的距离进行分析，运用财务指标对投资回报率等进行研判。成品油运输属于大宗货物运输，陆路运输的半径在合理区间内（可按当期的运输费用进行测算）才能保证投资回报，如果购买方距离炼化企业的里程超出合理区间，不符合企业的经营常规。

三、销售环节分析

对炼化企业产品多环节销售，甚至产品回流情况进行分析研判，重点分析企业票货分离，或只进行发票流转，产品不动，查找企业虚假抵扣消费税等疑点。

9.7.5.4 敏感货物分析

对炼化企业非应税产品的敏感货物进行专项分析，特别关注价格相近的应税产品通过变换名称为非应税消费品销售，偷逃税款。《关于部分成品油消费税政策执行口径的公告》（财政部 税务总局2023年第11号公告）已明确石油醚、粗白油、轻质白油、部分工业白油（5号、7号、10号、15号、22号、32号、46号）按照溶剂油征收消费税；混合芳烃、重芳烃、混合碳八、稳定轻烃、轻油、轻质煤焦油按照石脑油征收消费税。目前比较敏感的货物还有沥青、甲基叔丁基迷（MTBE）、戊烷发泡剂、液化气、石油焦等产品。

一、沥青异常分析

1.原油评价分析。

通过对原油类型和产出产品进行分析研判，例如，中间基原油不能生产合格道路沥青，石蜡基原油不能生产沥青，如果炼化企业利用中间基原油生产出合格道路沥青或者利用石蜡基原油生产出沥青，存在风险疑点。

2.设计能力分析。

通过企业的安评和环评报告中列明的设计能力与申报销售数据进行比对，查找疑点。

3.工艺装置分析。

结合投入产出比、生产装置是否能产出合格沥青等方面来查找疑点。

4.沥青用途分析。

石油沥青主要用于道路建设和建筑用，也广泛应用于水利工程、管道防腐、电器绝缘和油漆涂料等方面，用于其他方面的，作为疑点，重点核查。

5.沥青价格异常分析。

将沥青销售单价与市场同期价格进行比对，如果差异较大，作为疑点。

二、石油焦异常分析

1.工艺装置分析。

石油焦是延迟焦化装置的特有产物，其他装置不能生产出石油焦。无焦化装置而生产销售石油焦（焦炭），存在将应税产品变名为石油焦（焦炭）销售的风险疑点。

2.设计能力分析。

结合企业报送的静态报表中的生产装置产能分析及物料平衡资料,分析炼化企业延迟焦化装置生产石油焦的生产能力,如果企业销售石油焦数量超过延迟焦化装置产能的合理区间,存在疑点。

3.石油焦用途分析。

石油焦价值一般相对较低(针状焦等特殊产品除外),且用途比较窄,可结合石油焦的销售价格和销售对象综合分析,如果存在用于其他方面的,存在变名销售的风险疑点,应重点核查。

三、MTBE异常分析

MTBE由液化气和甲醇生产,属于非应税产品,常用作汽油标号(辛烷值)调和。企业大量销售MTBE,存在将应税产品(汽油)变名为MTBE销售的风险。

1.工艺装置分析。

产品销售数量大于MTBE装置加工能力时,超出部分应作为疑点。

2.原材料配比分析。

生产MTBE的原料为液化气和甲醇,以吨甲醇可生产MTBE的理论值作为上限,如果购入甲醇数量与销售MTBE的上限值存在较大差异,则其超出数量应作为疑点。

3.综合分析。

结合价格、用途等因素进行综合分析,研判查找疑点。

四、另外,液化气、芳烃、乙烯类产品等也是关注的敏感产品,其采用的分析方法可与前面描述的分析方法结合运用,研判查找疑点。

10

出口退税

10.1 消费税出口的征免退政策的适用

自2012年7月1日起,适用增值税退(免)税政策、免税政策、征税政策的出口货物,如果属于消费税应税消费品,实行下列消费税政策:

1.出口企业出口或视同出口适用增值税退(免)税的货物,免征消费税,如果属于购进出口的货物,退还前一环节对其已征的消费税。

2.出口企业出口或视同出口适用增值税免税政策的货物,免征消费税,但不退还其以前环节已征的消费税,且不允许在内销应税消费品应纳消费税款中抵扣。

3.出口企业出口或视同出口适用增值税征税政策的货物,应按规定缴纳消费税,不退还其以前环节已征的消费税,且不允许在内销应税消费品应纳消费税款中抵扣。

【政策解析】出口应税消费品执行出口征税、出口免税和出口退(免)税三种政策。消费税的征免退政策的选择依据增值税征免退政策的适用,即增值税执行出口征税政策,消费税也执行出口征税政策;增值税执行出口免税政策,消费税也执行出口免税政策;增值税执行出口退(免)税政策,消费税也执行退(免)税政策(外贸企业出口应税消费品退税,生产企业出口自产应税消费品免税)。

10.2 增值税出口征免退政策的适用

10.2.1 增值税出口征税政策适用范围

适用增值税征税政策的出口货物劳务,是指:

1.出口企业出口或视同出口财政部和国家税务总局根据国务院决定明确的取消出口退（免）税的货物〔不包括来料加工复出口货物、中标机电产品、列名原材料、输入特殊区域的水电气、海洋工程结构物〕。

2.出口企业或其他单位销售给特殊区域内的生活消费用品和交通运输工具。

3.出口企业或其他单位因骗取出口退税被税务机关停止办理增值税退（免）税期间出口的货物。

4.出口企业或其他单位提供虚假备案单证的货物。

5.出口企业或其他单位增值税退（免）税凭证有伪造或内容不实的货物。

6.出口企业或其他单位未在国家税务总局规定期限内申报免税核销以及经主管税务机关审核不予免税核销的出口卷烟。

7.出口企业或其他单位具有以下情形之一的出口货物劳务：

（1）将空白的出口货物报关单、出口收汇核销单等退（免）税凭证交由除签有委托合同的货代公司、报关行，或由境外进口方指定的货代公司（提供合同约定或者其他相关证明）以外的其他单位或个人使用的。

（2）以自营名义出口，其出口业务实质上是由本企业及其投资的企业以外的单位或个人借该出口企业名义操作完成的。

（3）以自营名义出口，其出口的同一批货物既签订购货合同，又签订代理出口合同（或协议）的。

（4）出口货物在海关验放后，自己或委托货代承运人对该笔货物的海运提单或其他运输单据等上的品名、规格等进行修改，造成出口货物报关单与海运提单或其他运输单据有关内容不符的。

（5）以自营名义出口，但不承担出口货物的质量、收款或退税风险之一的，即出口货物发生质量问题不承担购买方的索赔责任（合同中有约定质量责任承担者除外）；不承担未按期收款导致不能核销的责任（合同中有约定收款责任承担者除外）；不承担因申报出口退（免）税的资料、单证等出现问题造成不退税责任的。

（6）未实质参与出口经营活动、接受并从事由中间人介绍的其他出口业务，但仍以自营名义出口的。

10.2.2 增值税出口免税政策适用范围

下列出口货物劳务除适用"10.2.1 增值税出口征税政策适用范围"外，适用增值税免税政策：

1.出口企业或其他单位出口规定的货物，具体是指：

（1）增值税小规模纳税人出口的货物。

（2）避孕药品和用具，古旧图书。

（3）软件产品。其具体范围是指海关税则号前四位为"9803"的货物。

（4）含黄金、铂金成分的货物，钻石及其饰品。

（5）国家计划内出口的卷烟。

（6）已使用过的设备。其具体范围是指购进时未取得增值税专用发票、海关进口增值税专用缴款书但其他相关单证齐全的已使用过的设备。

（7）非出口企业委托出口的货物。

（8）非列名生产企业出口的非视同自产货物。

（9）农业生产者自产农产品〔农产品的具体范围按照《农业产品征税范围注释》（财税〔1995〕52号）的规定执行〕。

（10）油画、花生果仁、黑大豆等财政部和国家税务总局规定的出口免税的货物。

（11）外贸企业取得普通发票、废旧物资收购凭证、农产品收购发票、政府非税收入票据的货物。

（12）来料加工复出口的货物。

（13）特殊区域内的企业出口的特殊区域内的货物。

（14）以人民币现金作为结算方式的边境地区出口企业从所在省（自治区）的边境口岸出口到接壤国家的一般贸易和边境小额贸易出口的货物。

（15）以旅游购物贸易方式报关出口的货物。

2.出口企业或其他单位视同出口的下列货物劳务：

（1）国家批准设立的免税店销售的免税货物［包括进口免税货物和已实现退（免）税的货物］。

（2）特殊区域内的企业为境外的单位或个人提供加工修理修配劳务。

（3）同一特殊区域、不同特殊区域内的企业之间销售特殊区域内的货物。

3.出口企业或其他单位未按规定申报或未补齐增值税退（免）税凭证的出口货物劳务。具体是指：

（1）未在国家税务总局规定的期限内申报增值税退（免）税的出口货物劳务。

（2）未在规定期限内申报开具《代理出口货物证明》的出口货物劳务。

（3）已申报增值税退（免）税，却未在国家税务总局规定的期限内向税务机关补齐增值税退（免）税凭证的出口货物劳务。

对于适用增值税免税政策的出口货物劳务，出口企业或其他单位可以依照现行增值税有关规定放弃免税，并依照本通知第七条的规定缴纳增值税。

10.2.3 增值税出口退（免）税政策适用范围

对下列出口货物劳务，除适用"10.2.1 增值税出口征税政策适用范围"和"10.2.2 增值税出口免税政策适用范围"外，实行免征和退还增值税［以下称增值税退（免）税］政策：

（一）出口企业出口货物

本通知[①]所称出口企业，是指依法办理工商登记、税务登记、对外贸易

---

① 此处指《财政部 国家税务总局关于出口货物劳务增值税和消费税政策的通知》(财税〔2012〕39号），下同。

经营者备案登记,自营或委托出口货物的单位或个体工商户,以及依法办理工商登记、税务登记但未办理对外贸易经营者备案登记,委托出口货物的生产企业。

本通知所称出口货物,是指向海关报关后实际离境并销售给境外单位或个人的货物,分为自营出口货物和委托出口货物两类。

本通知所称生产企业,是指具有生产能力(包括加工修理修配能力)的单位或个体工商户。

(二)出口企业或其他单位视同出口货物

出口企业或其他单位视同出口货物,具体是指:

1.出口企业对外援助、对外承包、境外投资的出口货物。

2.出口企业经海关报关进入国家批准的出口加工区、保税物流园区、保税港区、综合保税区、珠澳跨境工业区(珠海园区)、中哈霍尔果斯国际边境合作中心(中方配套区域)、保税物流中心(B型)(以下统称特殊区域)并销售给特殊区域内单位或境外单位、个人的货物。

3.免税品经营企业销售的货物〔国家规定不允许经营和限制出口的货物、卷烟和超出免税品经营企业《企业法人营业执照》规定经营范围的货物除外〕。具体是指:(1)中国免税品(集团)有限责任公司向海关报关运入海关监管仓库,专供其经国家批准设立的统一经营、统一组织进货、统一制定零售价格、统一管理的免税店销售的货物;(2)国家批准的除中国免税品(集团)有限责任公司外的免税品经营企业,向海关报关运入海关监管仓库,专供其所属的首都机场口岸海关隔离区内的免税店销售的货物;(3)国家批准的除中国免税品(集团)有限责任公司外的免税品经营企业所属的上海虹桥、浦东机场海关隔离区内的免税店销售的货物。

4.出口企业或其他单位销售给用于国际金融组织或外国政府贷款国际招标建设项目的中标机电产品(以下称中标机电产品)。上述中标机电产品,包括外国企业中标再分包给出口企业或其他单位的机电产品。

5.生产企业向海上石油天然气开采企业销售的自产的海洋工程结构物。

6.出口企业或其他单位销售给国际运输企业用于国际运输工具上的货物。上述规定暂仅适用于外轮供应公司、远洋运输供应公司销售给外轮、远洋国轮的货物，国内航空供应公司生产销售给国内和国外航空公司国际航班的航空食品。

7.出口企业或其他单位销售给特殊区域内生产企业生产耗用且不向海关报关而输入特殊区域的水（包括蒸汽）、电力、燃气（简称输入特殊区域的水电气）。

除本通知及财政部和国家税务总局另有规定外，视同出口货物适用出口货物的各项规定。

（三）出口企业对外提供加工修理修配劳务

对外提供加工修理修配劳务，是指对进境复出口货物或从事国际运输的运输工具进行的加工修理修配。

10.3 应退消费税的计算

一、消费税退税的计税依据

出口货物的消费税应退税额的计税依据，按购进出口货物的消费税专用缴款书和海关进口消费税专用缴款书确定。

属于从价定率计征消费税的，为已征且未在内销应税消费品应纳税额中抵扣的购进出口货物金额；属于从量定额计征消费税的，为已征且未在内销应税消费品应纳税额中抵扣的购进出口货物数量；属于复合计征消费税的，按从价定率和从量定额的计税依据分别确定。

二、消费税退税的计算

消费税应退税额=从价定率计征消费税的退税计税依据×比例税率+从量定额计征消费税的退税计税依据×定额税率

【政策解析】消费税出口退税率与征税率一致。

10.4　出口货物劳务增值税和消费税政策的其他规定

一、认定和申报

1.适用本通知规定的增值税退（免）税或免税、消费税退（免）税或免税政策的出口企业或其他单位，应办理退（免）税认定。

2.经过认定的出口企业及其他单位，应在规定的增值税纳税申报期内向主管税务机关申报增值税退（免）税和免税、消费税退（免）税和免税。委托出口的货物，由委托方申报增值税退（免）税和免税、消费税退（免）税和免税。

3.出口企业或其他单位骗取国家出口退税款的，经省级以上税务机关批准可以停止其退（免）税资格。

二、若干征、退（免）税规定

1.出口企业或其他单位退（免）税认定之前的出口货物劳务，在办理退（免）税认定后，可按规定适用增值税退（免）税或免税及消费税退（免）税政策。

2.出口企业或其他单位出口货物劳务适用免税政策的，除特殊区域内企业出口的特殊区域内货物、出口企业或其他单位视同出口的免征增值税的货物劳务外，如果未按规定申报免税，应视同内销货物和加工修理修配劳务征收增值税、消费税。

3.开展进料加工业务的出口企业若发生未经海关批准将海关保税进口料件作价销售给其他企业加工的，应按规定征收增值税、消费税。

4.卷烟出口企业经主管税务机关批准按国家批准的免税出口卷烟计划购进的卷烟免征增值税、消费税。

5.发生增值税、消费税不应退税或免税但已实际退税或免税的,出口企业和其他单位应当补缴已退或已免税款。

6.出口企业和其他单位出口的货物,如果原材料成本80%以上为财税〔2012〕39号附件9所列原料的,应执行该原料的增值税、消费税政策。

11

消费税的会计处理

消费税纳税义务人应在"应交税费"账户下设置"应交消费税"明细科目，核算消费税纳税义务的形成、抵扣和缴纳情况。该明细科目采用三栏式账页格式，贷方核算企业按规定应缴纳的消费税，借方核算企业实际缴纳和抵扣的消费税；期末，贷方余额表示尚未缴纳的消费税，借方余额表示企业多缴或待抵扣的消费税。

另外，以外购或委托加工应税消费品连续生产应税消费品的纳税义务人还应当设置"税款抵扣台账"，以正确核算购进已税消费品的抵扣消费税税额。

11.1　正常销售应税消费品的账务处理

企业销售自产的应税消费品时，除了确认收入、结转成本外，还应当计提消费税，缴纳消费税，企业应将按规定计算的应交消费税税额，借记"税金及附加"科目，贷记"应交税费——应交消费税"科目。退税时做相反的会计处理。

〔例题11-1〕天马汽车生产企业（增值税一般纳税人）2024年1月销售1.8L排量的小轿车15辆，出厂价不含税价每辆150 000元，价外收取优质费用每辆11 000元（不含增值税），销售款以银行存款收讫。小汽车每部成本为120 000元；适用的消费税税率为5%。试计算天马汽车生产企业应缴纳的消费税、增值税销项税额，并进行相应的会计处理。

解析：有关计算如下：应纳消费税税额=（150 000+11 000）×15×5%=120 750（元）

应纳增值税销项税额=（150 000+11 000）×15×13%=313 950（元）

会计分录如下：

（1）确认收入：

借：银行存款　　　　　　　　　　　　　　　　　2 728 950

贷：主营业务收入　　　　　　　　　　　　　　　2 415 000
　　应交税费——应交增值税（销项税额）　　　　　313 950
（2）结转成本：
借：主营业务成本　　　　　　　　　　　　　　　1 800 000
　　贷：库存商品　　　　　　　　　　　　　　　　1 800 000
（3）计提消费税：
借：税金及附加　　　　　　　　　　　　　　　　　120 750
　　贷：应交税费——应交消费税　　　　　　　　　　120 750

11.1.1　随同应税消费品销售的包装物应交消费税的会计处理

应税消费品连同包装物一并出售的，无论包装物是否单独计价核算，原则上均应并入应税消费品的销售额中缴纳增值税、消费税。但是采用从量定额方式征收消费税的应税消费品，包装物销售额只计算缴纳增值税，不计算缴纳消费税。

1.随同产品销售且不单独计价的包装物。

因为包装物收入已包含在应税消费品销售收入中，包装物应纳增值税和消费税与应税消费品销售一并进行会计处理，不需要再单独进行会计处理。

2.随同产品销售而单独计价的包装物。

企业在确认应税消费品收入和成本、消费税的同时，还应确认单独计价包装物的收入、成本和税金，其收入记入"其他业务收入"科目，其成本和应纳消费税记入"其他业务支出"科目。

〔例题11-2〕2024年1月，天马酒厂（增值税一般纳税人）销售自产的粮食白酒500斤，每斤售价40元（不含增值税），成本30元；包装物单独计价，收取包装费700元（不含增值税），包装物成本500元。增值税税率为13%，消费税税率为20%。全部款项已经收存银行。试计算天马酒厂出售粮食白酒和包装物应缴纳的消费税、增值税销项税额，并进行会计处理。

解析：出售粮食白酒和包装物应纳的增值税销项税额、消费税税额计算如下：

出售白酒应纳增值税销项税额 =500×40×13%=2 600（元）

出售白酒应纳消费税税额 =500×0.5+500×40×20%=4 250（元）

包装物应纳增值税销项税额 =700×13%=91（元）

包装物应纳消费税税额 =700×20%=140（元）

会计分录如下：

（1）确认白酒销售收入：

借：银行存款	22 600	
贷：主营业务收入		20 000
应交税费——应交增值税（销项税额）		2 600

（2）结转白酒成本：

借：主营业务成本	15 000	
贷：库存商品		15 000

（3）计提白酒应纳消费税：

借：税金及附加	4 250	
贷：应交税费——应交消费税		4 250

（4）确认包装物的销售收入：

借：银行存款	791	
贷：其他业务收入		700
应交税费——应交增值税（销项税额）		91

（5）结转包装物成本：

借：其他业务成本	500	
贷：周转材料——包装物		500

（6）计提包装物应纳消费税：

方法一：

借：其他业务支出	140	
贷：应交税费——应交消费税		140

方法二：

借：税金及附加   140

　　贷：应交税费——应交消费税   140

11.1.2 出租、出借包装物应交消费税的会计处理

出租包装物收取的租金，属于价外费用，既要计算缴纳增值税，也要计算缴纳消费税。对于出租、出借包装物收取的押金（酒类产品除外），收取时不征收增值税和消费税，但因逾期未收回包装物而没收的押金，则应计算缴纳增值税和消费税。没收押金时，借记"其他应付款"科目，贷记"应交税费——应交增值税（销项税额）"和"应交税费——应交消费税"科目，按扣除应缴税金后的余额，贷记"其他业务收入"科目。

〔例题11-3〕2024年1月，天马化妆品厂（增值税一般纳税人）销售高档化妆品一批，包装物出租给购买方使用，合同约定的返还期限为半年。天马化妆品厂向购买方收取包装物租金226元（含增值税），押金1 500元，全部存入银行。6个月后，包装物逾期未归还，天马化妆品厂没收购买方的押金。已知化妆品增值税税率为13%，化妆品的消费税税率为15%。试计算天马化妆品厂出租、出借包装物应纳的消费税、增值税销项税额，并进行会计处理。

解析：（1）收取包装物租金时：应纳增值税销项税额=226÷（1+13%）×13%=26（元）

应纳消费税税额=226÷（1+13%）×15%=30（元）

（2）没收包装物押金时：应纳增值税销项税额=1 500÷（1+13%）×13%=172.57（元）

应纳消费税税额=1 500÷（1+13%）×15%=199.12（元）

（3）收取包装物租金时的会计处理：

借：银行存款   226

贷：其他业务收入　　　　　　　　　　　　　　　200
　　　　　应交税费——应交增值税（销项税额）　　　26
　借：税金及附加　　　　　　　　　　　　　　　　　30
　　　贷：应交税费——应交消费税　　　　　　　　　30
（4）收取包装物押金时的会计处理：
　借：银行存款　　　　　　　　　　　　　　　　　1 500
　　　贷：其他应付款　　　　　　　　　　　　　　1 500
（5）没收包装物押金时的会计处理：
方法一：
　借：其他应付款　　　　　　　　　　　　　　　1 500.00
　　　贷：应交税费——应交增值税（销项税额）　172.57
　　　　　应交税费——应交消费税　　　　　　　199.12
　　　　　其他业务收入　　　　　　　　　　　1 128.31
方法二：
　借：其他应付款　　　　　　　　　　　　　　　1 500.00
　　　贷：应交税费——应交增值税（销项税额）　172.57
　　　　　其他业务收入　　　　　　　　　　　1 327.43
　借：其他业务成本　　　　　　　　　　　　　　　199.12
　　　贷：应交税费——应交消费税　　　　　　　　199.12

11.2　将自产的应税消费品用于换取货物、抵偿债务或投资入股的会计处理

　　《国家税务总局关于印发〈消费税若干具体问题的规定〉的通知》（国税发〔1993〕156号）规定，纳税人用于换取生产资料和消费资料，投资入股和抵偿债务等方面的应税消费品，应当以纳税人同类应税消费品的最高销售

价格作为计税依据计算消费税。

11.2.1 将自产的应税消费品作为投资的会计处理

企业以自产的应税消费品作为投资，应视同销售缴纳增值税，同时还应缴纳消费税。会计上，将自产的产品用于投资，满足收入确认的条件，企业应确认收入、结转成本、计提消费税。企业在投资时，应按投资各方约定的价值，借记"长期股权投资"科目，按该应税消费品的公允价值，贷记"主营业务收入"科目，按公允价值计算确定的增值税销项税额，贷记"应交税费——应交增值税（销项税额）"科目；按投出消费品的账面价值，借记"主营业务成本""存货跌价准备"科目，按投出消费品的成本，贷记"库存商品"或"自制半成品"等科目；计提消费税时，按投出应税消费品最高售价计算应交的消费税，借记"税金及附加"科目，贷记"应交税费——应交消费税"科目。

〔例题11-4〕2024年1月，天马汽车生产企业（增值税一般纳税人）以其生产的20辆排气量为1.8L的小汽车向出租汽车公司投资。双方协议约定，按每辆小汽车不含增值税售价174 000元作价投资，每辆车的实际成本为100 000元。小汽车的增值税税率为13%，消费税税率为5%，同期该型号小汽车最高售价为180 000元/辆。

解析：有关税金计算及会计处理如下：

对外投资总额=20×174 000×（1+13%）=3 932 400（元）

增值税销项税额=174 000×20×13%=452 400（元）

消费税税额=180 000×20×5%=180 000（元）

（1）确认收入时：

借：长期股权投资	3 932 400
贷：主营业务收入	3 480 000
应交税费——应交增值税（销项税额）	452 400

（2）结转成本时：

借：主营业务成本　　　　　　　　　　　　　　　　2 000 000
　　贷：库存商品　　　　　　　　　　　　　　　　　　2 000 000

（3）计提消费税时：

借：税金及附加　　　　　　　　　　　　　　　　　　180 000
　　贷：应交税费——应交消费税　　　　　　　　　　　180 000

11.2.2　将自产的应税消费品抵偿债务的会计处理

企业以自产的应税消费品抵偿债务，属于增值税和消费税政策上的销售行为，应该缴纳增值税和消费税。会计上，将自产的产品抵偿债务，符合收入确认的条件，应确认收入、结转成本、计提消费税。以自产的应税消费品抵偿债务时，借记"应付账款"科目；按抵债应税消费品的公允价值，贷记"主营业务收入"科目；按增值税销项税额（若有不同售价，计算增值税时按平均售价），贷记"应交税费——应交增值税（销项税额）"，并结转销售成本。计提消费税时，按售价计算应缴消费税（若有不同售价，计算消费税时按最高售价），借记"税金及附加"，贷记"应交税费——应交消费税"。

[例题11-5]　天马白酒厂2024年1月用粮食白酒10公斤，抵偿胜利农场大米款60 000元。同类粮食白酒本月售价在4 800元/公斤至5 200元/公斤（不含增值税）之间浮动，平均销售价格为5 000元/公斤，每公斤粮食白酒的成本为800元。

解析：抵债产生的纳税义务：应纳增值税销项税额=5 000×10×13%=6 500（元）

应纳消费税税额=10×2×0.5+5 200×10×20%=10+10 400=10 410（元）

借：应付账款——胜利农场　　　　　　　　　　　　　60 000
　　贷：主营业务收入　　　　　　　　　　　　　　　　50 000
　　　　应交税费——应交增值税（销项税额）　　　　　 6 500

营业外收入——债务重组利得　　　　　　　　3 500
借：税金及附加　　　　　　　　　　　　　　　10 410
　　贷：应交税费——应交消费税　　　　　　　　10 410
借：主营业务成本　　　　　　　　　　　　　　　8 000
　　贷：库存商品　　　　　　　　　　　　　　　 8 000

11.2.3　将自产的应税消费品换取生产资料、消费资料的会计处理

企业以自产的应税消费品换取生产资料、消费资料属于增值税和消费税政策上的销售行为，应该缴纳增值税和消费税。会计上，将自产的产品换取生产资料、消费资料属于非货币性资产交换，按照公允价值模式或账面价值模式进行会计处理：当交换具有商业实质，并且换出资产或换入资产公允价值能够可靠计量时，应采用公允价值模式进行会计处理；当交换不具有商业实质，或者换出资产和换入资产公允价值均不能可靠计量时，应采用账面价值模式进行会计处理。在公允价值模式下，换出的应税消费品按销售处理，换入的非货币资产按照换出资产公允价值入账；在账面价值模式下，换出的应税消费品不按销售处理，换入的非货币性资产按照换出资产原账面价值入账。

以应税消费品换取生产资料和消费资料的，若有不同售价，计算增值税时按平均售价，计算消费税时按最高售价作为计税依据。

〔例题11-6〕2024年1月，天马白酒厂用自产的粮食白酒10公斤，换取胜利农场大米1吨作为原材料。粮食白酒当月售价在4 800元/公斤至5 200元/公斤之间浮动，平均售价为5 000元/公斤，每公斤粮食白酒的成本为800元。

解析：（1）换出白酒应纳增值税销项税额=5 000×10×13%=6 500（元）

换出白酒应纳消费税税额=10×2×0.5+5 200×10×20%=10+10 400=10 410（元）

（2）如果该项交换具有商业实质，公允价值模式下的会计处理为：

① 确认白酒收入：

借：原材料——大米　　　　　　　　　　　　　　　56 500
　　贷：主营业务收入　　　　　　　　　　　　　　　　50 000
　　　　应交税费——应交增值税（销项税额）　　　　　6 500

② 结转白酒成本：

借：主营业务成本　　　　　　　　　　　　　　　　8 000
　　贷：库存商品　　　　　　　　　　　　　　　　　　8 000

③ 计提白酒应纳消费税：

借：税金及附加　　　　　　　　　　　　　　　　　10 410
　　贷：应交税费——应交消费税　　　　　　　　　　10 410

（3）如果该项交换不具有商业实质，账面价值模式下会计处理为：

借：原材料——大米　　　　　　　　　　　　　　　24 910
　　贷：库存商品　　　　　　　　　　　　　　　　　　8 000
　　　　应交税费——应交增值税（销项税额）　　　　　6 500
　　　　应交税费——应交消费税　　　　　　　　　　10 410

11.3　应税消费品自产自用（视同销售）的会计处理

《消费税暂行条例》及其实施细则明确，纳税人将自产自用应税消费品用于生产非应税消费品、在建工程、管理部门、非生产机构、提供劳务、馈赠、赞助、集资、广告、样品、职工福利、奖励等方面，于移送使用时纳税。

11.3.1　将自产应税消费品用于馈赠、赞助的会计处理

企业以自产应税消费品用于馈赠、赞助，属于增值税的视同销售行为，

应该缴纳增值税；同时属于消费税的自产自用应税消费品用于其他方面，应该缴纳消费税。会计上，应按照自用应税消费品的成本与计算的增值税和消费税税额之和，借记"营业外支出"科目，按转移的应税消费品的成本，贷记"产成品"或"自制半成品"等科目，同时按自用产品的销售价格或组成计税价格计算应缴纳增值税和消费税税额，贷记"应交税费——应交增值税（销项税额）"和"应交税费——应交消费税"科目。

〔例题11-7〕2024年1月，天马汽车制造厂（增值税一般纳税人）将自产的1.8L的一辆小汽车捐赠给老年服务中心。同类汽车不含税销售价格为180 000元，该汽车成本为110 000元，增值税税率为13%，消费税税率为5%。

解析：天马汽车制造厂会计处理如下：

应缴纳增值税销项税额=180 000×13%=23 400（元）

应缴纳消费税税额=180 000×5%=9 000（元）

借：营业外支出	142 400
贷：库存商品	110 000
应交税费——应交增值税（销项税额）	23 400
应交税费——应交消费税	9 000

11.3.2　将自产应税消费品用于广告、样品的会计处理

企业将自产应税消费品用于广告、样品，属于增值税和消费税征税范围，应该缴纳增值税和消费税。会计上应按照自用应税消费品的成本与计算的增值税和消费税之和，记入"销售费用"科目或"营业费用"科目。

〔例题11-8〕2024年1月，天马啤酒厂（增值税一般纳税人）将自己生产的啤酒10吨用于广告宣传，让客户及顾客免费品尝。该啤酒每吨成本为2 000元，每吨啤酒平均出厂价为2 800元。

解析：天马啤酒厂当月会计处理如下：

应缴纳增值税销项税额=10×2 800×13%=3 640（元）

应缴纳消费税税额=10×220=2 200（元）

借：销售费用　　　　　　　　　　（20 000+3 640+2 200）25 840
　　贷：库存商品　　　　　　　　　　　（10×2 000）20 000
　　　　应交税费——应交增值税（销项税额）　　　　3 640
　　　　应交税费——应交消费税　　　　　　　　　　2 200

11.3.3　将自产应税消费品用于职工福利的会计处理

企业以自产应税消费品用于职工福利，属于增值税的视同销售行为，应该缴纳增值税；同时属于消费税的自产自用应税消费品用于其他方面，应该缴纳消费税；计算增值税和消费税的计税依据均为同类应税消费品的销售价格。会计上，将自产的产品用于职工福利，满足收入确认的条件，应确认收入、结转成本、计提消费税。应税消费品移送用于福利时，按其含税销售价格，借记"应付职工薪酬"科目，贷记"主营业务收入""应交税费——应交增值税（销项税额）"科目；同时结转成本，按转移的应税消费品的成本，借记"主营业务成本"科目，贷记"产成品""自制半成品"等科目；按自用产品的销售价格或组成计税价格计算应缴消费税，借记"税金及附加"，贷记"应交税费——应交消费税"科目。

[例题11-9]2024年1月，天马啤酒厂（增值税一般纳税人）将自己生产的啤酒30吨作为福利发给职工，假设20吨发给一线生产工人，10吨发给管理人员。该啤酒每吨成本为2 000元，每吨啤酒不含税平均出厂价为2 800元。

解析：天马啤酒厂会计处理如下：

应纳增值税销项税额=30×2 800×13%=10 920（元）

应纳消费税税额=30×220=6 600（元）

借：生产成本	（20×2 800×1.13）63 280
管理费用	（10×2 800×1.13）31 640
贷：应付职工薪酬	94 920
借：应付职工薪酬	94 920
贷：主营业务收入	（30×2 800）84 000
应交税费——应交增值税（销项税额）	
	（84 000×13%）10 920
借：税金及附加	6 600
贷：应交税费——应交消费税	6 600

11.3.4　将自产应税消费品用于在建工程的会计处理

企业将自产应税消费品用于在建工程，自2016年全行业营改增以后，不再缴纳增值税，但需要缴纳消费税，企业应按照同类应税消费品销售价格为依据计算应纳消费税税额。企业将应税消费品移送于在建工程时，按其账面成本与计算的消费税之和，借记"在建工程"科目，贷记"库存商品""产成品""自制半成品"等科目；按自用产品的销售价格或组成计税价格计算的应纳消费税税额，贷记"应交税费——应交消费税"科目。

〔例题11-10〕2024年1月，天马涂料厂（增值税一般纳税人）将自产的1 000桶涂料用于厂房在建工程。同类涂料不含税销售价格为180元/桶，该涂料成本为110元/桶，增值税税率为13%，消费税税率为4%。

解析：天马涂料厂将自产的涂料用于不动产在建工程不需要缴纳增值税。自产涂料用于在建工程应缴纳消费税税额=180×1 000×4%=7 200（元）

借：在建工程——厂房	117 200
贷：库存商品	110 000
应交税费——应交消费税	7 200

11.4 委托加工应税消费品的会计处理

一、委托加工应税消费品成本的构成

企业应设置"委托加工物资"科目归集委托外单位加工应税消费品的成本,归集的成本包括:

1.实际耗用的原材料或者半成品成本。

2.加工费。

3.运杂费。

4.委托加工环节缴纳的消费税。分两种情况:如果该消费税税额可以抵扣(如将收回的应税消费品用于连续生产应税消费品或将收回的应税消费品加价出售),记入"应交税费——应交消费税"科目借方(建议企业设置"待扣税金"科目核算),不计入委托加工应税消费品成本;如果该消费税不可以抵扣,则该消费税税额也归集计入委托加工应税消费品成本。

二、委托加工应税消费品消费税的处理

(一)作为待抵扣的消费税处理

企业委托加工的应税消费品,委托方收回后以不高于受托方的计税价格出售的,为直接出售,不再缴纳消费税;委托方收回后以高于受托方的计税价格出售的,不属于直接出售,需按照规定申报缴纳消费税,但在计税时准予扣除委托加工环节已代收代缴的消费税。委托加工的应税消费品收回后用于连续生产应税消费品,委托加工环节已代收代缴的消费税可以按规定抵扣。准予抵扣的消费税税额,不记入存货成本,而是记入"应交税费——应交消费税"科目的借方(建议企业设置"待扣税金"科目核算),用以抵减应税消费品销售时应缴纳的消费税。总之,委托加工环节已缴纳的消费税有下列两种情形可以抵扣:

1.对于从价定率或复合计税方法的应税消费品,委托加工收回后,以高于受托方的计税价格出售的，销售时需要缴纳消费税，委托加工已代收代缴的消费税可以抵扣。

2.委托加工的应税消费品收回后用于连续生产应税消费品，且属于抵扣范围的，最终应税消费品销售时需要缴纳消费税，委托加工已代收代缴的消费税可以抵扣。

（二）计入委托加工应税消费品成本

不属于上述两种可以抵扣消费税用途时，委托加工环节缴纳的消费税应当计入收回的应税消费品成本。

11.4.1 委托方的会计处理

一、收回后按照受托方同类应税消费品销售价格直接销售

委托加工的应税消费品收回后用于直接销售的，销售时不再缴纳消费税，委托加工环节已代收代缴的消费税也不得抵扣。因此，委托方应将受托方代收代缴的消费税随同支付的加工费一并计入委托加工应税消费品的成本，借记"委托加工物资"，贷记"应付账款"或"银行存款"。

〔例题11-11〕2024年1月，天马卷烟厂委托A厂加工烟丝1吨，天马卷烟厂和A厂均为增值税一般纳税人。天马卷烟厂提供烟叶的账面价值55 000元，A厂收取加工费20 000元，增值税2 600元，天马卷烟厂取得增值税专用发票，并在当月勾选确认。A厂同类烟丝销售价格为110 000元/吨，A厂按照同类烟丝的销售价格代收代缴天马卷烟厂的消费税。有关款项已经通过银行存款收付，天马卷烟厂收回烟丝后将其按照110 000元/吨价格直接销售，款项以银行存款收讫。

解析：天马卷烟厂会计处理如下：

（1）发出材料时：

借：委托加工物资 55 000
　　贷：原材料 55 000

（2）支付加工费时：

借：委托加工物资　　　　　　　　　　　　　　　　　20 000

　　应交税费——应交增值税（进项税额）　　　　　　2 600

　　贷：银行存款　　　　　　　　　　　　　　　　　　22 600

（3）支付代收代缴消费税时：

代收代缴消费税=110 000×30%=33 000（元）

借：委托加工物资　　　　　　　　　　　　　　　　　33 000

　　贷：银行存款　　　　　　　　　　　　　　　　　　33 000

（4）加工的烟丝入库时：

借：库存商品　　　　　　　　　　　　　　　　　　　108 000

　　贷：委托加工物资　　　　　　　　　　　　　　　　108 000

（5）烟丝销售时，不再缴纳消费税：

借：银行存款　　　　　　　　　　　　　　　　　　　124 300

　　贷：主营业务收入　　　　　　　　　　　　　　　　110 000

　　　　应交税费——应交增值税（销项税额）　　　　　14 300

借：主营业务成本　　　　　　　　　　　　　　　　　108 000

　　贷：库存商品　　　　　　　　　　　　　　　　　　108 000

二、收回后加价销售

委托加工的应税消费品收回后加价销售的，销售时应当再次缴纳消费税，但委托加工环节已代收代缴的消费税可以抵扣。因此，委托方应将受托方代收代缴的消费税记入"应交税费——应交消费税"借方。建议企业设置"待扣税金"科目核算。

〔例题11-12〕2024年1月，天马卷烟厂委托A厂加工烟丝1吨，天马卷烟厂和A厂均为增值税一般纳税人。天马卷烟厂提供烟叶的账面价值55 000元，A厂收取加工费20 000元，增值税2 600元，天马卷烟厂取得增值税专用发票，并在当月认证。A厂同类烟丝销售价格为110 000元/吨，A厂按照同类烟丝的销售价格代收代缴天马卷烟厂的消费税。有关款项已经通过银行存款收付，卷烟厂收回烟丝后将其按照120 000元/吨价格销售，款项以银行存款收讫。

解析：天马卷烟厂会计处理如下：

（1）发出材料时：

借：委托加工物资	55 000	
贷：原材料		55 000

（2）支付加工费时：

借：委托加工物资	20 000	
应交税费——应交增值税（进项税额）	2 600	
贷：银行存款		22 600

（3）支付代收代缴消费税时：

代收代缴消费税税额=110 000×30%=33 000（元）

借：待扣税金——待扣消费税	33 000	
贷：银行存款		33 000

（4）加工的烟丝入库时：

借：库存商品	75 000	
贷：委托加工物资		75 000

（5）烟丝销售时，需要再次缴纳消费税：

再次销售烟丝时应纳消费税税额=120 000×30%=36 000（元）

借：银行存款	135 600	
贷：主营业务收入		120 000
应交税费——应交增值税（销项税额）		15 600
借：主营业务成本	75 000	
贷：库存商品		75 000
借：税金及附加	36 000	
贷：应交税费——应交消费税		36 000
借：应交税费——应交消费税	33 000	

　　　　贷：待扣税金——待扣消费税　　　　　　　　　　　　　33 000

"应交税费——应交消费税"科目借贷相抵后，天马卷烟厂销售烟丝应纳消费税税额3 000元（36 000-33 000）。

三、收回后用于连续生产应税消费品

委托方将收回的应税消费品用于连续生产应税消费品属于抵扣范围时，委托加工环节已代收代缴的消费税税款可以抵扣，抵扣时限为委托加工的应税消费品生产领用时。为了能够清晰地反映委托加工已纳消费税税款的抵扣时限，企业可设"待扣税金"科目，反映其形成和抵扣过程。委托方被受托方代收消费税时，记入"待扣税金——待扣消费税"科目借方，委托加工收回的应税消费品生产领用时，将按规定计算的当期可以抵扣的消费税从"待扣税金——待扣消费税"科目转到"应交税费——应交消费税"科目借方，从当期应纳消费税税额中抵扣。

[例题11-13] 2024年1月，天马卷烟厂委托A厂加工烟丝1吨，天马卷烟厂和A厂均为增值税一般纳税人。天马卷烟厂提供烟叶的账面价值55 000元，A厂收取加工费20 000元，增值税2 600元。天马卷烟厂取得增值税专用发票，并在当月认证。A厂没有同类烟丝销售价格，A厂按照组成价格代收代缴天马卷烟厂的消费税。有关款项已经通过银行存款收付，天马卷烟厂收回烟丝后将其加工成卷烟对外销售。假设当月销售卷烟3大箱（每大箱250标准条），每标准条不含增值税的调拨价为60元，款项以银行存款收讫。期初库存委托加工应税烟丝已纳消费税2 580元，期末库存委托加工应税烟丝已纳税额19 880元。

解析：天马卷烟厂的会计处理如下：

（1）发出材料时：

　　借：委托加工物资　　　　　　　　　　　　　　　　55 000
　　　　贷：原材料　　　　　　　　　　　　　　　　　　　55 000

（2）支付加工费时：

　　借：委托加工物资　　　　　　　　　　　　　　　　20 000
　　　　应交税费——应交增值税（进项税额）　　　　　2 600

贷：银行存款　　　　　　　　　　　　　　　22 600

（3）支付代收代缴消费税税额时：

代收代缴消费税税额=（55 000+20 000）÷（1–30%）×30%=32 142.86（元）

借：待扣税金——待扣消费税　　　　　　　32 142.86

贷：银行存款　　　　　　　　　　　　　　32 142.86

（4）加工的烟丝入库时：

借：原材料——烟丝　　　　　　　　　　　75 000

贷：委托加工物资　　　　　　　　　　　　75 000

（5）销售卷烟，取得收入时：

借：银行存款　　　　　　　　　　　　　　50 850

贷：主营业务收入　　　　（250×60×3）45 000

应交税费——应交增值税（销项税额）　5 850

结转成本的会计分录略，计提应纳消费税时：

应纳消费税税额=150×3+45 000×36%=16 650（元）

借：税金及附加　　　　　　　　　　　　　16 650

贷：应交税费——应交消费税　　　　　　　16 650

（6）计算当月实际抵扣消费税税额和实际缴纳消费税税额：

当月准予抵扣的消费税税额=2 580+32 142.86–19 880=14 842.86（元）

借：应交税费——应交消费税　　　　　　　14 842.86

贷：待扣税金——待扣消费税　　　　　　　14 842.86

当月实际应缴消费税税额=16 650–14 842.86=1 807.14（元）

（7）实际交纳时：

借：应交税费——应交消费税　　　　　　　1 807.14

贷：银行存款　　　　　　　　　　　　　　1 807.14

11.4.2　受托方的会计处理

委托加工应税消费品，受托方为单位时，应该代收代缴消费税。受托方按本单位同类消费品的销售价格计算应代收代缴消费税税款，若没有同类消费品销售价格的，按照组成计税价格计算消费税税额。

[例题11-14] 2024年1月，天马卷烟厂委托A厂加工烟丝1吨，天马卷烟厂和A厂均为增值税一般纳税人。天马卷烟厂提供烟叶的账面价值55 000元，A厂收取加工费20 000元，增值税2 600元。A厂没有同类烟丝销售价格，A厂按照组成计税价格代收代缴天马卷烟厂的消费税。有关款项已经通过银行存款收付。

解析：A厂的会计处理如下：

（1）收取加工费时：

借：银行存款　　　　　　　　　　　　　　　　　22 600

　　贷：主营业务收入　　　　　　　　　　　　　20 000

　　　　应交税费——应交增值税（销项税额）　　2 600

（2）代收消费税的计算：

A厂没有同类应税消费品的销售，按组成计税价格计算代收代缴的消费税税额，税率为30%，则：组成计税价格=（55 000+20 000）÷（1-30%）=107 142.86（元）

应纳消费税税额=107 142.86×30%=32 142.86（元）

借：银行存款　　　　　　　　　　　　　　　　　32 142.86

　　贷：应交税费——应交消费税　　　　　　　　32 142.86

（3）上缴代扣消费税时：

借：应交税费——应交消费税　　　　　　　　　　32 142.86

　　贷：银行存款　　　　　　　　　　　　　　　32 142.86

11.5　进口应税消费品的会计处理

进口应税消费品直接销售的，企业缴纳的进口消费税应计入应税消费品成本中，将进口价款、关税、消费税及相关费用，借记"固定资产""材料采购""在途物资"等科目；进口应税消费品用于连续生产应税消费品，且属于抵扣范围的，企业缴纳的进口消费税可以抵扣，进口消费税记入"应交税费——应交消费税"科目借方（建议企业设置"待扣税金"科目核算），不计入企业成本。

〔例题11-15〕2024年1月，天马外贸企业（增值税一般纳税人）从国外购进高档化妆品一批，到岸价为40 000美元，关税税率为20%，消费税税率为15%，增值税税率为13%，假定使用的折算汇率为1∶7.3。进口货款已经通过信用证方式支付给外商。

解析：组成计税价格=（40 000+40 000×20%）÷（1-15%）×7.3=412 235.29（元）

缴纳关税=40 000×20%×7.3=58 400.00（元）

应纳消费税=412 235.29×15%=61 835.29（元）

应纳增值税=412 235.29×13%=53 590.59（元）

（1）报关进口并缴纳税金时：

借：应交税费——应交关税　　　　　　　　　58 400.00
　　　　　　——应交消费税　　　　　　　　61 835.29
　　　　　　——应交增值税（进项税额）　　53 590.59
　　贷：银行存款　　　　　　　　　　　　173 825.88

（2）进口物资入库时：

进口化妆品成本=购买价款+关税+消费税=40 000×7.3+58 400+61 835.29=412 235.29（元）

借：库存商品　　　　　　　　　　　　　　412 235.29
　　贷：应交税费——应交关税　　　　　　　　58 400.00
　　　　　　　　——应交消费税　　　　　　　61 835.29
　　　　其他货币资金——信用证存款　（40 000×7.3）292 000.00

〔例题11-16〕2024年1月，天马外贸企业（增值税一般纳税人）从国外购进高档化妆品一批，作为原料连续加工成高档化妆品后销售。进口高档化妆品到岸价为40 000美元，关税税率为20%，消费税税率为15%，增值税税率为13%，假定使用的折算汇率为1：7.3。进口货款已经通过信用证方式支付给外商。

解析：组成计税价格=（40 000+40 000×20%）÷（1−15%）×7.3=412 235.29（元）

缴纳关税=40 000×20%×7.3=58 400.00（元）

应纳消费税=412 235.29×15%=61 835.29（元）

应纳增值税=412 235.29×13%=53 590.59（元）

（1）报关进口并缴纳税金时：

借：应交税费——应交关税	58 400.00
——应交增值税（进项税额）	53 590.59
待扣税金——待扣消费税	61 835.29
贷：银行存款	173 825.88

（2）进口化妆品入库时：

进口环节缴纳的进口增值税可以作为增值税进项税额抵扣，不计入存货成本；进口环节缴纳的进口消费税可以抵扣，也不计入存货成本。进口化妆品成本=购买价款+关税=40 000×7.3+58 400=350 400（元）

借：库存商品		350 400
贷：应交税费——应交关税		58 400
其他货币资金——信用证存款	（40 000×7.3）	292 000

11.6 购买应税消费品用于连续生产应税消费品并销售的会计处理

企业将外购的应税消费品用于连续生产应税消费品时，外购应税消费品已纳的消费税税款可以抵扣，抵扣时限为外购的应税消费品生产领用时。企业为了能够清晰地反映外购应税消费品已纳消费税税款的抵扣过程，可设"待扣税金"账户，反映其形成和抵扣过程。企业购进应税消费品时，将可以抵扣的消费税分离出来，记入"待扣税金——待扣消费税"科目借方，购买价款及相关税费扣除可以抵扣的消费税，余额记入存货成本。外购应税消费品生产领用时，将按规定计算的当期可以抵扣的消费税从"待扣税金——待扣消费税"科目转到"应交税费——应交消费税"科目借方，从当期应纳消费税中抵扣。

[例题11-17] 2024年1月，天马卷烟厂（增值税一般纳税人）外购烟丝1吨，用于连续生产卷烟。烟丝购买价款为100 000元，增值税为13 000元，天马卷烟厂取得增值税专用发票，并在当月勾选确认。款项已经通过银行存款付讫。假设当月销售卷烟3大箱（每大箱250标准条），每标准条不含增值税的调拨价为60元，款项以银行存款收讫。期初库存外购烟丝买价为8 600元，期末库存外购烟丝买价为66 200元。

解析：天马卷烟厂的会计处理如下：

（1）购进烟丝时：

借：原材料　　　　　　　　　　　　　　　　　　　　　100 000
　　应交税费——应交增值税（进项税额）　　　　　　　 13 000
　　贷：银行存款　　　　　　　　　　　　　　　　　　 113 000

（2）销售卷烟，取得收入时：

借：银行存款　　　　　　　　　　　　　　　　　　　　 50 850
　　贷：主营业务收入　　　　　　　　　　（250×60×3）45 000
　　　　应交税费——应交增值税（销项税额）　　　　　　5 850

计提应纳消费税时：

应纳消费税=150×3+45 000×36%=16 650（元）

借：税金及附加　　　　　　　　　　　　　　　　　　　 16 650
　　贷：应交税费——应交消费税　　　　　　　　　　　 16 650

（3）在结转当月完工产品之前，计算当月实际抵扣消费税税额：

当月准予抵扣外购烟丝买价=8 600+100 000−66 200=42 400（元）

当月可抵扣外购烟丝已纳消费税税额=42 400×30%=12 720（元）

借：应交税费——应交消费税　　　　　　　　12 720

　　贷：生产成本　　　　　　　　　　　　　　　　12 720

结转成本的会计分录略。

（4）实际缴纳时：

当月实际应纳消费税=16 650−12 720=3 930（元）

借：应交税费——应交消费税　　　　　　　　3 930

　　贷：银行存款　　　　　　　　　　　　　　　　3 930

11.7　缴纳消费税及退税的会计处理

企业按期缴纳消费税时，借记"应交税费——应交消费税"科目，贷记"银行存款"科目。企业缴纳消费税后，发生销货退回或销售折让而收到税务机关的退税时，借记"银行存款"科目，贷记"税金及附加"科目。

〔例题11–18〕天马卷烟厂为增值税一般纳税人，2024年1月有关生产经营情况如下：

（1）天马卷烟厂从烟丝厂购进已税烟丝20吨，每吨不含税单价为2万元，取得烟丝厂开具的增值税专用发票，注明金额40万元、增值税税额5.2万元，烟丝已验收入库，款项尚未支付。

（2）天马卷烟厂进口卷烟300标准箱，进口完税价格300万元，进口关税税率为20%。

（3）天马卷烟厂生产领用外购已税烟丝15吨，生产卷烟2 000标准箱。

（4）1月天马卷烟厂销售自产卷烟18箱给卷烟专卖商，取得不含税销售额36万元；同时销售进口卷烟100标准箱，取得不含税销售额200万元。

假设不考虑其他税费，计算天马卷烟厂1月应缴纳多少消费税，并做出上述业务的会计处理。

解析：（1）购进烟丝时：

借：原材料　　　　　　　　　　　　　　　　　400 000
　　应交税费——应交增值税（进项税额）　　　52 000
　　贷：应付账款　　　　　　　　　　　　　　452 000

（2）进口卷烟应纳消费税与增值税计算过程如下：

①每标准条进口卷烟（200支）确定消费税适用比例税率的组成计税价格=（关税完税价格+关税+消费税定额税额）÷（1−消费税比例税率）。其中，关税完税价格和关税为每标准条的关税完税价格及关税税额；消费税定额税额为每标准条（200支）0.6元；消费税税率固定为36%。

确定每标准条进口卷烟（200支）消费税适用比例税率的组成计税价格=（3 000 000+3 000 000×20%+0.6×300×250）÷（1−36%）÷（300×250）=75.94（元）

每标准条进口卷烟（200支）确定消费税适用比例税率的组成计税价格75.94元>70元，适用比例税率为56%。

②在确定适用的消费税税率后，再按照"进口卷烟消费税组成计税价格=（关税完税价格+关税+消费税定额税额）÷（1−进口卷烟消费税适用比例税率），应纳消费税税额=进口卷烟消费税组成计税价格×进口卷烟消费税适用比例税率+消费税定额税"计算税额。

组成计税价格=（3 000 000+3 000 000×20%+0.6×300×250）÷（1−56%）=8 284 090.91（元）

应缴纳的消费税=0.6×300×250+8 284 090.91×56%=4 684 090.91（元）

③进口卷烟的增值税计税价格与消费税的计税价格相同。

应缴纳的增值税=8 284 090.91×13%=1 076 931.82（元）

④关税和消费税属于价内税，增值税属于价外税。所以，进口卷烟成本=买价+关税+消费税=3 000 000+3 000 000×20%+4 684 090.91=8 284 090.91（元）。

备注：进口货物在海关交税，与提货联系在一起，即交税后方能提货。为了简化核算，关税、消费税可以不通过"应交税费"账户，直接贷记"银行存款"账户。

向海关申报缴纳增值税、消费税和关税时：

借：应交税费——应交增值税（进项税额）　　　1 076 931.82
　　应交税费——应交消费税　　　　　　　　　4 684 090.91
　　应交税费——应交关税　（3 000 000×20%）600 000.00
　贷：银行存款　　　　　　　　　　　　　　　6 361 022.73
借：库存商品　　　　　　　　　　　　　　　　8 284 090.91
　贷：银行存款　　　　　　　　　　　　　　　3 000 000.00
　　　应交税费——应交消费税　　　　　　　　4 684 090.91
　　　应交税费——应交关税　　　　　　　　　600 000.00

（3）当月生产领用外购已税烟丝可以抵扣已纳的消费税税额，当期准予扣除的外购烟丝买价=20 000×15=300 000（元）

当期准予扣除的外购烟丝已纳消费税税额＝当期准予扣除的外购烟丝买价×外购烟丝适用税率=20 000×15×30%=90 000（元）。

借：生产成本　　　　　　　　　　　　　　　　210 000
　　应交税费——应交消费税　　　　　　　　　90 000
　贷：原材料　　　　　　　　　　　　　　　　300 000

（4）销售自产卷烟需要缴纳消费税，销售进口卷烟不需要缴纳消费税。

①自产卷烟每条单价=360 000÷（18×250）=80（元），每标准条价格80元>70元，自产卷烟适用税率56%。

销售自产卷烟应纳消费税=18×150+360 000×56%=204 300（元）

销售自产卷烟增值税销项税额=360 000×13%=46 800（元）

借：应收账款　　　　　　　　　　　　　　　　406 800
　贷：主营业务收入　　　　　　　　　　　　　360 000
　　　应交税费——应交增值税（销项税额）　　46 800

借：税金及附加 204 300
　　贷：应交税费——应交消费税 204 300

结转成本的会计分录略。

②销售进口卷烟不交消费税，只交增值税。

借：应收账款 2 260 000
　　贷：主营业务收入 2 000 000
　　　　应交税费——应交增值税（销项税额） 260 000

结转成本的会计分录略。

（5）应向税务机关申报缴纳消费税。

应纳消费税=204 300-90 000=114 300（元）

应纳增值税额=46 800+260 000-52 000-1 076 931.82=-822 131.82（元）

借：应交税费——应交消费税 114 300
　　贷：银行存款 114 300

附录1 重点难点即时练答案

重点难点即时练1：

1. ACD 2. B 3. BC 4. BCD 5. BCD 6. ABD

重点难点即时练2：

1. BCD 2. ACD 3. C 4. A 5. AC

重点难点即时练3：

1. AC 2. BD 3. CD 4. AD 5. C 6. B 7. A 8. C 9. BD 10. ABD

重点难点即时练4：

1. ABCD 2. A 3. BC 4. ABC 5. ABCD 6. BD 7. AD

重点难点即时练5：

1. A 2. ABCD 3. B 4. CD 5. AC 6. ACD 7. ACD 8. D

重点难点即时练6：

1. D 2. AB 3. A 4. B

重点难点即时练7：

1.解析：A型手表每只销售价格不超过10 000元，不征收消费税。B型手表属于高档手表，应当征收消费税。6只B型手表用于抵偿债务，应按同类应税消费品的最高售价作为计税依据计征消费税，但应按同类货物平均销售价格作为计税依据计征增值税。

（1）B型手表当月平均销售价格=（80×15 000+8×18 000÷1.13）÷（80+8）=15 084.47（元）

（2）增值税销项税额=500×8 000×13%+（80×15 000+80×20÷1.13+2 000÷1.13）×13%+8×18 000÷1.13×13%+6×15 084.47×13%=704 746.42（元）

（3）应纳消费税税额=（80×15 000+80×20÷1.13+2 000÷1.13）×20%+8×18 000÷1.13×20%+6×18 000÷1.13×20%=285 238.94（元）

因此，天马手表厂2024年1月应纳增值税销项税额为704 746.42元，应纳消费税税额为285 238.94元。

2.解析：（1）进口环节应纳的增值税=（关税完税价格+关税）÷（1-消费税税率）×增值税税率=（120×80 000+120×80 000×25%）÷（1-5%）×13%=1 642 105.26（元）

（2）进口环节应纳的消费税=（关税完税价格+关税）÷（1-消费税税率）×消费税税率=（120×80 000+120×80 000×25%）÷（1-5%）×5%=631 578.95（元）

（3）内销小汽车在销售环节应纳增值税=9 200 000×13%-进口环节应纳的增值税=1 196 000-1 642 105.26=-446 105.26（元）

（4）内销环节小汽车销售价格=9 200 000÷70=131 428.57（元）

内销的小汽车不属于超豪华小汽车，不缴纳消费税。

因此，该公司进口环节应纳进口增值税1 642 105.26元，进口消费税631 578.95元；在内销环节增值税进项留抵446 105.26元，内销环节不缴纳消费税。

3.解析：天马化妆品生产企业销售自产新型号化妆品价格明显偏低并无正当理由，应当按照税务机关核定的销售额作为计税依据，税务机关核定销售额时，首先选择同类应税消费品的平均销售价格，其次再按照组成计税价格计算纳税。该企业无同类应税消费品平均销售价格资料，因此应按照组成计税价格计算纳税。

组成计税价格=200×500×（1+5%）÷（1-15%）=123 529.41（元）

应纳增值税销项税额=123 529.41×13%=16 058.82（元）

应纳消费税税额=123 529.41×15%=18 529.41（元）

因此，天马化妆品生产企业应纳增值税销项税额为16 058.82元，应纳消费税税额为18 529.41元。

4.解析：委托加工应税消费品，受托方代收代缴消费税时，如果受托方有同类应税消费品销售价格的，则按照受托方同类应税消费品的销售价格计税，否则应按组成计税价格计税。

天马化妆品厂应代收代缴消费税税额=[10×11 300÷(1+13%)+(40 000+10 000)÷(1-15%)]×15%=23 823.53（元）

因此，天马化妆品厂应代收代缴的消费税为=23 823.53元。

5.解析：（1）消费税：

进口摩托车应纳消费税税额=200×(20 000+10 000)÷(1-10%)×10%=666 666.67（元）

加工厂应代收代缴的消费税税额=[(20 000+10 000+666 666.67÷200)×50+150 000]÷(1-10%)×10%=201 851.85（元）

（2）增值税：

进口环节应纳增值税=200×(20 000+10 000)÷(1-10%)×13%=866 666.67（元）

国内销售摩托车应纳销项税额=(4 500 000+3 000 000+3 500 000)÷(1+13%)×13%=1 265 486.73（元）

国内销售摩托车可以抵扣的进项税额=866 666.67+150 000×13%=886 166.67（元）

国内销售应纳增值税税额=1 265 486.73-886 166.67=379 320.06（元）

因此，该外贸企业当月应纳进口消费税额为666 666.67元，加工厂应代收代缴消费税税额为201 851.85元，该外贸企业应纳进口增值税税额为866 666.67元，销售环节增值税税额为379 320.06元。

重点难点即时练8：

1.解析：应纳消费税税额=[(40-10)+2+0.5]×240=7 800（元）

因此，天马黄酒厂1月应纳消费税税额为7 800元。

2.解析：苹果啤酒每吨售价=（68 000+1 000÷1.13）÷20=3 444.25（元）

所以，苹果啤酒适用的消费税税率为250元/吨。

苦瓜啤酒每吨售价=（30 760+2 500）÷1.13÷10=2 943.36（元）

所以，苦瓜啤酒适用的消费税税率为220元/吨。

应纳消费税税额=20×250+10×220=7 200（元）

因此，天马啤酒厂1月应缴纳消费税税额为7 200元。

3.解析：应纳消费税=400×240=96 000（元）

组成计税价格=关税完税价格+关税+消费税=400×3 000×（1+15%）+96 000=1 476 000（元）

应纳增值税=1 476 000×13%=191 880（元）

因此，天马外贸公司1月应纳进口消费税税额为96 000元，进口增值税税额为191 880元。

重点难点即时练9：

1.解析：天马酒厂勾兑白酒所用的外购白酒原料无法确定，因此，销售的勾兑白酒应按照粮食白酒的税率征收消费税。

销售自产薯类白酒应纳消费税税额=（15 000×2+2 000）÷1.13×20%+2×2 000×0.5=7 663.72（元）

销售勾兑白酒应纳消费税税额=20 000÷1.13×20%+3×2 000×0.5=6 539.82（元）

广告样品自用白酒应纳消费税税额=0.2×[35 000×（1+10%）+2 000×0.5]÷（1–20%）×20%+0.2×2 000×0.5=2 175（元）

应纳消费税合计=7 663.72+6 539.82+2 175=16 378.54（元）

因此，天马酒厂1月应纳消费税为16 378.54元。

2.解析：（1）销售给甲、乙的白酒应纳增值税销项税额和消费税为：

销售额=50 000+6 000+452÷1.13=56 400（元）

增值税销项税额=56 400×13%=7 332（元）

消费税=56 400×20%+（1 000+100）×2×0.5=11 280+1 100=12 380（元）

（2）换取旧汽车的自产粮食白酒应按同类应税消费品同期最高价格计算缴纳消费税，但应按同类货物平均销售价格计算增值税销项税额。

增值税销项税额=（50 000+6 000）÷（1 000+100）×200×13%=1 323.64（元）

消费税=6 000÷100×200×20%+200×2×0.5=2 400+200=2 600（元）

（3）购买酒瓶取得的增值税专用发票未在当月认证，因此当月不能抵扣。

增值税进项税额=3 000（元）

应纳增值税=7 332+1 323.64-3 000=5 655.64（元）

应纳消费税=12 380+2 600=14 980（元）

因此，天马酒厂1月应纳增值税税额为5 655.64元，应纳消费税税额为14 980元。

3.解析：（1）向专卖店销售白酒应缴纳消费税税额=（200+50+10+10）÷1.13×20%+20×2 000×0.5÷10 000=49.79（万元）

（2）药酒采用从价定率计征办法，税率为10%。

乙企业应代收代缴消费税税额=（10+1）÷（1-10%）×10%=1.22（万元）

（3）以外购或委托加工收回的酒连续生产酒的已纳消费税不得抵扣。

销售瓶装药酒应缴纳消费税税额=1 800×100×10%÷10 000=1.8（万元）

（4）天马企业将委托加工收回的散装药酒分给职工不缴纳消费税。

因此，天马企业向专卖店销售白酒应缴纳消费税税额为49.79万元；乙企业应代收代缴消费税税额为1.22万元；天马企业销售瓶装药酒应缴纳消费税税额为1.8万元；天马企业分给职工散装药酒不缴纳消费税。

重点难点即时练10：

1.解析：（1）每大箱卷烟为5万支，每条卷烟为200支，所以每大箱卷烟为250条。

甲牌号卷烟每条售价=7 200×10 000÷1 800÷250=160（元）

每条卷烟的销售价格160元>70元，税率为56%。

应纳消费税税额=1 800×150÷10 000+7 200×56%=4 059（万元）

应纳增值税销项税额=7 200×13%=936（万元）

（2）用于抵偿债务的卷烟应按照同类应税消费品最高售价作为计税依据，计征比例部分消费税。

甲类卷烟当月销售价格=7 200÷1 800=4（万元）

抵债卷烟应纳消费税税额=5×150÷10 000+5×4×56%=11.275（万元）

应纳增值税销项税额=5×4×13%=2.6（万元）

（3）将自产的乙牌号卷烟用于发放职工福利，属于自产自用的应税消费品用于其他方面，应征收消费税，由于乙牌号卷烟没有同类应税消费品销售价格，比例消费税部分计税依据为组成计税价格。

乙牌号卷烟组成计税价格=8×［4 000×（1+10%）+150］÷（1−56%）÷10 000=8.273（万元）

应纳消费税=8×150÷10 000+8.273×56%=4.753（万元）

应纳增值税销项税额=8.273×13%=1.075（万元）

（4）委托异地卷烟厂加工丙牌号卷烟，应由异地卷烟厂代收代缴消费税。由于异地卷烟厂没有丙牌号卷烟同类应税消费品销售价格，比例消费税部分计税依据为组成计税价格。

丙牌号卷烟组成计税价格=［42+8+40×150÷10 000］÷（1−56%）=115（万元）

异地卷烟厂应代收代缴消费税=40×150÷10 000+115×56%=65（万元）

（5）当月生产耗用烟丝可以抵扣的消费税税额=（83+20−65）×30%=11.4（万元）

（6）天马卷烟厂当月向税务机关申报缴纳消费税合计=4 059+11.275+4.753−11.4=4 063.628（万元）

（7）增值税进项税额=1.04+2.6=3.64（万元）

增值税销项税额合计=936+2.6+1.075=939.675（万元）

应纳增值税=销项税额-进项税额=939.675-3.64=936.035（万元）

因此，天马卷烟厂1月销售卷烟应缴纳增值税936.035万元，异地卷烟厂应代收代缴消费税为65万元，天马卷烟厂1月应纳消费税为4 063.628万元。

2.解析：（1）通过非独立核算的门市部销售白酒，应按照门市部对外销售额作为比例消费税的计税依据。

销售A牌粮食白酒应纳消费税=40×2 000×0.5+40×10 000×20%+11.3×2 000×0.5+11.3×12 500÷（1+13%）×20%=156 300（元）

（2）用外购已税酒精生产白酒的，不得抵扣外购酒精已纳消费税税款。

销售B牌薯类白酒应纳消费税=15×2 000×0.5+15×5 000×20%=30 000（元）

（3）为商场加工粮食白酒应代收代缴消费税，天马白酒厂无同类白酒销售价格，因此应按照组成计税价格作为计税依据，计征比例消费税。

组成计税价格=（70 000+5 000+20×2 000×0.5）÷（1-20%）=118 750(元)

应代收代缴消费税=20×2 000×0.5+118 750×20%=43 750（元）

（4）用委托加工已税黄酒连续生产药酒，不得抵扣委托加工已代收代缴的消费税。药酒属于"其他酒"，应按10%的税率，采用从价定率计征办法计算消费税。另外，赠送他人的3吨药酒属于自产自用用于其他方面，应按同类应税消费品的销售价格计征消费税。

药酒应纳消费税=（12+3）×6 000×10%=9 000（元）

（5）天马白酒厂应纳消费税合计=156 300+30 000+9 000=195 300（元）

因此，天马白酒厂1月应纳消费税195 300元，应代收代缴消费税43 750元。

重点难点即时练11：

1.AD　2.B　3.ABD　4.CD　5.ACD

重点难点即时练12：

解析：（1）企业购入原木生产实木地板增值税进项税额扣除率为10%，购入原木时暂按9%的扣除率抵扣进项税额，待原木生产领用时再按1%加计扣除进项税额。由于当月购入的原木当月未领用，计算进项税额的扣除率为9%。

增值税进项税额=300 000×9%+90+3 250+1 300+23 400=55 040（元）

增值税销项税额=10 000×10%×（1+10%）×13%+560 000×13%=72 943（元）

应纳增值税税额=72 943-55 040=17 903（元）

（2）销售地板应纳消费税税额=560 000×5%=28 000（元）

可抵扣消费税税额=180 000×70%×5%=6 300（元）

应纳消费税税额=28 000-6 300=21 700（元）

因此，天马地板厂1月应纳增值税为17 903元，应纳消费税为21 700元。

重点难点即时练13：

1.ACD 2.AC 3.AD 4.ABD 5.AD

重点难点即时练14：

1.√ 2.ACD 3.ACD 4.BC 5.× 6.BCD 7.× 8.√

重点难点即时练15：

1.AB 2.A 3.AC 4.BC 5.ABCD

重点难点即时练16：

1.A 2.D 3.BCD

4.应纳消费税=（300×200+30 000+200×18+173 200）÷（1+13%）×5%=11 805.31（元）

5.（1）零售金银首饰应缴纳消费税=290 000÷（1+13%）×5%=12 831.86（元）

（2）"以旧换新"销售金项链应缴纳消费税=2 000×300÷（1+13%）×5%=26 548.67（元）

（3）加工金银首饰应缴纳消费税=（260 000+40 000）÷（1-5%）×

5%=15 789.47（元）

（4）修理首饰和零售镀金首饰均不需要缴纳消费税。

（5）该商城1月应缴纳增值税=［290 000÷（1+13%）+2 000×300÷（1+13%）+40 000+2 260÷（1+13%）+33 900÷（1+13%）］×13%-65 000=46 749.38（元）

重点难点即时练17：

1.C　2.AB　3.ABCD　4.AC

附录2 中华人民共和国消费税暂行条例

（1993年12月13日中华人民共和国国务院令第135号发布 2008年11月5日国务院第34次常务会议修订通过2008年11月10日中华人民共和国国务院令第539号公布 自2009年1月1日起施行）

第一条 在中华人民共和国境内生产、委托加工和进口本条例规定的消费品的单位和个人，以及国务院确定的销售本条例规定的消费品的其他单位和个人，为消费税的纳税人，应当依照本条例缴纳消费税。

第二条 消费税的税目、税率，依照本条例所附的《消费税税目税率表》执行。

消费税税目、税率的调整，由国务院决定。

第三条 纳税人兼营不同税率的应当缴纳消费税的消费品（以下简称应税消费品），应当分别核算不同税率应税消费品的销售额、销售数量；未分别核算销售额、销售数量，或者将不同税率的应税消费品组成成套消费品销售的，从高适用税率。

第四条 纳税人生产的应税消费品，于纳税人销售时纳税。纳税人自产自用的应税消费品，用于连续生产应税消费品的，不纳税；用于其他方面的，于移送使用时纳税。

委托加工的应税消费品，除受托方为个人外，由受托方在向委托方交货时代收代缴税款。委托加工的应税消费品，委托方用于连续生产应税消费品的，所纳税款准予按规定抵扣。

进口的应税消费品，于报关进口时纳税。

第五条 消费税实行从价定率、从量定额，或者从价定率和从量定额复合计税（以下简称复合计税）的办法计算应纳税额。应纳税额计算公式：

实行从价定率办法计算的应纳税额=销售额×比例税率

实行从量定额办法计算的应纳税额=销售数量×定额税率

实行复合计税办法计算的应纳税额=销售额×比例税率+销售数量×定额税率

纳税人销售的应税消费品，以人民币计算销售额。纳税人以人民币以外的货币结算销售额的，应当折合成人民币计算。

第六条 销售额为纳税人销售应税消费品向购买方收取的全部价款和价外费用。

第七条 纳税人自产自用的应税消费品，按照纳税人生产的同类消费品的销售价格计算纳税；没有同类消费品销售价格的，按照组成计税价格计算纳税。

实行从价定率办法计算纳税的组成计税价格计算公式：

组成计税价格=（成本+利润）÷（1-比例税率）

实行复合计税办法计算纳税的组成计税价格计算公式：

组成计税价格=（成本+利润+自产自用数量×定额税率）÷（1-比例税率）

第八条 委托加工的应税消费品，按照受托方的同类消费品的销售价格计算纳税；没有同类消费品销售价格的，按照组成计税价格计算纳税。

实行从价定率办法计算纳税的组成计税价格计算公式：

组成计税价格=（材料成本+加工费）÷（1-比例税率）

实行复合计税办法计算纳税的组成计税价格计算公式：

组成计税价格=（材料成本+加工费+委托加工数量×定额税率）÷（1-比例税率）

第九条 进口的应税消费品，按照组成计税价格计算纳税。

实行从价定率办法计算纳税的组成计税价格计算公式：

组成计税价格=（关税完税价格+关税）÷（1-消费税比例税率）

实行复合计税办法计算纳税的组成计税价格计算公式：

组成计税价格=（关税完税价格+关税+进口数量×消费税定额税率）÷（1-消费税比例税率）

第十条 纳税人应税消费品的计税价格明显偏低并无正当理由的，由主管税务机关核定其计税价格。

第十一条 对纳税人出口应税消费品，免征消费税；国务院另有规定的除外。出口应税消费品的免税办法，由国务院财政、税务主管部门规定。

第十二条 消费税由税务机关征收，进口的应税消费品的消费税由海关代征。

个人携带或者邮寄进境的应税消费品的消费税，连同关税一并计征。具体办法由国务院关税税则委员会会同有关部门制定。

第十三条 纳税人销售的应税消费品，以及自产自用的应税消费品，除国务院财政、税务主管部门另有规定外，应当向纳税人机构所在地或者居住地的主管税务机关申报纳税。

委托加工的应税消费品，除受托方为个人外，由受托方向机构所在地或者居住地的主管税务机关解缴消费税税款。

进口的应税消费品，应当向报关地海关申报纳税。

第十四条 消费税的纳税期限分别为1日、3日、5日、10日、15日、1个月或者1个季度。纳税人的具体纳税期限，由主管税务机关根据纳税人应纳税额的大小分别核定；不能按照固定期限纳税的，可以按次纳税。

纳税人以1个月或者1个季度为1个纳税期的，自期满之日起15日内申报纳税；以1日、3日、5日、10日或者15日为1个纳税期的，自期满之日起5日内预缴税款，于次月1日起15日内申报纳税并结清上月应纳税款。

第十五条 纳税人进口应税消费品，应当自海关填发海关进口消费税专用缴款书之日起15日内缴纳税款。

第十六条 消费税的征收管理，依照《中华人民共和国税收征收管理法》及本条例有关规定执行。

第十七条 本条例自2009年1月1日起施行。

附录3 中华人民共和国消费税暂行条例实施细则

(中华人民共和国财政部 国家税务总局第51号令,2008年12月15日)

第一条 根据《中华人民共和国消费税暂行条例》(以下简称条例),制定本细则。

第二条 条例第一条所称单位,是指企业、行政单位、事业单位、军事单位、社会团体及其他单位。

条例第一条所称个人,是指个体工商户及其他个人。

条例第一条所称在中华人民共和国境内,是指生产、委托加工和进口属于应当缴纳消费税的消费品的起运地或者所在地在境内。

第三条 条例所附《消费税税目税率表》中所列应税消费品的具体征税范围,由财政部、国家税务总局确定。

第四条 条例第三条所称纳税人兼营不同税率的应当缴纳消费税的消费品,是指纳税人生产销售两种税率以上的应税消费品。

第五条 条例第四条第一款所称销售,是指有偿转让应税消费品的所有权。

前款所称有偿,是指从购买方取得货币、货物或者其他经济利益。

第六条 条例第四条第一款所称用于连续生产应税消费品,是指纳税人将自产自用的应税消费品作为直接材料生产最终应税消费品,自产自用应税消费品构成最终应税消费品的实体。

条例第四条第一款所称用于其他方面,是指纳税人将自产自用应税消费品用于生产非应税消费品、在建工程、管理部门、非生产机构、提供劳务、馈赠、赞助、集资、广告、样品、职工福利、奖励等方面。

第七条 条例第四条第二款所称委托加工的应税消费品，是指由委托方提供原料和主要材料，受托方只收取加工费和代垫部分辅助材料加工的应税消费品。对于由受托方提供原材料生产的应税消费品，或者受托方先将原材料卖给委托方，然后再接受加工的应税消费品，以及由受托方以委托方名义购进原材料生产的应税消费品，不论在财务上是否作销售处理，都不得作为委托加工应税消费品，而应当按照销售自制应税消费品缴纳消费税。

委托加工的应税消费品直接出售的，不再缴纳消费税。

委托个人加工的应税消费品，由委托方收回后缴纳消费税。

第八条 消费税纳税义务发生时间，根据条例第四条的规定，分列如下：

（一）纳税人销售应税消费品的，按不同的销售结算方式分别为：

1.采取赊销和分期收款结算方式的，为书面合同约定的收款日期的当天，书面合同没有约定收款日期或者无书面合同的，为发出应税消费品的当天；

2.采取预收货款结算方式的，为发出应税消费品的当天；

3.采取托收承付和委托银行收款方式的，为发出应税消费品并办妥托收手续的当天；

4.采取其他结算方式的，为收讫销售款或者取得索取销售款凭据的当天。

（二）纳税人自产自用应税消费品的，为移送使用的当天。

（三）纳税人委托加工应税消费品的，为纳税人提货的当天。

（四）纳税人进口应税消费品的，为报关进口的当天。

第九条 条例第五条第一款所称销售数量，是指应税消费品的数量。具体为：

（一）销售应税消费品的，为应税消费品的销售数量；

（二）自产自用应税消费品的，为应税消费品的移送使用数量；

（三）委托加工应税消费品的，为纳税人收回的应税消费品数量；

（四）进口应税消费品的，为海关核定的应税消费品进口征税数量。

第十条 实行从量定额办法计算应纳税额的应税消费品,计量单位的换算标准如下:

(一)黄酒1吨=962升

(二)啤酒1吨=988升

(三)汽油1吨=1 388升

(四)柴油1吨=1 176升

(五)航空煤油1吨=1 246升

(六)石脑油1吨=1 385升

(七)溶剂油1吨=1 282升

(八)润滑油1吨=1 126升

(九)燃料油1吨=1 015升

第十一条 纳税人销售的应税消费品,以人民币以外的货币结算销售额的,其销售额的人民币折合率可以选择销售额发生的当天或者当月1日的人民币汇率中间价。纳税人应在事先确定采用何种折合率,确定后1年内不得变更。

第十二条 条例第六条所称销售额,不包括应向购货方收取的增值税税款。如果纳税人应税消费品的销售额中未扣除增值税税款或者因不得开具增值税专用发票而发生价款和增值税税款合并收取的,在计算消费税时,应当换算为不含增值税税款的销售额。其换算公式为:

应税消费品的销售额=含增值税的销售额÷(1+增值税税率或者征收率)

第十三条 应税消费品连同包装物销售的,无论包装物是否单独计价以及在会计上如何核算,均应并入应税消费品的销售额中缴纳消费税。如果包装物不作价随同产品销售,而是收取押金,此项押金则不应并入应税消费品的销售额中征税。但对因逾期未收回的包装物不再退还的或者已收取的时间超过12个月的押金,应并入应税消费品的销售额,按照应税消费品的适用税率缴纳消费税。

对既作价随同应税消费品销售,又另外收取押金的包装物的押金,凡纳税人在规定的期限内没有退还的，均应并入应税消费品的销售额，按照应税消费品的适用税率缴纳消费税。

第十四条 条例第六条所称价外费用，是指价外向购买方收取的手续费、补贴、基金、集资费、返还利润、奖励费、违约金、滞纳金、延期付款利息、赔偿金、代收款项、代垫款项、包装费、包装物租金、储备费、优质费、运输装卸费以及其他各种性质的价外收费。但下列项目不包括在内：

（一）同时符合以下条件的代垫运输费用：

1.承运部门的运输费用发票开具给购买方的；

2.纳税人将该项发票转交给购买方的。

（二）同时符合以下条件代为收取的政府性基金或者行政事业性收费：

1.由国务院或者财政部批准设立的政府性基金，由国务院或者省级人民政府及其财政、价格主管部门批准设立的行政事业性收费；

2.收取时开具省级以上财政部门印制的财政票据；

3.所收款项全额上缴财政。

第十五条 条例第七条第一款所称纳税人自产自用的应税消费品，是指依照条例第四条第一款规定于移送使用时纳税的应税消费品。

条例第七条第一款、第八条第一款所称同类消费品的销售价格，是指纳税人或者代收代缴义务人当月销售的同类消费品的销售价格，如果当月同类消费品各期销售价格高低不同，应按销售数量加权平均计算。但销售的应税消费品有下列情况之一的，不得列入加权平均计算：

（一）销售价格明显偏低并无正当理由的；

（二）无销售价格的。

如果当月无销售或者当月未完结，应按照同类消费品上月或者最近月份的销售价格计算纳税。

第十六条 条例第七条所称成本，是指应税消费品的产品生产成本。

第十七条 条例第七条所称利润，是指根据应税消费品的全国平均成本利润率计算的利润。应税消费品全国平均成本利润率由国家税务总局确定。

第十八条　条例第八条所称材料成本，是指委托方所提供加工材料的实际成本。

委托加工应税消费品的纳税人，必须在委托加工合同上如实注明（或者以其他方式提供）材料成本，凡未提供材料成本的，受托方主管税务机关有权核定其材料成本。

第十九条　条例第八条所称加工费，是指受托方加工应税消费品向委托方所收取的全部费用（包括代垫辅助材料的实际成本）。

第二十条　条例第九条所称关税完税价格，是指海关核定的关税计税价格。

第二十一条　条例第十条所称应税消费品的计税价格的核定权限规定如下：

（一）卷烟、白酒和小汽车的计税价格由国家税务总局核定，送财政部备案；

（二）其他应税消费品的计税价格由省、自治区和直辖市国家税务局核定；

（三）进口的应税消费品的计税价格由海关核定。

第二十二条　出口的应税消费品办理退税后，发生退关，或者国外退货进口时予以免税的，报关出口者必须及时向其机构所在地或者居住地主管税务机关申报补缴已退的消费税税款。

纳税人直接出口的应税消费品办理免税后，发生退关或者国外退货，进口时已予以免税的，经机构所在地或者居住地主管税务机关批准，可暂不办理补税，待其转为国内销售时，再申报补缴消费税。

第二十三条　纳税人销售的应税消费品，如因质量等原因由购买者退回时，经机构所在地或者居住地主管税务机关审核批准后，可退还已缴纳的消费税税款。

第二十四条　纳税人到外县（市）销售或者委托外县（市）代销自产应税消费品的，于应税消费品销售后，向机构所在地或者居住地主管税务机关申报纳税。

纳税人的总机构与分支机构不在同一县（市）的，应当分别向各自机构所在地的主管税务机关申报纳税；经财政部、国家税务总局或者其授权的财政、税务机关批准，可以由总机构汇总向总机构所在地的主管税务机关申报纳税。

委托个人加工的应税消费品，由委托方向其机构所在地或者居住地主管税务机关申报纳税。

进口的应税消费品，由进口人或者其代理人向报关地海关申报纳税。

第二十五条　本细则自2009年1月1日起施行。

附录4 消费税征收范围注释

一、烟。

凡是以烟叶为原料加工生产的产品,不论使用何种辅料,均属于本税目的征收范围。本税目下设甲类卷烟、乙类卷烟、雪茄烟、烟丝四个子目。

卷烟是指将各种烟叶切成烟丝,按照配方要求均匀混合,加入糖、酒、香料等辅料,用白色盘纸、棕色盘纸、涂布纸或烟草薄片经机器或手工卷制的普通卷烟和雪茄型卷烟。

(一)甲类卷烟。

甲类卷烟是指每标准条(200支,下同)调拨价格在70元(不含增值税)以上(含70元)的卷烟。

(二)乙类卷烟。

乙类卷烟是指每标准条调拨价格在70元(不含增值税)以下的卷烟。

(三)电子烟。

电子烟是指用于产生气溶胶供人抽吸等的电子传输系统,包括烟弹、烟具以及烟弹与烟具组合销售的电子烟产品。烟弹是指含有雾化物的电子烟组件。烟具是指将雾化物雾化为可吸入气溶胶的电子装置。

(四)雪茄烟。

雪茄烟是指以晾晒烟为原料或者以晾晒烟和烤烟为原料,用烟叶或卷烟纸、烟草薄片作为烟支内包皮,再用烟叶作为烟支外包皮,经机器或手工卷制而成的烟草制品。按内包皮所用材料的不同可分为全叶卷雪茄烟和半叶卷雪茄烟。

雪茄烟的征收范围包括各种规格、型号的雪茄烟。

（五）烟丝。

烟丝是指将烟叶切成丝状、粒状、片状、末状或其他形状，再加入辅料，经过发酵、储存，不经卷制即可供销售吸用的烟草制品。

烟丝的征收范围包括以烟叶为原料加工生产的不经卷制的散装烟，如斗烟、莫合烟、烟末、水烟、黄红烟丝等。

二、酒。

本税目下设粮食白酒、薯类白酒、黄酒、啤酒、其他酒五个子目。

（一）粮食白酒。

粮食白酒是指以高粱、玉米、大米、糯米、大麦、小麦、小米、青稞等各种粮食为原料，经过糖化、发酵后，采用蒸馏方法酿制的白酒。

果木或谷物为原料的蒸馏酒，按照粮食白酒征税。

（二）薯类白酒。

薯类白酒是指以白薯（红薯、地瓜）、木薯、马铃薯（土豆）、芋头、山药等各种干鲜薯类为原料，经过糖化、发酵后，采用蒸馏方法酿制的白酒。

用甜菜酿制的白酒，比照薯类白酒征税。

（三）黄酒。

黄酒是指以糯米、粳米、大米、黄米、玉米、小麦、薯类等为原料，经加温、糖化、发酵、压榨酿制的酒。由于工艺、配料和含糖量的不同，黄酒分为干黄酒、半干黄酒、半甜黄酒、甜黄酒四类。

黄酒的征收范围包括各种原料酿制的黄酒和酒度超过12度（含12度）的土甜酒。

（四）啤酒。

啤酒是指以大麦或其他粮食为原料，加入啤酒花，经糖化、发酵、过滤酿制的含有二氧化碳的酒。啤酒按照杀菌方法的不同，可分为熟啤酒和生啤酒或鲜啤酒。

啤酒的征收范围包括各种包装和散装的啤酒。

无醇啤酒比照啤酒征税。

（五）其他酒。

其他酒是指除粮食白酒、薯类白酒、黄酒、啤酒以外，酒度在1度以上的各种酒。其征收范围包括糠麸白酒、其他原料白酒、土甜酒、复制酒、果木酒、汽酒、药酒等。

1.糠麸白酒是指用各种粮食的糠麸酿制的白酒。

用稗子酿制的白酒，比照糠麸酒征税。

2.其他原料白酒是指用醋糟、糖渣、糖漏水、甜菜渣、粉渣、薯皮等各种下脚料，葡萄、桑葚、橡子仁等各种果实、野生植物等代用品，以及甘蔗、糖等酿制的白酒。

3.土甜酒是指用糯米、大米、黄米等为原料，经加温、糖化、发酵（通过酒曲发酵），采用压榨酿制的酒度不超过12度的酒。

酒度超过12度的应按黄酒征税。

4.复制酒是指以白酒、黄酒、酒精为酒基，加入果汁、香料、色素、药材、补品、糖、调料等配制或泡制的酒，如各种配制酒、泡制酒、滋补酒等。

5.果木酒是指以各种果品为主要原料，经发酵过滤酿制的酒。

6.汽酒是指以果汁、香精、色素、酸料、酒（或酒精）、糖（或糖精）等调配，冲加二氧化碳制成的酒度在1度以上的酒。

7.药酒是指按照医药卫生部门的标准，以白酒、黄酒为酒基，加入各种药材泡制或配制的酒。

三、高档化妆品。

本税目包括高档美容、修饰类化妆品、高档护肤类化妆品和成套化妆品。

高档美容、修饰类化妆品和高档护肤类化妆品是指生产（进口）环节销售（完税）价格（不含增值税）在10元/毫升（克）或15元/片（张）及以上的美容、修饰类化妆品和护肤类化妆品。

美容、修饰类化妆品是指香水、香水精、香粉、口红、指甲油、胭脂、眉笔、唇笔、蓝眼油、眼睫毛以及成套化妆品。

（一）香水、香水精是指以酒精和香精为主要原料混合配制而成的液体芳香类化妆品。

（二）香粉是指用于粉饰面颊的化妆品。按其形态有粉状、块状和液状。高级香粉盒内附有的彩色丝绒粉扑，花色香粉粉盒内附有的小盒胭脂和胭脂扑，均应按"香粉"征税。

（三）口红又称唇膏，是涂饰于嘴唇的化妆品，口红的颜色一般以红色为主，也有白色的（俗称口白），还有一种变色口红，是用曙红酸等染料调制而成的。

（四）指甲油又名"美指油"，是用于修饰保护指甲的一种有色或无色的油性液态化妆品。

（五）胭脂是擦敷于面颊皮肤上的化妆品。有粉质块状胭脂、透明状胭脂膏及乳化状胭脂膏等。

（六）眉笔是修饰眉毛用的化妆品。有铅笔式和推管式两种。

（七）唇笔是修饰嘴唇用的化妆品。

（八）蓝眼油是涂抹于眼窝周围和眼皮的化妆品。它是以油脂、蜡和颜料为主要原材料制成。色彩有蓝色、绿色、棕色等，因蓝色使用最为普遍，故俗称"蓝眼油"。眼影膏、眼影霜、眼影粉应按照蓝眼油征税。

（九）眼睫毛商品名称叫"眼毛膏"或"睫毛膏"，是用于修饰眼睫毛的化妆品。其产品形态有固体块状、乳化状。颜色以黑色及棕色为主。

（十）成套化妆品是指由各种用途的化妆品配套盒装而成的系列产品。一般采用精制的金属或塑料盒包装，盒内常备有镜子、梳子等化妆工具，具有多功能性和使用方便的特点。舞台、戏剧、影视演员化妆用的上妆油、卸妆油、油彩、发胶和头发漂白剂等，不属于本税目征收范围。

高档护肤类化妆品征收范围另行制定。

四、贵重首饰及珠宝玉石。

本税目征收范围包括：各种金银珠宝首饰和经采掘、打磨、加工的各种珠宝玉石。

（一）金银珠宝首饰包括：

凡以金、银、白金、宝石、珍珠、钻石、翡翠、珊瑚、玛瑙等高贵稀有物质以及其他金属、人造宝石等制作的各种纯金银首饰及镶嵌首饰（含人造金银、合成金银首饰等）。

（二）珠宝玉石的种类包括：

1.钻石：钻石是完全由单一元素碳元素所结晶而成的晶体矿物，也是宝石中唯一由单元素组成的宝石。钻石为八面体解理，即平面八面体晶面的四个方向，一般呈阶梯状。钻石的化学性质很稳定，不易溶于酸和碱。但在纯氧中，加热到1 770度左右时，就会发生分解。在真空中，加热到1 700度时，就会把它分解为石墨。钻石有透明的、半透明的，也有不透明的。宝石级的钻石，应该是无色透明的，无瑕疵或极少瑕疵，也可以略有淡黄色或极浅的褐色，最珍贵的颜色是天然粉色，其次是蓝色和绿色。

2.珍珠：海水或淡水中的贝类软体动物体内进入细小杂质时，外套膜受到刺激便分泌出一种珍珠质（主要是碳酸钙），将细小杂质层层包裹起来，逐渐成为一颗小圆珠，就是珍珠。珍珠颜色主要为白色、粉色及浅黄色，具珍珠光泽，其表面隐约闪烁着虹一样的晕彩珠光。颜色白润、皮光明亮、形状精圆、粒度硬大者价值最高。

3.松石：松石是一种自色宝石，是一种完全水化的铜铝磷酸盐。分子式为$CuAl_6(PO_4)_4(OH)_8 \cdot 5H_2O$。松石的透明度为不透明、薄片下部分呈半透明。抛光面为油脂玻璃光泽，断口为油脂暗淡光泽。松石种类包括波斯松石、美国松石和墨西哥松石、埃及松石和带铁线的绿松石。

4.青金石：青金石是方钠石族的一种矿物；青金石的分式为$(Na, Ca)_{7-8}(Al, Si)_{12}(O, S)_{24}(SO_4), Cl_2Cl_2 \cdot (OH)_2(OH)_2$，其中钠经常部分地为钾置换，硫则部分地为硫酸根、氯或硒所置换。青金石的种类包括波斯青金石、苏联青金石或西班牙青金石、智利青金石。

5.欧泊石：矿物质中属蛋白石类，分子式为$SiO_2 \cdot nH_2O$。由于蛋白石中

SiO2，小圆珠整齐排列像光栅一样，当白光射在上面后发生衍射，散成彩色光谱，所以欧泊石具有绚丽夺目的变幻色彩，尤以红色多者最为珍贵。欧泊石的种类包括白欧泊石、黑欧泊石、晶质欧泊石、火欧泊石、胶状欧泊石或玉滴欧泊石、漂砾欧泊石、脉石欧泊石或基质中欧泊石。

6. 橄榄石：橄榄石是自色宝石，一般常见的颜色有纯绿色、黄绿色到棕绿色。橄榄石没有无色的。分子式为：$(Mg, Fe)_2SiO_4$。橄榄石的种类包括贵橄榄石、黄玉、镁橄榄石、铁橄榄石、"黄昏祖母绿"和硼铝镁石。

7. 长石：按矿物学分类，长石分为两个主要类型：钾长石和斜长石。分子式分别为：$KAlSi_3O_8$、$NaAlSi_3O_8$。长石的种类包括月光石或冰长石、日光石或砂金石的长石、拉长石、天河石或亚马逊石。

8. 玉：硬玉（也叫翡翠）、软玉。硬玉是一种钠和铝的硅酸盐，分子式为：$NaAl(SiO_3)_2$。软玉是一种含水的钙镁硅酸盐，分子式为：$CaMg_5(OH)_2(Si_4O_{11})_2$。

9. 石英：石英是一种它色的宝石，纯石英为无色透明。分子式为SiO_2。石英的种类包括水晶、晕彩或彩红石英、金红石斑点或网金红石石英、紫晶、黄晶、烟石英或烟晶、芙蓉石、东陵石、蓝线石石英、乳石英、蓝石英或蓝宝石石英、虎眼石、鹰眼或猎鹰眼、石英猫眼、带星的或星光石英。

10. 玉髓：也叫隐晶质石英。分子式为SiO_2。玉髓的种类包括月光石、绿玉髓、红玛瑙、肉红玉髓、鸡血石、葱绿玉髓、玛瑙、缟玛瑙、碧玉、深绿玉髓、硅孔雀石玉髓、硅化木。

11. 石榴石：其晶体与石榴籽的形状、颜色十分相似而得名。石榴石的一般分子式为$R_3M_2(SiO_4)_3$。石榴石的种类包括铁铝榴石、镁铝榴石、镁铁榴石、锰铝榴石、钙铁榴石、钙铬榴石。

12. 锆石：颜色呈红、黄、蓝、紫色等。分子式为$ZrSiO_4$。

13. 尖晶石：颜色呈黄色、绿色和无色。分子式为$MgAl_2O_4$。尖晶石的种类包括红色尖晶石、红宝石色的尖晶石或红宝石尖晶石、紫色的或类似贵榴石色泽的尖晶石、粉或玫瑰色尖晶石、橘红色尖晶石、蓝色尖晶石、蓝宝石色尖晶石或蓝宝石尖晶石、象变石的尖晶石、黑色尖晶石、铁镁尖晶石或镁铁尖晶石。

14.黄玉：黄玉是铝的氟硅酸盐，斜方晶系。分子式为 $Al_2(F,OH)_2SiO_4$。黄玉的种类包括棕黄至黄棕、浅蓝至淡蓝、粉红、无色的、其他品种。

15.碧玺：极为复杂的硼铝硅酸盐，其中可含一种或数种以下成分：镁、钠、锂、铁、钾或其他金属。这些元素比例不同，颜色也不同。碧玺的种类包括红色、绿色、蓝色、黄和橙色、无色或白色、黑色、杂色的宝石，猫眼碧玺，变色石似的碧玺。

16.金绿玉：属尖晶石族矿物，铝酸盐类。主要成分是氧化铝铍，属斜方晶系。分子式为 $BeAl_2O_4$。金绿玉的种类包括变石、猫眼石、变石猫眼宝石及其他一些变种。

17.绿柱石：绿柱石在其纯净状态是无色的；不同的变种之所以有不同的颜色是由于微量金属氧化物的存在。在存在氧化铬或氧化钒时通常就成了祖母绿，而海蓝宝石则是由于氧化亚铁着色而成的，成为铯绿柱石是由于镁的存在，而金绿柱石则是因氧化铁着色而成的。分子式为：$Be_3Al_2(SiO_3)_6$。绿柱石的种类包括祖母绿、海蓝宝石、MAXIXE型绿柱石、金绿柱石、铯绿柱石、其他透明的品种、猫眼绿柱石、星光绿柱石。

18.刚玉：刚玉是一种很普通的矿物，除了星光宝石外，只有半透明到透明的变种才能叫作宝石。分子式为 Al_2O_3，含氧化铬呈红色，含钛和氧化铁呈蓝色，含氧化铁呈黄色，含铬和氧化铁呈橙色，含铁和氧化钛呈绿色，含铬、钛和氧化铁呈紫色。刚玉的种类包括红宝石、星光红宝石、蓝宝石、艳色蓝宝石、星光蓝宝石。

19.琥珀：一种有机物质。它是一种含一些有关松脂的古代树木的石化松脂。分子式为 $C_{40}H_{64}O_4$。琥珀的种类包括海珀、坑珀、洁珀、块珀、脂珀、浊珀、泡珀、骨珀。

20.珊瑚：是生物成因的另一种宝石原料。它是珊瑚虫的树枝状钙质骨架随着极细小的海生动物群体增生而形成。

21.煤玉：煤玉是褐煤的一个变种（成分主要是碳，并含氢和氧）。它是由漂木经压实作用而成，漂木沉降到海底，变成埋藏的细粒淤泥，然后转变为硬质页岩，称为"煤玉岩"，煤玉是生物成因的。煤玉为非晶质，在粗糙表面上呈暗淡光泽，在磨光面上为玻璃光泽。

22.龟甲：是非晶质的，具有油脂光泽至蜡状光泽，硬度2.5。

23.合成刚玉：指与有关天然刚玉对比，具有基本相同的物理、光学及化学性能的人造材料。

24.合成宝石：指与有关天然宝石对比，具有基本相同的物理、光学及化学性能的人造宝石。合成宝石种类包括合成金红石、钛酸锶、钇铝榴石、轧镓榴石、合成立方锆石、合成蓝宝石、合成尖晶石、合成金红石、合成变石、合成钻石、合成祖母绿、合成欧泊、合成石英。

25.双合石：也称复合石，这是一种由两种不同的材料粘结而成的宝石。双合石的种类是根据粘合时所用的材料性质划分的。双合石的种类有石榴石与玻璃双合石、祖母绿的代用品、欧泊石代用品、星光蓝宝石代用品、钻石代用品、其他各种仿宝石复合石。

26.玻璃仿制品。

五、鞭炮、焰火。

鞭炮，又称爆竹，是用多层纸密裹火药，接以药引线，制成的一种爆炸品。

焰火，指烟火剂，一般系包扎品，内装药剂，点燃后烟火喷射，呈各种颜色，有的还变幻成各种景象，分平地小焰火和空中大焰火两类。

本税目征收范围包括各种鞭炮、焰火。通常分为13类，即喷花类、旋转类、旋转升空类、火箭类、吐珠类、线香类、小礼花类、烟雾类、造型玩具类、爆竹类、摩擦炮类、组合烟花类、礼花弹类。

体育上用的发令纸，鞭炮药引线，不按本税目征收。

六、成品油。

（一）汽油。

汽油是指用原油或其他原料加工生产的辛烷值不小于66的可用作汽油发动机燃料的各种轻质油。含铅汽油是指铅含量每升超过0.013克的汽油。汽油分为车用汽油和航空汽油。

以汽油、汽油组分调和生产的甲醇汽油、乙醇汽油也属于本税目征收范围。

自2023年6月30日起，对烷基化油（异辛烷）按照汽油征收消费税。

（二）柴油。

柴油是指用原油或其他原料加工生产的倾点或凝点在−50至30的可用作柴油发动机燃料的各种轻质油和以柴油组分为主、经调和精制可用作柴油发动机燃料的非标油。

以柴油、柴油组分调和生产的生物柴油也属于本税目征收范围。

（三）石脑油。

石脑油又叫化工轻油，是以原油或其他原料加工生产的用于化工原料的轻质油。

石脑油的征收范围包括除汽油、柴油、航空煤油、溶剂油以外的各种轻质油。非标汽油、重整生成油、拔头油、戊烷原料油、轻裂解料（减压柴油VGO和常压柴油AGO）、重裂解料、加氢裂化尾油、芳烃抽余油均属轻质油，属于石脑油征收范围。

自2023年6月30日起，对混合芳烃、重芳烃、混合碳八、稳定轻烃、轻油、轻质煤焦油按照石脑油征收消费税。

（四）溶剂油。

溶剂油是用原油或其他原料加工生产的用于涂料、油漆、食用油、印刷油墨、皮革、农药、橡胶、化妆品生产和机械清洗、胶粘行业的轻质油。

橡胶填充油、溶剂油原料，属于溶剂油征收范围。

自2023年6月30日起，对石油醚、粗白油、轻质白油、部分工业白油

（5号、7号、10号、15号、22号、32号、46号）按照溶剂油征收消费税。

（五）航空煤油。

航空煤油也叫喷气燃料，是用原油或其他原料加工生产的用作喷气发动机和喷气推进系统燃料的各种轻质油。

（六）润滑油。

润滑油是用原油或其他原料加工生产的用于内燃机、机械加工过程的润滑产品。润滑油分为矿物性润滑油、植物性润滑油、动物性润滑油和化工原料合成润滑油。

润滑油的征收范围包括矿物性润滑油、矿物性润滑油基础油、植物性润滑油、动物性润滑油和化工原料合成润滑油。以植物性、动物性和矿物性基础油（或矿物性润滑油）混合掺配而成的"混合性"润滑油，不论矿物性基础油（或矿物性润滑油）所占比例高低，均属润滑油的征收范围。

润滑脂是润滑产品，属润滑油消费税征收范围，生产、加工润滑脂应当征收消费税。

（七）燃料油。

燃料油也称重油、渣油，是用原油或其他原料加工生产，主要用作电厂发电、锅炉用燃料、加热炉燃料、冶金和其他工业炉燃料。蜡油、船用重油、常压重油、减压重油、180CTS燃料油、7号燃料油、糠醛油、工业燃料、4~6号燃料油等油品的主要用途是作为燃料燃烧，属于燃料油征收范围。

自2012年11月1日起，催化料、焦化料属于燃料油的征收范围，应当征收消费税。

七、摩托车。

本税目征收范围包括：

（一）轻便摩托车：最大设计车速不超过50公里/小时、发动机气缸总工作容积不超过50毫升的两轮机动车。

（二）摩托车：最大设计车速超过50公里/小时、发动机气缸总工作容积超过50毫升、空车质量不超过400公斤（带驾驶室的正三轮车及特种车的空车质量不受此限）的两轮和三轮机动车。

1.两轮车：装有一个驱动轮与一个从动轮的摩托车。

（1）普通车：骑式车架，双人坐垫，轮辋基本直径不小于304毫米，适应在公路或城市道路上行驶的摩托车。

（2）微型车：坐式或骑式车架，单人或双人坐垫，轮辋基本直径不大于254毫米，适应在公路或城市道路上行驶的摩托车。

（3）越野车：骑式车架，宽型方向把，越野型轮胎，剩余垂直轮隙及离地间隙大，适应在非公路地区行驶的摩托车。

（4）普通赛车：骑式车架，狭型方向把，坐垫偏后，装有大功率高转速发动机，在专用跑道上比赛车速的一种摩托车。

（5）微型赛车：坐式或骑式车架，轮辋基本直径不大于254毫米，装有大功率高转速发动机，在专用跑道上比赛车速的一种摩托车。

（6）越野赛车：具有越野性能，装有大功率发动机，用于非公路地区比赛车速的一种摩托车。

（7）特种车：一种经过改装之后用于完成特定任务的两轮摩托车。如开道车。

2.边三轮车：在两轮车的一侧装有边车的三轮摩托车。

（1）普通边三轮车：具有边三轮车结构，用于载运乘员或货物的摩托车。

（2）特种边三轮车：装有专用设备，用于完成特定任务的边三轮车。如警车、消防车。

3.正三轮车：装有与前轮对称分布的两个后轮和固定车厢的三轮摩托车。

（1）普通正三轮车：具有正三轮车结构，用于载运乘员或货物的摩托车，如客车、货车。

（2）特种正三轮车：装有专用设备，用于完成特定任务的正三轮车。如容罐车、自卸车、冷藏车。

八、小汽车。

汽车是指由动力装置驱动，具有四个或四个以上车轮的非轨道承载的车辆。

本税目征收范围包括含驾驶员座位在内最多不超过9个座位（含）的，在设计和技术特性上用于载运乘客和货物的各类乘用车和含驾驶员座位在内的座位数在10至23座（含23座）的，在设计和技术特性上用于载运乘客和货物的各类中轻型商用客车。

用排气量小于1.5升（含）的乘用车底盘（车架）改装、改制的车辆属于乘用车征收范围。用排气量大于1.5升的乘用车底盘（车架）或用中轻型商用客车底盘（车架）改装、改制的车辆属于中轻型商用客车征收范围。

含驾驶员人数（额定载客）为区间值的（如8~10人；17~26人）小汽车，按其区间值下限人数确定征收范围。

电动汽车不属于本税目征收范围。

九、高尔夫球及球具。

高尔夫球及球具是指从事高尔夫球运动所需的各种专用装备，包括高尔夫球、高尔夫球杆及高尔夫球包（袋）等。

高尔夫球是指重量不超过45.93克、直径不超过42.67毫米的高尔夫球运动比赛、练习用球；高尔夫球杆是指被设计用来打高尔夫球的工具，由杆头、杆身和握把三部分组成；高尔夫球包（袋）是指专用于盛装高尔夫球及球杆的包（袋）。

本税目征收范围包括高尔夫球、高尔夫球杆、高尔夫球包（袋）。高尔夫球杆的杆头、杆身和握把属于本税目的征收范围。

十、高档手表。

高档手表是指销售价格（不含增值税）每只在10 000元（含）以上的各类手表。

本税目征收范围包括符合以上标准的各类手表。

十一、游艇。

游艇是指长度大于8米小于90米，船体由玻璃钢、钢、铝合金、塑料等多种材料制作，可以在水上移动的水上浮载体。按照动力划分，游艇分为无动力艇、帆艇和机动艇。

本税目征收范围包括艇身长度大于8米（含）小于90米（含），内置发动机，可以在水上移动，一般为私人或团体购置，主要用于水上运动和休闲娱乐等非牟利活动的各类机动艇。

十二、木制一次性筷子。

木制一次性筷子，又称卫生筷子，是指以木材为原料经过锯段、浸泡、旋切、刨切、烘干、筛选、打磨、倒角、包装等环节加工而成的各类一次性使用的筷子。

本税目征收范围包括各种规格的木制一次性筷子。未经打磨、倒角的木制一次性筷子属于本税目征税范围。

十三、实木地板。

实木地板是指以木材为原料，经锯割、干燥、刨光、截断、开榫、涂漆等工序加工而成的块状或条状的地面装饰材料。实木地板按生产工艺不同，可分为独板（块）实木地板、实木指接地板、实木复合地板三类；按表面处理状态不同，可分为未涂饰地板（白坯板、素板）和漆饰地板两类。

本税目征收范围包括各类规格的实木地板、实木指接地板、实木复合地板及用于装饰墙壁、天棚的侧端面为榫、槽的实木装饰板。未经涂饰的素板属于本税目征税范围。

十四、电池。

电池，是一种将化学能、光能等直接转换为电能的装置，一般由电极、电解质、容器、极端，通常还有隔离层组成的基本功能单元，以及用一个或多个基本功能单元装配成的电池组。范围包括：原电池、蓄电池、燃料电池、太阳能电池和其他电池。

（一）原电池。

原电池又称一次电池，是按不可以充电设计的电池。按照电极所含的活性物质分类，原电池包括锌原电池、锂原电池和其他原电池。

1.锌原电池。以锌做负极的原电池，包括锌二氧化锰原电池、碱性锌二氧化锰原电池、锌氧原电池（又称"锌空气原电池"）、锌氧化银原电池（又称"锌银原电池"）、锌氧化汞原电池（又称"汞电池""氧化汞原电池"）等。

2.锂原电池。以锂做负极的原电池，包括锂二氧化锰原电池、锂亚硫酰氯原电池、锂二硫化铁原电池、锂二氧化硫原电池、锂氧原电池（又称"锂空气原电池"）、锂氟化碳原电池等。

3.其他原电池。指锌原电池、锂原电池以外的原电池。

原电池又可分为无汞原电池和含汞原电池。汞含量低于电池重量的0.0001%（扣式电池按0.0005%）的原电池为无汞原电池；其他原电池为含汞原电池。

（二）蓄电池。

蓄电池又称二次电池，是按可充电、重复使用设计的电池；包括酸性蓄电池、碱性或其他非酸性蓄电池、氧化还原液流蓄电池和其他蓄电池。

1.酸性蓄电池。一种含酸性电解质的蓄电池，包括铅蓄电池（又称"铅酸蓄电池"）等。

铅蓄电池，指含以稀硫酸为主电解质、二氧化铅正极和铅负极的蓄电池。

2.碱性或其他非酸性蓄电池。一种含碱性或其他非酸性电解质的蓄电池，包括金属锂蓄电池、锂离子蓄电池、金属氢化物镍蓄电池（又称"氢镍蓄电池"或"镍氢蓄电池"）、镉镍蓄电池、铁镍蓄电池、锌氧化银蓄电池（又称"锌银蓄电池"）、碱性锌二氧化锰蓄电池（又称"可充碱性锌二氧化锰电池"）、锌氧蓄电池（又称"锌空气蓄电池"）、锂氧蓄电池（又称"锂空气蓄电池"）等。

3.氧化还原液流电池。一种通过正负极电解液中不同价态离子的电化学反应来实现电能和化学能互相转化的储能装置,目前主要包括全钒液流电池。全钒液流电池是通过正负极电解液中不同价态钒离子的电化学反应来实现电能和化学能互相转化的储能装置。

4.其他蓄电池。除上述三项外的蓄电池。

(三)燃料电池。

燃料电池,指通过一个电化学过程,将连续供应的反应物和氧化剂的化学能直接转换为电能的电化学发电装置。

(四)太阳能电池。

太阳能电池,是将太阳光能转换成电能的装置,包括晶体硅太阳能电池、薄膜太阳能电池、化合物半导体太阳能电池等,但不包括用于太阳能发电储能用的蓄电池。

(五)其他电池。

除原电池、蓄电池、燃料电池、太阳能电池以外的电池。

十五、涂料。

涂料是指涂于物体表面能形成具有保护、装饰或特殊性能的固态涂膜的一类液体或固体材料的总称。

涂料由主要成膜物质、次要成膜物质等构成。按主要成膜物质,涂料可分为油脂类、天然树脂类、酚醛树脂类、沥青类、醇酸树脂类、氨基树脂类、硝基类、过滤乙烯树脂类、烯类树脂类、丙烯酸酯类树脂类、聚酯树脂类、环氧树脂类、聚氨酯树脂类、元素有机类、橡胶类、纤维素类、其他成膜物类等。

(国家税务总局关于印发《消费税征收范围注释》的通知,国税发〔1993〕153号,1993年12月27日;财政部 国家税务总局关于调整和完善消费税政策的通知,财税〔2006〕33号,2006年3月20日;财政部 国家税务总局关于提高成品油消费税税率的通知,财税〔2008〕167号,2008年12月19日;财政部国家税务总局关于调整烟产品消费税政策的通知,财税

〔2009〕84号，2009年5月26日；财政部　国家税务总局关于调整化妆品消费税政策的通知，财税〔2016〕103号，2016年9月30日；财政部　国家税务总局关于对电池、涂料征收消费税的通知，财税〔2015〕16号，2015年1月26日；财政部　海关总署　税务总局关于对电子烟征收消费税的公告，财政部　海关总署　税务总局公告2022年第33号，2022年10月2日；财政部　税务总局关于部分成品油消费税政策执行口径的公告，财政部　税务总局公告2023年第11号，2023年6月30日。

附录5　成品油消费税管理附表

附表1　　　　　石脑油、燃料油消费税退税资格备案表

纳税人名称（公章）：　　　　　　纳税人识别号：　　　　　　单位：吨

成立日期		经济性质				
产品类型		生产乙烯类产品□			生产芳烃类产品□	
原材料类型		以石脑油为原料□		以燃料油为原料□	以石脑油、燃料油为原料□	

企业基本情况

乙烯、芳烃类产品设计生产能力		吨/年		产成品	年度产量	占全部产品比例（%）
石脑油产品原料来源	外购	吨/年	乙烯类	乙烯、丙烯、丁二烯产品		
				其他产品		
	自产	吨/年	芳烃类	苯、甲苯、二甲苯产品		
燃料油产品原料来源	外购	吨/年		其他产品		
	自产	吨/年		其他		
石脑油设计库容			吨	燃料油设计库容		吨

设备	名称	数量	原料投入口流量计个数	产品产出口流量计个数
	（高温）裂解装置			
	连续重整装置			
	芳烃抽提装置			

附列资料目录	证件名称	发证单位名称	证件号	有效期限
	营业执照			
	危险化学产品安全生产许可证			

续表

纳税人声明：
　　申报的内容真实、可靠、完整。同时承诺按时申报相关资料，接受主管税务机关和进口地海关对本单位产品的抽检。如有虚假，本纳税人愿意承担相关法律责任。

经办人签字：　　　　　　　　　　　　法人签字：　　　　　　　　　　（章）
　　　　　　　　　　　　　　　　　　　　　　　　　　　　　　　　　年　月　日

备注：

1. 此表企业留存一份，主管税务机关或进口地海关留存一份。

2. 新投产企业产成品年度产量及比例按投产当年预计数填写，其他企业年度产量及比例数据按上年度实际数填写数据。

3. 产成品产量占全部产品比例是指乙烯、芳烃类化工产品占本企业用石脑油、燃料油生产全部产品总量的比例。

4. 数据保留小数点后两位。

附表2　　生产企业销售含税石脑油、燃料油完税情况明细表

填表日期：　　年　　月

纳税人名称（公章）　　　　　　纳税人识别号：　　　　　　　　单位：吨、元

发票代码	发票号码	开票日期	购货方纳税人识别号	数量		消费税完税凭证			
				石脑油	燃料油	完税凭证号码	数量		税款
							石脑油	燃料油	
合计	——					——			

备注：

1.本表为A4纸。

2.此表企业留存一份；主管税务机关留存一份。

3.本表填写生产企业销售含税石脑油、燃料油开具增值税专用发票（包括汉字防伪版增值税专用发票和普通版增值税专用发票）缴纳消费税情况，当期未缴纳消费税的油品对应的增值税专用发票不得填写在此表内。

4.本表增值税专用发票栏的石脑油、燃料油数量的合计值应分别与消费税完税凭证的石脑油、燃料油数量合计值相等。

5.数据保留小数点后两位。

附表3　　　　使用企业外购石脑油、燃料油凭证明细表

所属期：　　年　月

纳税人名称（公章）：　　　　　　纳税人识别号：　　　　　　单位：吨

类型	凭证种类	发票代码	发票号码	认证日期	销货方纳税人识别号	数量		消费税完税凭证号码
						石脑油	燃料油	
外购免税油品	汉字防伪版增值税专用发票							—
								—
								—
								—
								—
								—
	小计	—	—	—	—			
	普通版增值税专用发票							—
								—
								—
								—
								—
	小计	—	—	—	—			
外购免税油品合计		—	—	—	—			
国产油品								
外购含税油品	汉字防伪版增值税专用发票							
	小计	—	—	—	—			

续表

类型	凭证种类	发票代码	发票号码	认证日期	销货方纳税人识别号	数量		消费税完税凭证号码
						石脑油	燃料油	
外购含税油品	普通版增值税专用发票							
	小计	——	——	——	——			——
	外购国产油品合计	——	——	——	——			——
	进口油品							
		缴款书号码		税款金额		数量		
						石脑油	燃料油	
	海关进口消费税专用缴款书							
	外购进口油品合计	——		——				
外购含税油品合计		——		——				

备注：

1.本表为A3纸。

2.此表企业留存一份；主管税务机关或进口地海关审核退税留存一份；税务机关对进口油品提出初审意见后转交海关退税一份。

3."外购免税油品"项的汉字防伪版增值税专用发票数据，按照当期认证的标注有"DDZG"标识的汉字防伪版增值税专用发票注明的信息填写。

4."外购免税油品"项的普通版增值税专用发票和"外购含税油品"项的汉字防伪版增值税专用发票、普通版增值税专用发票数据，应按照当期认证的标注有石脑油、燃料油的汉字防伪版增值税专用发票、普通版增值税专用发票的相关数据填写。

5."消费税完税凭证号码"项数据填写使用企业外购国产含税石脑油、燃料油,取得的生产企业消费税完税凭证号码。

6.本表外购含税油品的汉字防伪版增值税专用发票和普通版增值税专用发票项的数据,主管税务机关应审核必须同时具备以下条件:

（1）必须有对应的消费税完税凭证号码;

（2）增值税专用发票的销货方纳税人识别号与所附的消费税完税凭证复印件中的纳税人识别号一致（使用企业从非生产企业取得的增值税专用发票和完税凭证经主管税务机关核实后填写此表的除外）;

（3）各栏数据应与《生产企业销售含税石脑油、燃料油完税情况明细表》对应的数据一致（使用企业从非生产企业取得的增值税专用发票和完税凭证经主管税务机关核实后填入此表的除外）。

7."外购含税油品"项的"海关进口消费税专用缴款书"各栏数据应与使用企业申报的进口地海关开具的海关进口消费税缴款书复印件相关数据一致。

8."外购免税油品"项的合计项值应等于外购免税油品的汉字防伪版增值税专用发票的小计值与外购免税油品的普通版增值税专用发票的小计值之和;"外购含税油品"的合计项值应等于外购国产油品合计值与外购进口油品合计值之和。

9."外购免税油品"项的合计值数量应与当期报送的《石脑油、燃料油生产、外购、耗用、库存月度统计表》第16行"石脑油、燃料油"本期数国产油数量相等。

10."外购含税油品"项的外购国产油品合计值,应与当期报送的《石脑油、燃料油生产、外购、耗用、库存月度统计表》第17行"石脑油、燃料油"本期数国产油数量相等;"外购含税油品"项的外购进口油品合计值,应与当期报送的《石脑油、燃料油生产、外购、耗用、库存月度统计表》第17行"石脑油、燃料油"本期数进口油数量相等。

11.数据保留小数点后两位。

附表4　　石脑油、燃料油生产、外购、耗用、库存月度统计表

纳税人名称（公章）：　　　　　纳税人识别号：　　　　　所属期：　年　月　　　　　单位：吨

产品情况

产品名称		本年累计产量	占全部产品的比例（%）
乙烯类	乙烯、丙烯、丁二烯产品		
	其他产品		
芳烃类	苯、甲苯、二甲苯产品		
	其他产品		
合计			
全部产品			100%

定点直供计划情况

项目	生产企业定点直供计划（供出）		使用企业定点直供计划（购入）	
	石脑油	燃料油	石脑油	燃料油
本年度定点直供计划总数量				
其中：年初定点直供计划数量				
本年定点计划调整数量				

续表

库存耗用情况

	统计项目	行次	石脑油				燃料油			
			本期数		累计数		本期数		累计数	
			国产	进口	国产	进口	国产	进口	国产	进口
一、自产数量统计	期初库存油品数量	1	—	—	—	—	—	—	—	—
	本期生产油品数量	2	—	—	—	—	—	—	—	—
	本期销售含税油品数量	3	—	—	—	—	—	—	—	—
	本期执行定点直供计划销售的油品数量	4=5+6								
	其中:开具汉字防伪版增值税专用发票的油品数量	5	—	—	—	—	—	—	—	—
	开具普通版增值税专用发票的油品数量	6								
	生产乙烯、芳烃类产品耗用的油品数量	7=8+9								
	其中:乙烯类产品耗用的油品数量	8								
	芳烃类产品耗用的油品数量	9								
	生产非乙烯、芳烃类产品耗用的油品数量	10								
	期末库存油品数量	11=1+2-3-4-7-10								

续表

库存耗用情况

	统计项目	行次	石脑油				燃料油			
			本期数		累计数		本期数		累计数	
			国产	进口	国产	进口	国产	进口	国产	进口
	期初库存油品数量	12=13+14								
	其中：免税油品数量	13		—		—		—		—
	含税油品数量	14								
	当期外购油品数量	15=16+17								
	其中：免税油品数量	16		—		—		—		—
	含税油品数量	17								
	本期销售油品数量	18=19+20								
	其中：免税油品数量	19		—		—		—		—
	含税油品数量	20								
二、外购数量统计	生产非乙烯、芳烃类产品耗用的油品数量	21=22+23								
	其中：免税油品数量	22		—		—		—		—
	含税油品数量	23								
	可用于生产乙烯、芳烃的油品数量	24=25+26								
	其中：免税油品数量	25=13+16-19-22								

续表

库存耗用情况

统计项目	行次	石脑油				燃料油			
		本期数		累计数		本期数		累计数	
		国产	进口	国产	进口	国产	进口	国产	进口
含税油品数量	26=14+17-20-23		—		—		—		—
实际生产乙烯类产品耗用的油品数量	27=28+29								
其中:免税油品数量	28								
含税油品数量	29								
实际生产芳烃类产品耗用的油品数量	30=31+32		—		—		—		—
其中:免税油品数量	31								
含税油品数量	32								
申请退税的含税油品数量	33=29+32								
期末库存油品数量	34=35+36								
其中:免税油品数量	35=13+16+19-22-28-31								
含税油品数量	36=14+17-20-23-29-32								

二、外购数量统计

纳税人声明:上述各项内容真实、可靠、完整。如有虚假,本纳税人愿意承担相关法律责任。

经办人签字: 　　　　　　　　　　　　　　财务负责人签字:
(章)
　　　　　　　　　　　　　　　　　　　　　　　　年　月　日

备注：

1.本表为A3纸。

2.此表企业留存一份；主管税务机关或进口地海关审核退税留存一份；税务机关对进口油品提出初审意见后转交海关退税一份。

3.全部产品本年累计产量是指乙烯、芳烃类生产企业本年度用石脑油、燃料油生产的全部产品总量。

4.本表"自产数量统计""外购数量统计"项的期初库存油品数量的本期数为上期期末库存油品数量，累计数为上年年末库存油品数量。

5.本表第4行"本期执行定点直供计划销售的油品数量"石脑油、燃料油本期数和累计数数量均应分别小于或等于本年度定点直供计划总数量（供出）。

6.本表第5行"其中：开具汉字防伪版增值税专用发票的油品数量"填写已报税的汉字防伪版增值税专用发票注明的数量。

7.本表第6行"开具普通版增值税专用发票的油品数量"石脑油、燃料油的本月数应分别等于2012年第36号公告附件6《生产企业定点直供石脑油、燃料油开具普通版增值税专用发票明细表》的小计数量。

8.在汉字防伪版增值税专用发票推行之前，本表第4、第7行石脑油、燃料油本期数之和应分别与当期《成品油消费税纳税申报表》附表2《本期减（免）税额计算表》"本期减（免）数量"注明的石脑油、燃料油数量一致；在汉字防伪版增值税专用发票推行之后，本表第5、第7行石脑油、燃料油本期数之和应分别与当期《成品油消费税纳税申报表》附表2《本期减（免）税额计算表》"本期减（免）数量"注明的石脑油、燃料油数量一致。

9.本表第16行"其中：免税油品数量"项石脑油、燃料油本月数应分别等于当月《使用企业外购石脑油、燃料油凭证明细表》中"外购免税油品合计"数量，累计数应小于或等于本年度定点直供计划总数量（购入）；本表第17行"含税油品数量"项国产和进口石脑油、燃料油本月数应分别等于当月《使用企业外购石脑油、燃料油凭证明细表》中"外购含税油品"项内外购国产或进口油品合计数量。

10.本表第3、第19、第22行的石脑油、燃料油的本月数数量之和应分别小于或等于《成品油消费税纳税申报表》"石脑油""燃料油"的销售数量。

11.本表第28、第31行的石脑油、燃料油的国产本月数、累计数之和应分别小于或等于本表第25行石脑油、燃料油的国产本月数、累计数；本表第29、第32行的石脑油、燃料油的本月数、累计数之和应分别小于或等于本表第26行石脑油、燃料油的本月数、累计数。

12.数据保留小数点后两位。

附表5　　　　　乙烯、芳烃生产装置投入产出流量计统计表

所属期：　　年　　月

纳税人名称（公章）：　　　　　　纳税人识别号：　　　　　　　　单位：吨

装置名称	原料投入情况					产品产出情况				
	流量计个数	流量计统计		财务核算		流量计个数	流量计统计		财务核算	
		石脑油数量	燃料油数量	石脑油数量	燃料油数量		乙烯类数量	芳烃类数量	乙烯类数量	芳烃类数量
合计										

备注：

1.本表为A4纸。

2.此表企业留存一份；主管税务机关或海关审核退税留存一份；税务机关对进口油品提出初审意见后转交海关退税一份。

3.本表"流量计统计"按照生产统计部门的统计数据填写，"财务核算"按照财务部门的统计数据填写。

4.数据保留小数点后两位。

**附表6　　用于生产乙烯、芳烃类化工产品的石脑油、燃料油
进口消费税退税申请表**

海关进口消费税专用缴款书号码：

纳税人名称：

品目	本期应退税数量	本期应退税额
石脑油		
燃料油		

纳税地海关初审意见：

复审意见：

负责人意见：

（公章）
年　　月　　日

备注：
本表由申请进口石脑油、燃料油消费税退税的乙烯、芳烃类生产企业填写。

附表7　　用于生产乙烯、芳烃类化工产品的石脑油、
　　　　　燃料油消费税应退税额计算表

所属期：　年　月

纳税人名称（公章）：　　　　纳税人识别号：　　　　单位：吨、元

以下由纳税人填写

项目	行次	石脑油		燃料油	
		国产	进口	国产	进口
累计应退税数量	1				
累计应退税额	2				
累计已退税额	3				
本期应退税额	4=2-3（且4>=0）				

纳税人声明：申报的内容真实、可靠、完整。如有虚假，本纳税人愿意承担相关法律责任。

经办人签字：　　　　财务负责人签字：

（公章）
年　月　日

以下由税务机关填写

国产油退税审批

品目	本期应退税数量	本期应退税额
石脑油		
燃料油		
合计		

货物劳务税管理部门意见：	主管税务机关意见：
负责人：	负责人：
（公章） 年　月　日	（公章） 年　月　日

进口油退税初审

品目	本期应退税数量	本期应退税额
石脑油		
燃料油		
合计		

续表

货物劳务税管理部门意见：	主管税务机关意见：
负责人：	负责人：
（公章）	（公章）
年　月　日	年　月　日

备注：

1.本表为A4纸。

2.此表企业留存一份；主管税务机关审核退税留存一份；主管税务机关对进口油品提出初审意见后转交海关退税一份。

3.本表第1行"累计应退税数量"项的"石脑油国产"数据应等于《石脑油、燃料油生产、外购、耗用、库存月度统计表》第33行"申请退税的含税油品数量"项的"石脑油"累计数的国产数量；"累计应退税数量"项的"石脑油进口"数据应等于《石脑油、燃料油生产、外购、耗用、库存月度统计表》第33行"申请退税的含税油品数量"项的"石脑油"累计数的进口数量；本表第1行"累计应退税数量"项的"燃料油国产"数据应等于《石脑油、燃料油生产、外购、耗用、库存月度统计表》第33行"申请退税的含税油品数量"项的"燃料油"累计数的国产数量；"累计应退税数量"项的"燃料油进口"数据应等于《石脑油、燃料油生产、外购、耗用、库存月度统计表》第33行"申请退税的含税油品数量"项的"燃料油"累计数的进口数量。

4.本表第2行"累计应退税额"项数据等于"累计应退税数量"乘以单位税额，石脑油单位税额：1 385元/吨，燃料油单位税额：812元/吨。

5.本表第3行"累计已退税额"为本年度主管税务机关或进口地海关办理的累计已退税额。

附表8　　　　　　　　　　　　生产企业基本情况表

纳税人识别号：　　　　　　　所属年度：　　年　　　　　　计量单位：吨

企业名称					
生产类型	□燃料油型　□燃料润滑油型　□燃料化工型　□燃料润滑油化工型				
原油类别及主要产地	□原油类别	主要产地			
	□石蜡基				
	□中间基				
	□石蜡...中间基				
	□环烷基				
	□其他				
原油加工能力、原油及原料油加工量及收率	原油加工能力				吨
	原油及原料油加工量				吨
	综合商品收率				%
	轻油收率				%
主要油品产量	1.汽油		吨	2.柴油	吨
	3.煤油		吨	4.石脑油（化工轻油）	吨
	5.溶剂油		吨	6.重油	吨
	7.润滑油		吨	8.其他原料油	吨
储油设施及储存能力	油品名称	储罐编号		储罐数量合计	最大储油能力
	汽油				
	柴油				
	原油				

单位负责人：　　部门负责人：　　制表人：　　填表日期：　　年　月　日